21世纪高校网络与新媒体专业系列教材

丛书主编 石长顺
丛书副主编 郭 可 支庭荣

新媒体概论

尹章池 等编著

图书在版编目(CIP)数据

新媒体概论 / 尹章池等编著 . —北京：北京大学出版社，2017.5
(21 世纪高校网络与新媒体专业系列教材)
ISBN 978-7-301-28150-5

Ⅰ.①新… Ⅱ.①尹… Ⅲ.①传播媒介–高等学校–教材 Ⅳ.①G206.2

中国版本图书馆CIP数据核字(2017)第 043400 号

书　　名	新媒体概论 XINMEITI GAILUN
著作责任者	尹章池　等编著
策 划 编 辑	李淑方
责 任 编 辑	李淑方
标 准 书 号	ISBN 978-7-301-28150-5
出 版 发 行	北京大学出版社
地　　　址	北京市海淀区成府路 205 号　100871
网　　　址	http://www.pup.cn　　新浪微博：@北京大学出版社
电 子 信 箱	zyl@pup.pku.edu.cn
电　　　话	邮购部 010-62752015　发行部 010-62750672　编辑部 010-62767857
印 刷 者	河北滦县鑫华书刊印刷厂
经 销 者	新华书店
	787 毫米 ×1092 毫米　16 开本　18 印张　400 千字 2017 年 5 月第 1 版　2022 年 9 月第 5 次印刷
定　　　价	45.00 元

未经许可，不得以任何方式复制或抄袭本书之部分或全部内容。
版权所有，侵权必究
举报电话：010-62752024　电子信箱：fd@pup.pku.edu.cn
图书如有印装质量问题，请与出版部联系，电话：010-62756370

21世纪高校网络与新媒体专业系列教材编委会

总 主 编 石长顺
副 主 编 郭 可 支庭荣
主 编 单 位 华中科技大学
上海外国语大学
暨南大学
华南理工大学
武汉理工大学
河南工业大学
沈阳体育学院
广州大学
编委会成员 （按英文字母顺序排序）
陈冠兰 陈沛芹 陈少华 郭 可 韩 锋
何志武 黄少华 惠悲荷 季爱娟 李 芳
李 军 李文明 李秀芳 梁冬梅 鲁佑文
单文盛 尚恒志 石长顺 唐东堰 王 艺
肖赞军 杨 娟 杨 溟 尹章池 于晓光
余 林 张合斌 张晋升 张 萍 郑传洋
郑勇华 支庭荣 周建青 邹 英

总　序

教育部在2012年公布的本科专业目录中,首次在新闻传播学学科中列入特设专业"网络与新媒体",这是自1998年以来为适应社会发展需要,该学科新增的两个专业之一(另一个为数字出版专业)。实际上,早在1998年,华中科技大学就面对互联网新媒体的迅速崛起和新闻传播业界对网络新媒体人才的急迫需求,率先在全国开办了网络新闻专业(方向)。当时,该校新闻与信息传播学院在新闻学本科专业中采取"2+2"方式,开办了一个网络新闻专业(方向)班,面向华中科技大学理工科招考二年级学生,然后在新闻与信息传播学院继续学习两年专业课程。首届毕业学生受到了业界的青睐。

在教育部新颁布《普通高等学校本科专业目录(2012)》之后,全国首次有28所高校申办了网络与新媒体专业并获得教育部批准,继而开始正式招生。招生学校涵盖"985"高校、"211"高校和省属高校、独立学院四个层次。这28所高校的网络与新媒体专业,不包括同期批准的45个相关专业——数字媒体艺术和此前全国高校业已存在的31个基本偏向网络新闻方向的传播学专业。2014年、2015年、2016年、2017年又先后批准了20、29、47和36所高校网络与新媒体专业招生,加上2011年和2012年批准的9所高校新媒体与信息网络专业招生,到2018年全国已有169所高校开设了网络与新媒体专业。

媒体已成为当代人们生活的一部分,并逐渐走向21世纪的商业和文化中心。数字化媒体不但改变了世界,改变了人们的通信手段和习惯,也改变了媒介传播生态,推动着基于网络与新媒体的新闻传播学教育改革与发展,成为当代社会与高等教育研究的重要领域。尼葛洛庞帝于《数字化生存》一书中提出的"数字化将决定我们的生存"的著名预言(1995年),在网络与新媒体的快速发展中得到应验。

据中国互联网络信息中心(CNNIC)2019年8月发布的《第44次中国互联网络发展状况统计报告》显示,截至2019年6月,我国网民规模已达8.54亿,较2018年年底增长2598万,互联网普及率达61.2%,较2018年年底提升1.6个百分点。互联网用户规模的迅速发展,标志着网络与新媒体技术正处在一个不断变化的流动状态,且其低门槛的进入使人与人之间的交往变得更为便捷,世界已从"地球村"走向了"小木屋",时空概念的消解正在打破国家与跨地域之间的界限。加上我国手机网民数量持续增长,手机网民规模已达8.47亿,较2018年年底增长2984万,网民使用手机上网的比例达99.1%,较2018

年年底提升0.5个百分点。这是否更加证明移动互联网时代已经到来,"人人都是记者"已成为现实?

网络与新媒体的发展重新定义了新媒体形态。新媒体作为一个相对的概念,已从早期的广播与电视转向互联网。随着数字技术的发展,新媒体更新的速度与形态的变化时间越来越短(见图1)。当代新媒体的内涵与外延已从单一的互联网发展到网络广播电视、手机电视、微博、微信、互联网电视等。在网络环境下,一种新的媒体格局正在出现。

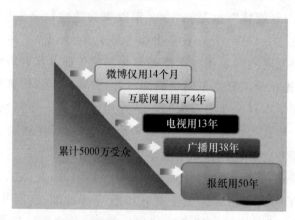

图1　各类媒体形成"规模"的标志时间

基于网络与新媒体的全媒体转型也正在迅速推行,并在四个方面改变着新闻业,即改变着新闻内容、改变着记者的工作方式、改变着新闻编辑室和新闻业的结构、改变着新闻机构与公众和政府之间的关系。相应地也改变着新闻和大众传播教育,包括新闻和大众传播教育的结构、教育者的工作方式和新闻传播学专业讲授的内容。

为使新设的"网络与新媒体"专业从一开始就走向规范化、科学化的发展建设之路,加强和完善课程体系建设,探索新专业人才培养模式,促进学界之间的教学交流,共同推进网络与新媒体专业教育,由华中科技大学广播电视与新媒体研究院及华中科技大学武昌分校(现更名为"武昌首义学院")主办,北京大学出版社承办的"全国高校网络与新媒体专业学科建设"研讨会,于2013年5月25—26日在武汉举行。参加会议的70多名高校代表就议题网络与新媒体专业培养模式、网络与新媒体专业主干课程体系等展开了研讨,通过全国高校之间的学习对话,在网络与新媒体专业主干课和专业选修课的设置方面初步达成一致意见,形成了网络与新媒体专业新建课程体系。

网络与新媒体主干课程共14门:网络与新媒体(传播)概论、网络与新媒体发展史、网络与新媒体研究方法、网络与新媒体技术、网页设计与制作、网络与新媒体编辑、全媒体新闻采写、视听新媒体节目制作教程、融合新闻学、网络与新媒体运营与管理、网络与新媒体用户分析、网络与新媒体广告策划、网络法规与伦理、新媒体与社会等。

选修课程初定8门：西方网络与新媒体理论、网络与新媒体舆情监测、网络与新媒体经典案例、网络与新媒体文学、动画设计、数字出版、数据新闻挖掘与报道、网络媒介数据分析与应用等。

这些课程的设计是基于当时全国28所高校网络与新媒体专业申报目录、网络与新媒体专业的社会调查，以及长期相关教学研究的经验讨论而形成的，也算是首届会议的一大收获。新专业建设应教材先行，因此，在这次会议上应各高校的要求，组建了高校网络与新媒体专业系列规划教材编写委员会，全国参会的26所高校中有50多位学者申报参编教材。在北京大学出版社领导和李淑方编辑的大力支持下，经过个人申报、会议集体审议，初步确立了30余种教材编写计划。这套网络与新媒体专业系列教材包括：

《网络与新媒体概论》《西方网络与新媒体理论》《新媒体研究方法》《融合新闻学》《网页设计与制作》《全媒体新闻采写》《网络与新媒体编辑》《网络与新媒体评论》《新媒体视听节目制作》《视听评论》《视听新媒体导论》《出镜记者案例分析》《网络与新媒体技术应用》《网络与新媒体经营》《网络与新媒体广告》《网络与新媒体用户分析》《网络法规与伦理》《新媒体与社会》《数字媒体导论》《数字出版导论》《网络与新媒体游戏导论》《网络媒体实务》《网络舆情监测与分析》《网络与新媒体经典案例评析》《网络媒介数据分析与应用》《网络播音主持》《网络与新媒体文学》《网络与新媒体营销传播》《网络与新媒体实验教学》《网络文化教程》《全媒体动画设计赏析》《突发新闻教程》《文化产业概论》等。

这套教材是我国高校新闻教育工作者探索"网络与新媒体"专业建设规范化的初步尝试，它将在网络与新媒体的高等教育中不断创新和实践，不断修订完善。希望广大师生、业界人士不吝赐教，以便这套教材更加符合网络与新媒体的发展规律和教学改革理念。

石长顺

2014年7月

2019年9月修改

（作者系华中科技大学广播电视与新媒体研究院院长、教授；

武昌首义学院副校长，兼任新闻与文法学院院长）

前　言

"新媒体"是相对报纸、杂志、广播、电视等传统媒体而言的媒体统称。它是指利用数字技术、网络技术,通过互联网、宽带局域网、无线通信网和卫星等渠道,以电视、电脑和手机为终端,向用户(即受众)提供视频、音频、语音数据服务、远程教育等交互式信息和娱乐服务,以此获取经济利益的一种传播形式。

从内容上来讲,新媒体既可以传播文字,也可以传播声音和图像;从过程上来讲,新媒体既可以通过流媒体方式进行线性传播,也可以通过存储、读取方式进行非线性传播。这样,原有的以材质、样式、符号系统等物理形态对媒介所进行的分类和定义已经不再适用,"媒介"这个概念的外延已经大大扩展。

一般来说,新媒体有两个明显特征:一个是可以承载传统媒体能承载的各种形式,如文字、图形、视频、音频等,另一方面是与受众具有互动性。新媒体正在对我们的媒体环境、文化环境乃至经济和社会环境产生影响。我们生活在新的媒体生态中。

新媒体技术推动了当代媒体产业结构的深刻调整,新媒体产业将引领媒体产业潮流,新媒体产业在媒体产业中的比重迅速上升,部分传统的媒体行业将逐步衰微,适应市场需求的媒体行业将继续保持活力,文化创意和内容资源将成为媒体产业核心竞争力。

新媒体改变了我们的生活,拉近了我们的距离,加快了生活节奏,我们一刻也离不开它。

新媒体催生了新的经济形态,依托新媒体平台的企业如雨后春笋般产生,并展示其独具魅力的经营风采,哪怕只是昙花一现。

新媒体使得媒体人面临转型、甚至被遗弃的挑战。因此,人们不得不对新闻学与传播学教育进行重新思考,比如探索网络与新媒体专业的架构与发展。

网络与新媒体专业于2011年首次招生,它致力于培养能掌握网络与新媒体信息传播的理论知识与实践技能,能熟练运用网络与新媒体进行信息采写、策划、传播,兼具新媒体组织运营和管理能力,拥有宽广的国际视野和进取的创新精神的复合型、应用型传媒人才。"新媒体概论"课程就是这个专业的核心基础课,加强其教材建设尤为必要。尽管国内已经有若干版本,但是,对于日新月异的新媒体传播和专业建设来说,这些版本又显得偏少或滞后。

本教材是编著者在2012年以来主讲该课程的教案、讲稿和主持相关研究项目课题成果基础上撰写、修订而成。尹章池教授负责制订本教材的体系结构、内容框架、撰写纲要和编写体例,组织全书材料和数据的收集与甄别、文字统稿和定稿。研究生参与了各章的具体编写:陈蓉编写第一章、第五章;叶子编写第二章、第三章;管晶编写第四章;刘依编写第六章、第八章;钟其英编写第七章;白冰莹编写第九章。

编著者
2016.12

目 录

第一章 新媒体的起源与发展 …………………………………………… 1
  第一节 新媒体起源 ……………………………………………………… 1
    一、众说纷纭的"新媒体" ……………………………………………… 1
    二、全方位认识"新媒体" ……………………………………………… 2
  第二节 新媒体的特征 …………………………………………………… 5
    一、即时性与交互性 …………………………………………………… 6
    二、个性化与分众化 …………………………………………………… 7
    三、数字化、多媒体化与虚拟化 ……………………………………… 7
    四、全球化与跨媒体化 ………………………………………………… 9
  第三节 新媒体的演变与发展历程 ……………………………………… 10
    一、新媒体产生的动因 ………………………………………………… 11
    二、新媒体的发展历程 ………………………………………………… 14
  第四节 新媒体的发展趋势 ……………………………………………… 22
    一、媒介融合 …………………………………………………………… 23
    二、平台开放 …………………………………………………………… 23
    三、产业变革 …………………………………………………………… 24
  第五节 新媒体产生的影响 ……………………………………………… 25
    一、生活方式的改变 …………………………………………………… 25
    二、意识形态的渗透 …………………………………………………… 31
    三、经济增长方式的转换 ……………………………………………… 31

第二章 网络媒体 ………………………………………………………… 34
  第一节 门户网站 ………………………………………………………… 34
    一、门户网站的概念界定 ……………………………………………… 34
    二、门户网站的特征 …………………………………………………… 35
    三、门户网站的类别 …………………………………………………… 36
    四、中国门户网站的发展历程 ………………………………………… 37
    五、中国门户网站的未来走向 ………………………………………… 38

第二节　搜索引擎 …… 39
　　一、搜索引擎的定义 …… 39
　　二、搜索引擎的发展历程 …… 39
　　三、搜索引擎的分类 …… 40
　　四、知名搜索引擎 …… 41
　　五、搜索引擎的未来发展 …… 42
第三节　网络视频 …… 44
　　一、网络视频的定义 …… 44
　　二、网络视频的特点 …… 45
　　三、网络视频的传播学文化特征 …… 46
　　四、中国网络视频的发展现状及其面临的问题 …… 47
　　五、网络微视频发展现状 …… 48
第四节　网络出版 …… 50
　　一、网络出版的概念 …… 50
　　二、网络出版的特点 …… 51
　　三、国内外网络出版的模式比较 …… 52
　　四、网络出版的现状 …… 52
　　五、云出版 …… 54
第五节　网络游戏 …… 56
　　一、网络游戏的概念界定 …… 56
　　二、国外游戏市场的发展现状 …… 57
　　三、中国网络游戏的发展现状及存在的问题 …… 58

第三章　移动媒体 …… 62
第一节　手机媒体 …… 62
　　一、手机媒体的概念界定 …… 62
　　二、手机媒体的特征 …… 62
　　三、手机出版 …… 64
第二节　平板媒体 …… 69
　　一、平板电脑的发展 …… 69
　　二、iPad 对纸媒的影响 …… 70
　　三、纸媒入驻 iPad——社会化阅读平台的新变化 …… 71
第三节　移动车载媒体 …… 75
　　一、移动电视的概念 …… 75
　　二、交通移动媒体的类型 …… 75

三、车载移动电视存在的问题 …………………………………… 76
　　四、车载移动电视的前景展望 …………………………………… 78
第四节　移动互联网时代的新现象、新趋势 ……………………… 78
　　一、移动互联网的概念 …………………………………………… 78
　　二、移动互联网的属性特征 ……………………………………… 79
　　三、中国移动互联网用户行为分析 ……………………………… 80
　　四、移动互联网时代的新现象 …………………………………… 81
　　五、移动互联网时代的新趋势 …………………………………… 83

第四章　"圈子"社交媒体

第一节　社交媒体 …………………………………………………… 87
　　一、什么是社交媒体 ……………………………………………… 87
　　二、社交媒体分类 ………………………………………………… 88
　　三、社交媒体的发展阶段 ………………………………………… 90
第二节　网络圈子 …………………………………………………… 90
　　一、"圈子"的产生 ……………………………………………… 90
　　二、网络圈子 ……………………………………………………… 91
第三节　网络社区 …………………………………………………… 92
　　一、网络社区的概念 ……………………………………………… 92
　　二、网络社区的特点 ……………………………………………… 93
　　三、网络社区分类 ………………………………………………… 93
第四节　博客与微博 ………………………………………………… 104
　　一、博客简介 ……………………………………………………… 104
　　二、微博简介 ……………………………………………………… 105
第五节　即时通信 …………………………………………………… 109
　　一、何为即时通信 ………………………………………………… 109
　　二、即时通信分类 ………………………………………………… 110
　　三、即时通信工具 ………………………………………………… 110

第五章　新媒体传播

第一节　新媒体新闻 ………………………………………………… 115
　　一、新媒体新闻的定义及特点 …………………………………… 115
　　二、新媒体新闻的传播模式的特点 ……………………………… 118
　　三、新媒体新闻的发展趋势 ……………………………………… 120

第二节 新媒体舆论 …………………………………………… 122
  一、舆论和新媒体舆论 ………………………………………… 122
  二、新媒体语境下舆论的特点 ………………………………… 123
  三、网络舆论的形成过程 ……………………………………… 125
  四、新媒体舆论的引导策略 …………………………………… 128
第三节 新媒体文化 …………………………………………… 130
  一、新媒体文化的定义 ………………………………………… 130
  二、新媒体文化的特点 ………………………………………… 131
  三、新媒体文化发展的条件 …………………………………… 134
  四、新媒体文化的作用 ………………………………………… 136
  五、新媒体文化的引导 ………………………………………… 138
第四节 网络谣言 ……………………………………………… 139
  一、网络谣言的内涵 …………………………………………… 139
  二、网络谣言的形成 …………………………………………… 139
  三、网络谣言的传播模式 ……………………………………… 140
  四、网络谣言中新媒体的双重角色 …………………………… 140
  五、网络谣言的控制策略 ……………………………………… 141

第六章 新媒体创意 …………………………………………… 144
第一节 新媒体内容创新 ……………………………………… 144
  一、新媒体内容创新面临的机遇 ……………………………… 144
  二、新媒体内容创新应对的挑战 ……………………………… 150
第二节 新媒体语言艺术 ……………………………………… 153
  一、新媒体时代的媒体语言特性 ……………………………… 153
  二、新媒体时代的语言需求 …………………………………… 155
  三、对当前媒体语言的思考 …………………………………… 155
第三节 新媒体运营 …………………………………………… 156
  一、新媒体项目定位 …………………………………………… 157
  二、新媒体运营 ………………………………………………… 157
  三、新媒体推广渠道 …………………………………………… 160
  四、数据分析 …………………………………………………… 164

第七章 新媒体制作 …………………………………………… 168
第一节 数字媒体技术概述 …………………………………… 168
  一、数字媒体技术发展史及定义 ……………………………… 168

二、数字媒体技术分类 …… 172
　　三、数字媒体技术与传统展示的区别 …… 175
第二节　数字音频、图像处理 …… 176
　　一、数字音频 …… 176
　　二、数字图像处理 …… 180
第三节　动画与网络游戏 …… 189
　　一、数字动画、游戏概述 …… 189
　　二、数字动画、游戏的制作 …… 195
第四节　数字影视剪辑、特效 …… 199
　　一、数字影视剪辑、特效概述 …… 199
　　二、数字影视剪辑、特效处理 …… 203

第八章　新媒体产业 …… 210
第一节　新媒体的产业化 …… 210
　　一、新媒体产业的概念 …… 210
　　二、新媒体产业的经济特征 …… 212
　　三、新媒体产业的发展历程 …… 216
第二节　新媒体产业链、价值链 …… 221
　　一、产业链的构成 …… 221
　　二、新媒体相关行业的产业链 …… 223
　　三、对当前新媒体产业链的思考 …… 224
第三节　新媒体产业政策 …… 226
　　一、美国的新媒体政策 …… 226
　　二、欧洲的新媒体产业政策 …… 227
　　三、日本的新媒体产业政策 …… 228
　　四、中国的新媒体政策 …… 229
第四节　新媒体商业运作模式 …… 230
　　一、新媒体的商业模式 …… 230
　　二、中国新媒体未来商业模式的构建 …… 235
　　三、新媒体商业模式的发展趋势 …… 235

第九章　新媒体版权 ……………………………………………… 239

第一节　新媒体版权的发展现状 ………………………………… 239
一、中国新媒体版权保护发展 …………………………………… 239
二、新媒体侵权盗版的特点 ……………………………………… 240
三、新媒体版权面临的困境 ……………………………………… 241

第二节　避风港原则与红旗原则 ………………………………… 243
一、避风港原则 …………………………………………………… 244
二、红旗原则 ……………………………………………………… 244
三、避风港原则与红旗原则的争议与平衡 ……………………… 245

第三节　数字版权保护的应用 …………………………………… 247
一、音乐的数字版权保护 ………………………………………… 247
二、数字视频的版权保护 ………………………………………… 248
三、电子书的版权保护 …………………………………………… 249

第四节　信息网络传播权与版权保护 …………………………… 251
一、新媒体时代下版权保护的新形势 …………………………… 251
二、合理使用与侵权 ……………………………………………… 252
三、国外对于合理使用与侵权的处理方式 ……………………… 253
四、中国对合理使用规定的完善 ………………………………… 254
五、新媒体产业的版权保护 ……………………………………… 257

第一章 新媒体的起源与发展

> **学习目的**
> 1. 通过对新媒体基本概念的学习,掌握新媒体的相关定义和特点。
> 2. 通过学习新媒体的发展历程,了解各大新媒体的特点和优势。
> 3. 了解新媒体的发展趋势,预测新媒体的未来前景。
> 4. 通过对新媒体知识的掌握,认识新媒体对生活的重要性。

第一节 新媒体起源

网络技术、数字技术、移动通信技术的发展,为新媒体的产生和发展营造了良好的环境。自新媒体诞生以来,其发展的速度和规模就出乎所有人的预料,尤其是其对报纸、广播、电视等传统媒体的生存形成了严峻的挑战。当前,新媒体正以不可阻挡的势头,迅速渗透到人类社会的政治、经济、思想、文化等诸多领域,不仅改变了社会的传播形态,也影响着人们的生活方式和思维方式。由此,新媒体也成为新闻学、传播学等诸多领域的研究热点。本章通过介绍新媒体的定义、特征及发展起源、趋势,试图提供一个较为直观且全面的介绍。

一、众说纷纭的"新媒体"

"新媒体"这一概念可追溯到20世纪中后期。1967年,美国哥伦比亚广播电视网(CBS)技术研究所所长P.高尔德马克(P. Goldmark)发表了一份关于开发电子录像(EVR)商品的计划书,他在该计划书中将"电子录像"称作"new media"(新媒体),由此诞生"新媒体"的概念。1969年,美国传播政策总统特别委员会E.罗斯托(E. Rostow),在向尼克松总统提交的报告书(简称"罗斯托报告")中,也多处使用"new media"一词以及有关的概念。随后,新媒体一词在美国广泛流传。20世纪70年代末至20世纪80年代,学术界、科技界、新闻界经常讨论有关"新媒体"的话题。不同的专家、学者对"新媒体"的定义,众说纷纭。目前,国内外比较具有代表性的观点主要有以下几种。

美国《连线》杂志将新媒体定义为"所有人对所有人的传播"。强调新媒体的互动性——传播者即是互动者。

国内清华大学新闻与传播学院熊澄宇教授认为,所谓新传媒,或称数字媒体、网络媒体,是建立在计算机信息处理技术和互联网基础之上,发挥传播功能的媒介总和。强调新媒体的技术性,即传播渠道的变化。

上海戏剧学院新媒体领域的陈永东副教授表示,新媒体是相对于传统媒体而言的媒体及各种应用形式,目前主要有互联网媒体、掌上媒体、数字互动媒体、车载移动媒体、户外媒体及新媒体艺术等。主要强调新媒体的形式,未做本质定义。

上述定义主要根据新媒体的传播对象、方式、形式上的特征,对新媒体进行界定。但随着数字和网络信息技术的发展,新媒体的内涵和外延也在不断变化,因此,其定义也应视实际情况不断进行调整。

二、全方位认识"新媒体"

由于新媒体是一个随着时间和技术不断革新的概念,且目前对其已有很多的界定,所以要厘清什么是新媒体,还得从"百家之言"入手。通过认识"新"和"旧"媒体的划分,深刻认识新媒体与旧媒体的区别,对其进行全方位的了解。

(一)认识新媒体定义的各种"论"

为了弄清楚"什么是新媒体""哪些是新媒体",央视的资深媒体人杨继红曾对新媒体的定义做过调研,并在其著作《谁是新媒体》中对当前的各类定义进行了梳理分类,将其分为"传承论""相对论""凡数字论""互联论""媒体定义回归论""规模论""多维论"及"一言难尽论"。

"传承论"从媒体发展传承的演进过程出发,将新媒体的定义置于整个人类社会的媒体发展进程中,认为新媒体是基于传统媒体发展起来的新的媒介形式。

"相对论"将新媒体视为媒体演进发展的延续,即是一个相对的概念,比传统媒体"新"的就是新媒体,因而新媒体往往兼备多种媒体的特征和特长。

"凡数字论"是狭义上的定义,认为凡是基于数字技术在传媒领域运用而产生的新媒体形态就是新媒体。

"互联论"从新媒体的互联性特点出发,认为新媒体是在互联网基础上实现多对多或点对点传播的、具有与用户互动等交互功能的媒体形式。在这个互联网的平台上,人人都是传播的主体,并且能够自由互动。

"媒体定义回归论"从媒介自身出发对新媒体做出界定,认为"媒体"应该泛指从事大众传播的机构,因而新媒体应该被定义为新的大众传播机构。

"规模论"是在"媒介定义回归论"的基础上产生的。"媒介定义回归论"强调媒体的定义应是"大众传播",而一种传播形态能够达到大众传播的规模时,就成为新媒体。

以上这些有关新媒体定义的各种"论",既有广义上的,也有狭义上的,但都是从单一角度上来归纳"新媒体"的定义的。而"多维论"则从多角度、多层面对"新媒体"进行综合定义,融合了诸多单一角度的观点。此外,由于新媒体领域的发展速度很快,目前依旧很难给新媒体下一个确切的、且能达成共识的定义,因此便产生了"一言难尽论",认为新媒体的定义尚需系统研究。

(二) 认识媒体新与旧的相对性

新媒体是相对于旧媒体的、依托新技术发展的互动媒介总和。可见,新媒体是发展层面的媒体。把新媒体与旧媒体从三个层面上分析:①时间维度比较,微博、博客、微信等新媒体相对于传统媒体是新媒体,是"新"相对于"旧"。随着计算机技术、网络技术和数字技术的发展,新媒体层出不穷,今日的所谓的"新媒体"也是未来的"旧媒体"。②技术维度比较,新媒体是依托数字技术、互联网技术、移动通信技术等新型技术发展而来的媒介。新媒介的外延不断延伸,应用形式多种多样,如户外新媒体、车载新媒体、楼宇电视等新媒介。③互动维度的比较,新媒体的重要特性是"互动性",互动性即让每个信息接受者变成传播者。公民掌握信息的传播权和主动权,弥补传统媒体的反馈问题。

因此,本书总结各方面的提法,创新性地提出对新媒体的定义:新媒体是依托网络技术、数字技术和移动通信技术发展的具有高度互动性的媒介总和。

(三) 认识新媒体的本质

新媒体绝不是简单的、时间概念上的新,其本质表现在观念新、技术新、手段新、效果新等。

1. 观念新

观念是人们在实践当中形成的各种认识的集合体。这种集合体很容易产生一种惯性,并成为平常所说的思维定式。观念新即要求打破思维定式,对传统传播观念进行根本性的突破与更新。

传统媒体在不断总结、进步的过程中日益成熟、完善,但缺乏创新与开拓,发展僵化、死板。新媒体完全从"用户的需要"出发,探索一切可能的突破与尝试。实质就是对传统观念进行反思,不断地寻求新的答案。[①] 例如:报纸是否可以自我复制传播?观众是否可以与电视里的人物进行对话?广播是否可以储存重播?因为观念的更新,新媒体在新传播技术和媒体技术支持下,逐步实现了人们对传统媒体的期待。

---

① 官建文.新媒体需要新"把关人"[J].对外大传播.2007(1):32-34.

2. 技术新

新观念的实现必须依靠新技术的应用。媒体对于技术的依赖与生俱来，倘若没有造纸术与印刷术的进步，就不会有今天的报纸；没有无线电技术的发展，广播也难以永葆青春；没有微波、卫星传播技术的成熟以及视频处理设备的日益精良，电视更无法成为时下的无冕之王。微博、微信、QQ等，也主要是依靠新媒体技术的发展。

技术的发展与对技术的期望是永无止境的，对现有条件的不满足，是人类不断进步的根源。如今，互联网技术的日新月异，已经毫不夸张地达到了"没有做不到，只有想不到"的地步。

在此之前，从互联网开始，超文本标记语言（HTML）、阿贾克斯（Asynchronous Javascript And XML，AJAX）、扎沃语言（JAVA）等新技术层出不穷，实时传讯（IM）、论坛（BBS）、博客（BLOG）、社交网络服务（SNS）等新应用前赴后继，信息内容的生产成本不断地降低，信息内容的传播速度与广度在惊人地扩展，信息内容的展现方式也向着越来越丰富、科幻的方向发展。

3. 手段新

传统媒体在发展过程中的权威化、中心化，使得传播效果与受众覆盖面以及传播强度简单相关，传播手段的应用，只有版面、时段与频次这三个法宝，逐渐失去在手段上创新的想法与动力。新媒体却没有先天的影响力，为了能够在现有的媒介市场上分到市场份额，唯在手段上有所创新与突破。如果说新的观念是动力，新的技术是基础，那么新的手段则是实践的根本。

实际上，在电视诞生后，新的科技迅速地推动着传播手段的更新，丹尼尔·贝尔在《资本主义文化矛盾》一书中就提到："当代文化正在变成一种视觉文化，而不是一种印刷文化，这是千真万确的事实。"[1]而随着电脑、互联网的发展，这种论断立即遭到了反驳。"新的信息时代并非是一个单纯的视觉传播代替文字传播的时代，而是一个各种传播形式方方面面的力量重组。"[2]这种重组恰恰就是对于手段更新的需求，思考如何改进信息传播的方式与效果，能将传播中的所有元素，包括文字、图像、声音以及各种符号都有机地统一在一起。

互联网从一开始就努力提升用户评论、留言的作用力度，并辅以各种投票与民意调查，让受众参与进来甚至成为主角。新媒体中许多信息不再依赖编辑、记者的工作，而直接选用受众、用户的观点、想法及意见，成为新闻与报道的主体。而随后在论坛、博客以及微博这样的以用户为核心的新应用中，内容几乎全部来自用户，媒体已经退居为技术手段与平台，通过话题、圈子以及标

---

[1] ［美］丹尼尔·贝尔.资本主义文化矛盾[M].严蓓雯,译.南京:江苏人民出版社,2007.10.
[2] ［美］丹尼尔·贝尔.资本主义文化矛盾[M].严蓓雯,译.南京:江苏人民出版社,2007.10.

签来实现内容的聚合,从而呈现出一个完全不同的媒体形态。这些新手段的广泛应用,推动了新媒体的全新发展。[①]

4. 效果新

效果是检验价值的最终标准。新媒体的首要效果就是成为信息的主要聚集地。相对于传统媒体,新媒体能够更快、更全、更丰富地提供各类新闻与资讯。

立体化、组合化的新媒体传播提升了人们对信息的兴趣与关注度。在新媒体时代,人们更加乐于关注新闻与时事,更加乐于接受大容量、高频率的信息轰炸,这与新媒体灵活、丰富的表现手段不无关系。从 Web 1.0 时代的超链接开始,直至 Web 2.0 的标签,无论是网络编辑的主观汇总,还是基于网站程序的自动聚合,受众可以非常方便地从一个信息关联到另一个信息,沿着事物内在的种种规律进行个性化阅读。[②] 而且,新媒体正在不断吸收、整合各种各样的表现形式与表现手段,不管是文字、图片还是声音、视频甚至更加有趣的动画、特效,都可以在新媒体上得到完美的综合体现。新媒体将人性化的要求摆到前所未有的高度,这也是基于新媒体应受众需要而生的本质,将媒体融入生活当中、融入受众当中,传播的行为更加自然化,收到的效果更是传统媒体所无法比拟的。

信息在新媒体上传播的效果变得新奇而富有力量,受众乐于通过新媒体去查知信息,更愿意通过新媒体分享信息。灵活多变的手法,丰富多彩的元素,正逐渐让新媒体成为最有影响力的媒体,也成为最有效果的媒体。

总之,新媒体并不是静态概念,而是不断更新的事物。新媒体的未来不可小觑。新媒体对旧媒体产生不小的革命性冲击,在旧媒体的基础上出现新型媒体,如电子书、户外电视、数字新闻,在全社会范围影响着信息的产生、传播、加工、获取方式和过程。创造了无可比拟的价值和体验,极大地影响着人们的生活方式甚至是思维方式。

第二节 新媒体的特征

新媒体的兴起可以说改变着人类社会的传播生态。受众不再只是传统媒体时代定位明确的接收者,而是由被动的信息消费者逐渐转换为自由的信息用户,既能根据自身喜好接受信息、发表观点,更重要的是能够成为信息的发布者。传统的传受关系的改变也是来源于新媒体赋予受众的权利。因此研究

---

① 席伟航,霍志静.政府参与新媒体管理的动因和原则——以互联网为例[J].中国记者,2006(02):56—57.
② 柳斌杰.新媒体发展的现状与趋势[J].传媒,2006(12):4—8.

新媒体,必须了解新媒体的特征。新媒体的特征可以概括为以下四点。

一、即时性与交互性

(一) 即时性

随着计算机网络技术的发展,信息得以即时传播。大众可以随时把自己的所见所闻、所思所想传播到网络中去。同时,大众可以决定接受信息的时间、内容、主题,而且还可以随时反馈信息。传统媒体点对点或点对面的单向传播被新媒体点对点、点对面、面对面等丰富多样的传播方式所取代,信息极为丰富,不受时间地点的限制。在网络上永远没有一手新闻,因为新闻总是在被不断更新。

通过多点对一点即时报道,人们可以通过刷微博了解到世界上最新发生的事情。甚至有一家美国报纸的头条写道:"如果某件事没有被 Tweet,那么它发生了么?"对于新闻来讲,这种原生态、即时、海量的信息,是挖掘新闻素材的巨大宝库。

(二) 交互性

交互性是新媒体区别于以往媒体的最突出的特点。它包括两层含义:信息发送者和接受者之间的信息交流是双向的,参与个体在信息交流过程中都拥有控制权。面对面的信息交流、对话就具有很强的交互性,而作为大众传播媒介的报刊、广播、电视,其信息的传播具有单向性,信息反馈不方便。交互性成为新媒体最突出的优势之一。

网络的普及为人们提供了廉价的传播渠道,这就使任何拥有互联网终端的个人既可以是信息的接受者也可以是发送者,真正实现了信息的双向交流。新媒体的超媒体性让信息交流具有平等的控制权,参与者可以根据自己的兴趣和需要选择性地交流信息。新媒体让受众不再只是简单的接受者,传播形式从单向的传播转向了多向的互动的传播。在新媒体中,受众不再只是接受信息的人,或者说已经没有单一的受众概念。无论什么身份、年龄、职业、地区的人,都可以上网发布信息和言论,它给在传统媒介中无发言权的"沉默的大多数"提供了说话及发布消息的机会与权利。[①]

"5W 模式",即 Who(谁)Says What(说了什么)In Which Channel(通过什么渠道)To Whom(向谁说)With What Effect(有什么效果)。

施拉姆在《传播是怎样运行的》一书中提出了传播"循环模式"。传播者和受传者的地位在"循环模式"中比较模糊,双方处于平等的地位,每个人既可以是传播者也可以是受传者。此模式的重点是提出编码者和译码者的角色。传

---

① 陈少华.网络媒体的有效引导与管理[J].新闻前哨,2007(2):90—91.

播过程中传受双方的角色在不停地进行转化,使信息在接收的过程中不断演变发展。"循环模式"的提出极大地丰富了传播理论,其传播双方的对等性能够体现在人际传播面对面的平等地位中。

新媒体是循环模式的实践者。因为在新媒体时代,受众不再是"魔弹论"的靶子,不再是简单的信息接受者,他们成为信息生产与传播过程中的积极参与者和建构者。可以说,传播链条上的每一个个体,都可以成为信息的控制者,成为传媒实践的发声者。无论是什么职业、什么身份,对有价值信息的传播可以让人人都成为创造者,人人都成为自媒体。信息传播者与受传者之间的疆界逐渐趋于模糊,信息交流实现了平等的交互传播。这是新媒体技术的优势,更是传播方式的革命。这种交互式革命,既是新媒体对传统媒体内容方式的颠覆,也是新媒体发展的必然之路。

二、个性化与分众化

(一) 个性化

对于新媒体而言,人们对信息不仅有选择权,还有控制权,可以改变信息传播的内容和形式。比如借助搜索引擎,信息的接受者可以选择自己感兴趣的信息,通过网络,人们可以选择自己喜欢的文章、音乐、图片或视频;通过电子邮件、MSN、QQ或者手机短信,人们可以定制新闻,每天都能定时收到自己感兴趣的个性新闻。微博可以通过关注不同的人而得到不同的信息,在同样一个域名的网站里,用户面对的界面和内容可以是不同的,比如新闻、财经、娱乐圈、游戏等。人们根据自己的需求,在不同的世界里享受着信息。

(二) 分众化

人们也可以根据自己的职业、爱好、兴趣,通过手机、电脑进入不同的短信平台或是媒体论坛、网络博客,与不同的人群讨论共同感兴趣的话题。又如移动电视、网络电视、楼宇电视、车载电视等,其传播对象也有着很强的针对性,它抓住了特定群体的消费需求,有利于取得较好的传播效果。新媒体就是能同时为大众提供个性化内容的媒体,是传播者和接受者融合成对等的交流者,而无数的交流者相互间可以同时进行个性化交流的媒体。[①]

三、数字化、多媒体化与虚拟化

(一) 数字化

社会进步依赖于一次次的科技革新。工业革命带来了人类历史上的重大变革。它极大地提高了生产力,改变了社会结构,促使大规模生产成为可能。

---

① 栾轶玫.新媒体行进在林中路上[J].青年记者,2007(1):20-23.

2012年4月21日,英国《经济学人》杂志以专题形式论述了当今在世界范围内正在经历的第三次革命——数字化革命。一系列新技术的发明运用,让数字化革命正在我们身边发生——软件更加智能,机器人更加灵巧,网络服务更加便捷。新媒体正是基于这样的数字化基础悄然出现在当今社会中,成为我们生活当中不可或缺的一部分。

尼葛洛庞帝在《数字化生存》(Being Digital)一书中,将digital译为"数字化"。数字技术是一种并不复杂的系统,主要是将信息编织成为计算机可以识别的二进位制代码0和1,再转化为脉冲信号,最后计算机就以一种人们可以识别的符号传递出信息,无论是图片、视频还是文字都可以这种数字化的方式最终呈现在受众眼前。因此,新媒体在某种意义上可以说是"数字化媒体"。[①]所谓的数字化,是指在网络社会中,人们的社会关系都建立在以比特为单位的数字化信息的编译、存储、传递、交换和控制的基础上,并通过这一系列的基本的数字化的互动过程反映出来。在数字化基础上,人们可以在任何时间、任何地点以数据、文字、语言、声音、图画等方式同任何人进行对话和交流。

在数字化时代,人们可以随时随地了解来自不同地区的新消息,而了解信息的基础是可以传播的共同语言符号。数字化的语言实现了不同计算机间的语言符号转化,使信息跨区域、全球化传播成为可能。

早期广播电视的产生是基于对模拟技术的运用,最早催生广播电视媒体的声音与图像传播技术都属于模拟技术。与数字化信号相比,模拟信号是加工信号。数字信号适用于易产生杂波和波形失真的录像机及远距离传送,具有较强的稳定性和可靠性。数字技术为现代不同传媒提供了资源整合的平台和基础。互联网、短信、数据库等不同形态的传媒都是基于数字技术内核及其运作规则进行分享的传播方式与传播手段。

(二)多媒体化

传统平面媒体以文字、图像表达,广播传播使用声音,电视运用影像、声音等,而新媒体则是文字、声音、图像、动画甚至虚拟环境,样样俱全。数字技术使新媒体在表达形式上突破了传统媒体特性的限制,打破了传统媒体的固定表达模式,以多种方式呈现新闻。而多媒体的基础是数字技术的应用。不仅媒体形式被极大地丰富,媒体之间的联系也更加紧密,文字、视频、声音不再是简简单单分门独立的,而是统一在同一个大背景之下,并且相互之间可以互相转换。

(三)虚拟化

虚拟性作为新媒体最重要的基本属性,伴随着新媒体成长不断扩展,并衍

[①] [美]尼葛洛庞帝.数字化生存[M].海口:海南出版社,1996:56.

生出了虚拟商品、虚拟人类、虚拟社区等具有虚拟价值的新媒体产物。2001年,英国报业联合会新媒体公司推出了全球第一位虚拟主持人——"阿娜诺那",为全球网民提供 24 小时的信息播报服务。这一虚拟主持人的出现,颠覆了人们对现实主持人的印象,成为一种新的化身与代名词。这是技术的进步,更是人类思维的变迁与超越。①

新媒体的虚拟信息传播不仅指信息本身的虚拟性,还指传播关系的虚拟性。人类之间信息传播的目的是在人与人之间建立关系,进行信息的沟通和交流。在传统媒体的环境下,传播者和受众的角色是既定的,至少传播者的角色是既定的——人们知道信息的来源。然而在新媒体环境下,传播者和受众的角色大部分是虚拟的,交流双方的信息对彼此都是未知的。所以建在虚拟信息交流基础上的人际关系也具有一定的虚拟性,而这种虚拟性的人际关系将极大地改变传统社会的人际关系模型。

起源于 20 世纪 80 年代的虚拟社区,在中国比较有代表性的是天涯社区、豆瓣、知乎、百度贴吧等网络虚拟社区。虚拟社区的建立改变了社会关系,在社区里人们基于一定的目的,有目标地结合,通过社区间的联系枢纽,互不相识的人们连接为一个整体,为同一个目标的实现、同一个话题的创建而努力。新媒体时代,虚拟社区重构了人们的交往模式。通过 QQ、微博、微信等新媒体交友,互不相见,却能实现交往的目的。但同时,虚拟社区也存在一定的弊端,即不真实、不现实以及存在不良信息。在网络时空中,"即使你是狗,别人也不知道",人们在虚拟化的社区中往往没有能进行身份识别的显著特征,一般人无法真正地了解同一社区中的其他成员,存在虚假性。同时,由于身份的隐匿,一些不良信息在虚拟化社区中的传播速度和影响也随之增加。

四、全球化与跨媒体化

(一) 全球化

新媒体的一大特点就是全球信息共享,信息技术的发展使得信息传播的速度更为迅捷,广度更为宽泛,大众在一个信息平台下真正实现信息共享。

维基百科很好地体现了新媒体的全球化特点,其自 2001 年 1 月 15 日正式成立,由维基媒体基金会负责维持,其大部分页面都可以由任何人使用浏览器进行阅览和修改,因为维基用户广泛参与共建、共享,维基百科也被称为"创新 2.0 时代的百科全书""人民的百科全书",截至 2014 年 7 月 2 日,维基百科条目数第一的英文维基百科已有 454 万个条目,全球 282 种语言的独立运作版本共突破 2100 万个条目,总注册用户也超越 3200 万人,而总编辑次数更是

---

① 蔡淇.大众传播中的粉丝现象研究[M].北京:新华出版社,2014:15.

超过12亿次。

(二)跨媒体化

新媒体不仅加速了媒介融合的进程,而且还成了媒介融合的有力践行者。媒介融合是跨媒体传播的描述,更是当今社会信息传播的发展趋势。媒介融合不是简单的加减法,不是媒介之间的物理结合,而是两种或两种以上的媒介在多层次、多领域、多维度的相互渗透与融合。新媒体集合了文字、声音、图像、动画、游戏等拟态环境,样样俱全。这说明新媒体本身就是一个融合媒体,它体现出了媒体的"跨域传播"和"跨界融合"的特点。

与此同时,新媒体与传统媒体之间能实现有效的融合。因为新媒体从诞生的那一天,就与传统媒体相互融合。即使在新媒体发展的高峰期,也没有摆脱与传统媒体之间的关联。从传播内容看,新媒体与传统媒体实现了跨界传播。新媒体中大多的权威性、垄断性新闻信息来源于传统的纸质媒体或广电媒体,而传统的纸质媒体或广电媒体在时效性或交互性强的信息方面则借助新媒体。这种内容间的交互性促使传播资源在内容上相互融合。这样的优势在于,一方面,降低了信息采集过程中的成本,二者各自发挥自身的优势,更好地为现代传播业服务,另一方面,也促使新旧媒体在新时代背景下进行合作,实现世纪媒体融合。

从传播形态上,新媒体与传统媒体的结合正在推进传媒产业的跨媒体融合与发展。例如,手机媒体和报纸媒体的融合催生了手机报。手机报既具有手机媒体的快捷性与即时性,又具有报纸媒体的深度性。此外,手机电视、网络电视等,都是新媒体与传统媒体跨媒体融合的结果。再有,新媒体与新媒体之间的融合也是当今社会的媒体聚焦点。技术的不断进步加速了新媒体之间的融合进程。不同形式的新媒体彼此间相互影响相互作用,形成新时期新媒体的大浪潮。

新媒体除了具有以上的特征外,还具有信息传播的即时性、信息传播渠道的多样性、信息传播的海量性、传播方式的灵活性等。

第三节 新媒体的演变与发展历程

从社会发展的历史长河来看,人类传播史就是一个人类在生产和交往过程中不断创造和使用新传播媒介的历史,是社会信息系统不断走向发达和完善的历史。根据媒介产生和发展的历史脉络,迄今为止的人类传播活动可以分为以下四个发展阶段:①口语传播阶段,②纸质传播阶段,③电子传播阶段,④数字传播阶段。不过,这个历史进程并不是媒介一次取代的过程,而是一个依次叠加的过程。

一、新媒体产生的动因

新媒体只用了不到十年的时间,受众群就已覆盖传统三大媒体历经百年时间所吸引的受众,发展速度可见一斑。新媒体上市公司数量是传统媒体的二到三倍。同其他新生事物一样,新媒体传播的实践也走到了理论建设的前面。作为新技术革命的产物,新媒体几乎是和信息产业一起发展壮大起来的。尤其是互联网浪潮、数字化浪潮席卷全球之后,新媒体几乎是呈几何级增长。新媒体的产生和发展有其一定的社会历史必然性。从根本上来说,它是媒介市场发育和发展的结果,是技术推动和市场需求良性互动的结果。①

(一) 信息技术的迅速发展为新媒体提供了必要的技术保障

美国传播学家丹尼斯·麦圭尔认为:"真正的'传播革命'所要求的,不只是信息传播方式的改变或者受众注意力在不同媒介间分布上的变迁,其最直接的驱动力,是技术。"②回顾人类传播史不难发现,信息技术的发展起着决定性的推动作用。信息技术的每一次革命都给人类的政治、经济、文化和社会生活带来巨大的影响,人类的文明正是在信息技术的推动下不断前进的。信息技术的发展为人类的信息传播提供了更有效的工具和手段,新媒体在弥补传统媒体某些方面不足的同时"为人类打开了通向感知和新型活动领域的大门",而人与技术的关系也是交互性的,"人在正常使用技术即人体各种延伸的情况下,不断受到技术的修正。反过来,人又不断地寻找新的方法来修改自己的技术"。以此增强获取、传递、使用信息的能力。数字技术、计算机网络技术、移动通信技术三大技术系统融合在一起,构成新媒体发展的技术平台,并为新媒体兼容各种新信息技术提供了基础。

1. 数字技术

"数字技术指的是运用0和1两位数字编码,通过电子计算机、光缆、通信卫星等设备,来表达、传输和处理所有信息的技术。数字技术一般包括数字编码、数字压缩、数字传输、数字调制与解调等技术。"数字技术是信息社会的基础,也是新媒体的核心技术,现阶段的新媒体无不以数字技术为基础,因此,新媒体也被称为数字新媒体。③

首先,数字技术为媒体之间的转化提供了桥梁。数字技术中信息的表现形式是多种多样的,新媒体的一个共同的重要特点就是,信息的最小单元为比特(bit)。比特可以用来表现文字、图像、动画、影视、语音及音乐等信息,使不

---

① 周润英.论新媒体的产生及发展趋势[J].东南传播,2009(05).
② [美]丹尼尔·麦圭尔.受众分析[M].北京:中国人民大学出版社,1996:27.
③ 蒋宏,徐剑.新媒体导论[M].上海:上海交通大学出版社,2006:36.

同媒体之间可以相互融合。文本数据、声音、图像、动画等的融合被称为多媒体。同时多种媒体之间也可以相互转换,信息便于储存。

其次,数字技术使信息的交换成为可能。以往的储存方式往往是单一的模式,比如报纸的载体是纸张,而电视的载体是电视机等。而新媒体却是以比特的形式通过计算机进行存储、处理和传播的。在传统媒体时代,受众无法实现与信息传播者的实时互动,处于被动接受信息的地位,但依托数字技术的新媒体如微博、微信,受众可以实时与传播者互动,发表个人看法,同时,也承担着双重角色,每个人既是信息的传播者也是接受者,无一例外,数字技术改变了受传者的地位。

最后,数字技术是软件技术、智能技术的基础。目前,新媒体是以软件为基础进行应用的,而电子邮件、即时通信、博客、微博、微信等所有的网络新媒体形态更是以软件为存在基础。没有各类软件的开发,新媒体基本不可能出现。而各类软件的开发是在数字技术的基础上完成的。

2. 计算机网络技术

计算机网络技术为多媒体信息传播提供了渠道。"计算机网络技术是通信技术与计算机技术相结合的产物。计算机网络是按照网络协议,通过电缆、双绞线、光纤、微波、载波或通信卫星,将地球上分散的、独立的计算机相互连接的集合。计算机网络具有共享硬件、软件和数据资源的功能,具有对共享数据资源集中处理及管理和维护的能力。"① 人们可以在办公室、家里或其他任何地方访问、查询网上的任何资源,极大地提高工作效率。也可以上传信息,为信息交互传播提供物质基础。互联网就是全球最大的、开放的、由众多网络相互连接而成的计算机网络。

随着各种基于互联网的软件和信息服务的推出,互联网已成为各类新媒体存在的平台,例如,电子邮件、博客、微博等,都是互联网推出的新的信息服务方式。

3. 移动通信技术

所谓移动通信就是移动体之间的通信,或移动体与固定体之间的通信。移动通信技术不仅使人可通过手机与别人通话,还可通过手机看新闻、玩游戏等。保罗·莱文森在《手机》一文中对手机做了深刻的哲学解读——手机使人首次回到"前技术"时代那种交流的本真状态:人能够边走路边用手机说话,终于彻底摆脱了其他电子媒介把人囚禁在室内的枷锁。② 手机把互联网作为自己的内容,成为超越互联网的新媒体。美国麻省理工学院教授尼葛洛庞帝早

---

① 贾文凤.新媒体的发展受其社会影响[D].四川:四川省社会科学院,2007.
② [美]保罗·莱文森著.手机[M].何道宽译.北京:中国人民大学出版社,2004:53.

在十多年前就指出:"计算机不再只和计算机有关,它决定了我们的生存。"毫无疑问,正是科学技术的日新月异,为新媒体的出现提供了物质基础。①

(二) 受众多元化、个性化的信息需求是新媒体产生的社会基础

纵观人类传播史,大众传播主要经历了四个时代:第一个是依据人类自身本能的口语传播时代,第二个是纸质传播时代(媒介载体为报纸、书籍、杂志等形式),第三个是电子传播时代(媒介载体为广播、电影、电话、电视等形式),第四个是数字传播时代(媒介载体为高清晰电视、电脑、手机、互联网络等)。从技术层面上来说,这四个时代的划分是科学技术发展的四次飞跃。而从受众需求的层面上讲,四个时代反映了人们的生存态势对媒介与信息需求的不同程度。根据传播学的传播致效原则,人们对信息的传播是选择性地理解和记忆,不同年龄、性格、阶层、地域、文化的人对信息的需求也是不同的,新媒体的互动性满足了受众互动性及个性化需求,受众的广泛兴趣也促进了新媒体的发展。

传统媒体由于版面、时段、频道的限制,不可能满足所有受众的需要,但是利用新媒体海量性、非线性的特性,受众可以根据自身的兴趣或独到的创意通过数据库编排出属于自己的信息,从而使单一的、个人化的传媒内容消费成为可能。新媒体的出现,使根据个体或某个同质的局部群体的个性化需求(定制产品和服务)的时代已经到来,且正逐步取代整个社会只消费一种型号产品的大众化消费时代。"在后信息时代,大众传播的受众往往只是单独一人,所有商品都可以订购,信息变得极端个人化。"②受众的社会需求正是新媒体产生与发展的原动力。

(三) 国家发展战略和相关政策提供了新媒体产生和发展的强大动能

面对快速发展的媒介技术,传统媒体必须求变创新,实现媒体转型,实现传统媒体和新媒体的融合发展。新媒体相对传统媒体能更有效地达成双向互动传播,便于占领舆论主阵地,因此,甫一开始便受到党和政府的高度重视。进入2000年,历次五年发展规划都有新媒体发展论述。为了推动新媒体的发展步伐,及时颁布新媒体政策予以规范和引导。2011年10月18日中国共产党第十七届中央委员会第六次全体会议通过的《中共中央关于深化文化体制改革 推动社会主义文化大发展大繁荣若干重大问题的决定》确立了文化产业发展战略,指出:"推进电信网、广电网、互联网三网融合,建设国家新媒体集成播控平台,创新业务形态,发挥各类信息网络设施的文化传播作用,实现互联互通、有序运行。"

---

① [美]尼葛洛庞帝.数字化生存[M].胡冰,范海燕,译.海口:海南出版社,1997:192.
② 同上,184-185.

新媒体萌芽之初,有关数字电视整体转换、内容分类监管、网络著作权依法保护、准入资格放宽等政策颁布实施,及时有力地推动了新媒体迅速发展。

二、新媒体的发展历程

新媒体的发展历程可以简单地以三个阶段来形容,即浏览信息为主的Web 1.0时代,交互分享的Web 2.0时代,以及聚合平台的Web 3.0时代。

第一阶段:浏览信息为主的Web 1.0时代

这一时期,用户主要通过浏览网站提供的内容,从中获取有用的信息,用户主要是被动地接受信息。数字电视的播送方对内容有绝对的主导权,仅仅是将信息重新组合,利用新媒体的形式提供给消费者。在Web 1.0时代,信息传播呈现出金字塔形结构,塔尖是信息散播方,下面则是接受信息的广大用户,其主要特点是利用互联网进行信息的大规模发布,信息的交流以单向为主,用户仍是被动地阅读、接受互联网信息;Web 1.0以新浪、搜狐、雅虎等门户网站为代表。

第二阶段:交互式分享的Web 2.0时代

这一时期,新媒体的交互性开始逐渐显现出来。交互电视开始出现,互联网行业诞生了谷歌和百度这样的公司,主动搜索和寻找成为互联网行为的核心动作。用户可以主动搜索需要的信息,并根据自己的需求选择内容,传播者与受众的交互、分享初步形成。典型代表有各种社区论坛(BBS)、博客等。

Web 2.0时代,基于六度分隔理论,强调的是信息的交互性,互联网用户既是信息的浏览者,也是信息的制造者,不再是被动阅读、接受信息,通过用户与用户之间,用户与网站之间的双向交流,实现了社会化网络的构建,博客是Web 2.0时代的典型互联网应用。

第三阶段:聚合平台的Web 3.0时代

Web 3.0时代的互联网应用不仅体现出"自媒体"特点,更体现出一种信息自由整合、业务极度聚合的"自系统"特点。作为Web 3.0的典型应用,微博、微信几乎可以将与其基本协议一致的所有互联网应用聚合到自身的开放平台上,使得它成为一种新的强大的媒体形式。从微博、微信的发展现状和发展趋势上来看,它将快步超越Web 1.0和Web 2.0时代的应用,并迅速吞噬和整合这些应用。在Web 3.0时代,技术进步、业务聚合成为主流,这种进步和聚合带来的结果将是微博、微信应用横扫一切,成为新时代的最大赢家。

特别是手机媒体的出现,移动互联网平台的发展步伐势不可当,与传统互联网一起成为人们相互交流的重要平台。移动互联网平台以手机为终端,融合了以前报纸、广播、电视与传统互联网的功能,并提供新的社交平台。

要详细了解新媒体的发展历程,还必须对网络媒体、移动媒体和社交媒体的发展演变做深入细致的研究。

(一)网络媒体发展历程

1. 网络媒体的萌芽阶段

网络媒体的发展主要是依赖于互联网技术的萌芽和发展。1987年9月14日,钱天白教授向世界发出了中国第一封电子邮件,邮件的内容是"越过长城,走向世界",揭开了中国人使用互联网的序幕。1994年4月20日,中国与国际互联网相连的网络信道开通,首次加入国际互联网络的大家庭,中国踏入互联网的阶段。1995年后,互联网开始大众化,主要得益于"中国互联网的布道人物"张树新。1995年5月,她创立了第一家互联网服务提供公司(瀛海威公司),与国际化互联网接轨。瀛海威公司第一次向国人系统灌输国家互联网的理念,中国第一代网民由此诞生。[1]

随着互联网的发展,门户网站的出现推动互联网成为独立的网络媒体。1995年4月,三位华裔学生在美国硅谷创立了华渊资讯公司,并推出"华渊生活资讯网",面向海外华人提供以生活资讯为主的中文信息服务。1996年4月,由王志东(曾任新浪总裁兼首席执行官)和严援朝(曾任新浪副总裁)在北京中关村共同创办的四通利方信息技术有限公司开通了"利方在线"(SRSNet)中文网站,相继提供论坛、新闻等信息服务,人气高涨。1997年6月,丁磊创办了网易公司,成为当时国内领先的互联网技术公司。1998年12月,四通利方与华渊资讯合并,成立了新浪网。1998年2月,张朝阳创办搜狐,成为当时国内第一家中文搜索引擎,短时间内积聚大量人气。新浪、网易、搜狐这三大门户网站在互联网的萌芽阶段相继诞生,并日趋活跃,成为门户网站的领头羊。[2]

总之,在1994—1998年的萌芽阶段,互联网在信息传播领域的影响不断增强,中国的网络媒体逐渐成形。以新浪为代表的商业网站新媒体开始探寻适合自身的定位,而以报刊为代表的传统媒体踏上与网络合作的征程。在这一阶段,网络媒体和传统媒体是两条平行的直线,互不干扰,交叉发展较少。同时,不可忽略的现象是互联网进入百姓生活,网民群体出现。但因技术阻碍,当时网民需求简单,只是单纯获得信息。

2. 网络媒体成长阶段

(1)商业网站大发展

在这一阶段,国内门户网站获得飞速发展,新浪、搜狐和网易这三大网站逐渐发展成为国内门户网站的中坚力量。网易首先全面改版,朝着中文网络

---

[1] 宫承波.新媒体概论[M].北京:中国广播影视出版社,2007:09.
[2] 宫承波.新媒体概论[M].北京:中国广播影视出版社,2007:09.

门户目标前进。1999年3月,搜狐从中国首家大型分类查询搜索引擎,发展成为综合性门户网站。1999年4月,新浪网改版完成,核心主打新闻,向传统媒体提出挑战。

如果说1988年是门户网站的元年,那么2000年则是门户网站的上市年。2000年4月13日,新浪网首次宣布在纳斯达克正式挂牌交易,成为第一只登上纳斯达克的真正来自中国内地的网络股。随后,三大门户网站相继上市,这成为中国商业网站发展史上的里程碑。然而必须承认的是,中国门户网站的发展处于模仿阶段,主要借鉴美国雅虎(Yahoo!)网站"风险投资+网络广告"的发展模式,通过大量的广告宣传以及提供免费产品和服务即"烧钱"来追求流量、争夺眼球。

(2) 传统媒体网络化发展

传统新闻媒体网络化的初始阶段可追溯到20世纪90年代。中国对传统媒体首个网络化涉水的媒体是一家地方性报纸《杭州日报》。1993年12月,《杭州日报·下午版》通过该市的联合服务网络——展望咨询网络进行传输,从而拉开了中国报纸电子化的序幕。由于中国尚未与国际互联网接轨,影响范围小。新闻媒体网络化风气是由教育部(当时的国家教委)主办的《神州学人》杂志开启的。1995年1月12日,该杂志通过互联网发行了《神州学人周刊》电子版,成为传统媒体网络化的"吃螃蟹"者。1995年12月,《中国日报》网站开通,成为国内全国性报纸办网站的先行者。另外,中国传统的广电媒体也积极进行尝试和探索。1996年10月,广东人民广播电台建立网站,1996年12月,中央电视台建立网站,开中国广电电视媒体向网络传播领域发展之先河。虽然发展程度低,质量不高,基本上是传统媒体的复制,但标志着中国传统媒体进军网络化传播领域。

经过萌芽期的发展,全国已有一部分报纸办起了自己的网络版。经过一段时间的发展,中国传统媒体掀起全面网络化浪潮。依据自我发展特点,探索自我发展规律。这主要有以下两种模式。

一是"改革面貌单打独斗",新闻网站更换网站名称。1999年,传统媒体的网站出现了更名浪潮,各类网站不再称"某某网络版"或"电子版",而是冠以"某某网"或"某某在线"的名称,如《中国计算机》网站更名为"赛迪网",《广州日报》网站改名为"广州日报大洋网",《深圳商报》网站更名为"深圳新闻网"。2000年4月,《人民日报》网络版改版并改名为"人民网"。实际上,新媒体网站的自我更名意味着定位的变化,即从最初的传统媒体电子版向独立的新闻网站或以新闻为主的综合性网站的转型。这种重新定位在一定程度上表明了传统媒体向网络新媒体发展的决心,同时也反映了新传播环境对传统媒体提出的新挑战,传统媒体要抛弃之前的旧思想,借鉴和探索适合自身的发展模式和经营思路。

二是"相互抱团,团队作战",走向联合发展道路。第一个践行者是四川新闻网。1999年1月,四川新闻网成立,是四川省五大媒体之一,它集全省106家报纸、期刊、广播、电视等媒体于一身。2000年,由天津日报社、今晚报社、天津人民广播电台、天津电视台等多家新闻单位共同组建的北方网在天津开通,成为以新闻为主的大型综合性门户网站,反映了传统媒体对网络新闻业务的重视以及对网络媒体的重视。

在地方媒体转向以新闻为主的网络媒体过程中,千龙模式和东方模式是成功的两种发展模式。千龙模式是指由千龙新闻网建立的网站联合模式。2000年5月8日,千龙网正式开通成立,它是由北京市委宣传部牵头,北京市属新闻媒体如《北京日报》《北京晚报》、北京人民广播电台、北京电视台等九家单位参与成立的地方性新闻网站,网站的运行资金由一家民营企业提供,因此千龙模式的最大特点就在于其兼具政府背景和现代企业制度。在新闻业务方面,千龙新闻网把九家强势媒体的新闻资源进行整合发布,新闻信息极大丰富,表现手段多样。上海东方网紧随千龙新闻网,在2000年5月28日正式开通。它是由上海14家主流媒体,包括《解放日报》《文汇报》、东方电视台、上海电台等,集中资源优势共同投资组建的大型综合性网站,东方网与这14家新闻媒体达成了信息资源共享的协议:14家新闻单位将在清样付印、即时新闻传播发布之前,第一时间向东方网传送信息,经编辑后在东方网上及时刊发。在运营上,东方网采取商业化的运作模式,与没有政府与传统媒体背景的商业网站相比,具有得天独厚的政策优势和发展空间。

3. 遭遇挫折:网络媒体规范转轨

从2000年下半年至2002年上半年,受国际互联网经济泡沫的影响,中国国内网络媒体飞速发展态势遭遇冰点。部分网络媒体因经济困境倒闭,幸免于难的网络媒体在艰难的路途中探索生存和发展的模式。但总的来说,网络媒体在困难的打击下仍平稳运行,网络媒体进入调整时期,不断提升核心竞争力。

(1)商业网站遭遇冬天

2000年,国内几大门户网站刚上市,就不幸遭遇全球互联网经济的泡沫和纳斯达克市场惊心动魄的动荡,对整个互联网产业的影响无疑是灾难性的。中国的商业网站是个初生儿,也连带接受经济动荡的洗礼。搜狐的股票在2001年4月曾跌至60美分,新浪的股票在2001年10月曾达到1.06美元的低值,网易在2001年9月曾一度被摘牌。国内许多商业网站也没有熬过这个坎,相继倒闭。火爆一时的263首都在线、FM365等商业网站开始另谋它途,仅新浪、搜狐、网易依托自我强大的资金支持在抵抗网络泡沫的考验,国内商业网站由此进入一个调整与重新探索的时期。

在巨大的生存压力下,汹涌发展的国内网站开始审视自我的发展模式和经营方式,放慢发展的速度,改变单一的网络广告发展模式,探索新的盈利途径。比如开始尝试收费邮箱、电子商务、手机短信等收费服务,进行以盈利为目标的艰难转型。截至2002年第二季度,新浪网等商业网站逐渐寻找到了适合自己的发展模式。2002年4月,新浪开始同时面向个人用户、企业用户服务,并发展出新浪网(sina.com)、新浪企业服务(sina.net)、新浪热线(SINAOnline)三个独立事业体,搜狐的业务从传统的网络门户扩展到面向个人和企业的收费服务,网易则向提供个人收费服务的方向转型。

(2) 媒体网站调适改版

在这一阶段,媒体网站开始进行以自我调适为目标的改版,以寻求新的发展空间,人民网、新华网、央视国际等重点新闻网站相继调整定位,升级改版。2001年1月,人民网推出新版,改版后的人民网包括时政、国际、观点、经济、科教等13个新闻频道。2001年,央视国际也进行了重新定位与调整,利用中央电视台这一特色平台,央视国际加大了服务与整合力度,开创了一批围绕央视的特色栏目,获得了飞速发展。

除此之外,地方媒体网站的出现与整合仍然是这一阶段的主题之一,红网、东北网、中国西部网、南方网等相继开通,扩大了主流媒体网站的阵容。而电子政务的迅猛发展也成为这一时期的显著特征,推进了政府职能的转变。

4. 全面发展:网络媒体百花齐放

(1) 新闻网站成为网络新闻影响力的主导者

2005年以后,中国网络媒体日趋成熟,进入全面发展的新阶段。新华网、人民网等几大中央重点新闻网站自2001年以来访问量以平均每月12%的速度上升,多家重点网站还进入全球网站百强的行列,每天有数千万人次的访问量。此外,因具有其他商业网站所不具备的采访权和发布权,这些中央重点新闻网站还成为新浪、搜狐、网易等网站新闻的主要来源。尤其是在重大事件的报道上,重点新闻网站仍然占据着主导地位,权威性较高,公信力也较强。他们经授权对重大事件进行报道,并通过商业网站过亿的点击率进行二次传播,从而引导着网络舆论的发展。除中央重点新闻网站外,地方网站也有着不俗的表现。截至2005年,千龙网、东方网、红网等网站过去三年的访问量平均增长了9倍,并形成了各具特色的品牌栏目。总之,经过十多年的发展,新闻网站的影响力和公信力日益壮大,以新华网和人民网为代表的中央重点新闻网站已经成为中国网络新闻影响力的重要主导者。

(2) 商业网站积聚大量人气

如果说重点新闻网站是网络公信力的主导者,那么商业网站便是网络点击率的引领者。由于商业网站市场化因素的加大,广告商成为商业网站的"衣食父母",吸引广告商的主要指标是商业网站的点击率和地位。因此商业网站致力于满足受众的需求,吸引受众的注意力。提高网站的浏览量和影响力是商业网站的主要目标。2005年以后,商业网站的类型多样,如雨后春笋破土而出,商业网站受众定位明确,服务更加专业。例如51job类的垂直网站,以其服务的专业化和深度性吸引具有定向需求的受众,以百度为代表的搜索引擎网站以其搜索信息的方便性和实用性留住大量受众,以天涯论坛为代表的具有互动性和话题性的网站聚合一部分有着相同兴趣爱好的受众群。同时三大综合性门户网站在自媒体时代开启微博、博客等服务,增加互动性,吸收其他网站的优势,加深自我的发展。[①]

(3) 网站代表性栏目(频道)出现

2005年起,由国务院新闻办公室互联网研究中心和互联网新闻信息服务工作委员会共同发起的"中国互联网品牌栏目(频道)推荐活动",是加强网络媒体品牌建设的重要举动,中国网络媒体中一些知名的品牌栏目和频道逐渐形成。在入选的品牌栏目和频道中,涵盖了中央重点新闻网、地方新闻网和商业网站等各种类型的网站,涉及新闻、评论、财经、体育、娱乐、社区、新媒体等多种类别的栏目(频道),人气颇高。如国际在线的"网络电台"、中华网的"汽车"频道、千龙网"奥运"频道、红网的"红辣椒评论"等四个栏目(频道)连续三年都榜上有名,人民网的"强国论坛"、新华网的"新闻中心"、光明网的"理论"频道、四川新闻网的"麻辣社区"也两度出现在推荐的名单里。[②] 网络媒体证明着自我的实力,积聚了大量的人气,网民数量大幅度增加,网站的权威性和公信力得到一定的确认和提升。

(二) 移动媒体的发展历程

移动媒体是所有具有移动便携特性的新兴媒体的总称,包括手机媒体、平板电脑、掌上电脑、PSP、移动视听设备(如 MP3、MP4、MP5)等。但不可否认的是,随着信息技术、数字技术等的发展,媒介的形式将得到极大丰富。由于手机媒体发展程度高,普及率高,具有较大的代表性。本书主要对手机媒体做简要的概述。

1. 手机的问世

(1) 第一代通信网络的形成

手机也称移动电话,是现在人们日常生活中必不可少的存在,它是在无线通信技术和通信网络的基础上诞生的。20世纪60年代,随着晶体管的问世,

---

① 宫承波.新媒体概论[M].北京:中国广播影视出版社,2012:36.
② 宫承波.新媒体概论[M].北京:中国广播影视出版社,2012:36.

出现了一种专用的无线通话设备,被运用于消防、警察等行业,但这种设备仅能在少数特殊行业中使用,并且便携性差,不利于在大众商业市场推广。

20世纪70年代,手机通信网络逐渐形成。其中,模拟蜂窝网络是第一个出现的通信网络,这种网络的规划灵感来自蜂窝的奇妙设计:构建一个蜂窝结构的网络,在相邻的区域使用不同的频率,在相距较远的小区就采用相同的频率,这样就可以巧妙地避免冲突,又可以节约频率资源,解决了公用移动通信系统要求容量大于频率资源的矛盾。模拟蜂窝网络为手机的出现奠定了技术基础。

1979年,美国贝尔实验室成功研制了移动电话系统——AMPS,并开始在芝加哥运行,这是世界上第一个蜂窝模拟移动通信系统。同年,日本开放了世界上第一个蜂窝移动电话网。

进入20世纪80年代后,模拟蜂窝移动通信技术走向成熟并在全世界广泛应用。20世纪90年代初,模拟蜂窝网络移动通信网占全世界移动通信网络的大多数,并使移动电话业务得到快速普及。1991年,欧洲模拟蜂窝移动电话用户已经达到500万人。模拟蜂窝移动通信的发明和应用,拉开了手机发展的序幕,也将人类通信带入了崭新的移动时代,因而被称为第一代通信网络。

(2)手机的诞生

手机的主要功能是通信,方便远距离的人际传播。1973年4月3日,一名男子站在纽约街头,拿出一个约有两块砖头大的无线电话开始通话。这个人是手机的发明者——美国摩托罗拉公司的马丁·库帕,他的第一个移动电话是打给他在贝尔实验室工作的一位对手,告知对方自己率先发明了手机,世界上第一个手机自此诞生。它的重量超过了1000克,长度、宽度和厚度分别为10英寸(1英寸=2.54厘米)、1.5英寸和3英寸,由于它是在蜂窝移动网络的基础上运行的,因此在当时又被称作蜂窝式移动电话。

早期的手机只具备语音通话功能,直到20世纪90年代末,欧洲老牌移动运营商Vodafone又开发了SMS短消息业务。随后,短信业务在全球范围内飞速发展并形成规模庞大的产业。短信也作为移动增值业务的先驱,带动了彩信、彩铃、手机游戏、手机广播、手机电视等后续增值业务的发展。随着手机的普及应用和手机业务的日益丰富,手机已经不仅仅是单纯的个人通信工具,而是演变成了一种新兴的大众媒体,并跻身当今媒体的领跑者之列。

2. 手机的发展——由通信工具向大众媒体的转化

手机媒体是以手机为视听终端、手机上网为平台的个性化信息传播载体,它是以分众为传播目标,以定向为传播效果,以互动为传播应用的大众传播媒介,被公认为继报刊、广播、电视、互联网之后的"第五媒体"。手机媒体不仅是借助手机进行信息传播的工具,而且是网络媒体的延伸。人们不仅可以通过手机通话,还可以上网阅读新闻、接收邮件、游戏娱乐、订购商品与服务等。可以说,手机已经成为迷你型电脑。手机媒体除了具有网络传播的各种优势外,还因其载体携带方便,从而能随时随地使用。

(三) 社交媒体的发展历程

社交媒体(Social Media)指互联网上基于用户关系的内容生产与交换平台,"Social Media"中文翻译为"社会化媒体"。"由于社会化媒体没有精确、权威的概念,对于"Social Media"的中文释义也不同,国内学者有'社交媒体''社会化媒体''社会性媒体''社交网络媒体'、'大众媒体'等不同的叫法,部分研究中将社会化媒体与 Web 2.0、新媒体、社交网络等概念混淆。"[①]其中以社交媒体适用范围最为广泛。社交媒体是大众互相分享、互动、交流意见和看法的平台和工具,现阶段主要包括微博、微信、博客、论坛、播客、社交网站、E-mail、即时工具、团购等。本书以微博、微信作为社交媒体的典型范例展开论述。

1. 微博

新浪借鉴美国 Facebook、Twitter 等社交媒体的成功经验和模式,于 2009 年 8 月 14 日开始内测微博,9 月 25 日正式添加@、私信、评论、转发等功能,只需编辑少于 140 字短消息即可广泛传播,为大众互动交流提供平台。2009 年 11 月 3 日,Sina App Engine Alpha 版上线,可通过 API 用第三方软件或插件发布信息,正式拉开中国微博市场的帷幕,引领中国社交媒体的演变。2014 年 4 月 17 日新浪微博正式上市,成为世界上第一个上市的中文社交媒体。2015 年 1 月 20 日,微博开放 140 字的发布限制,少于 2000 字都可以,1 月 28 日对微博会员开放试用权限,2 月 28 日将正式对微博全量用户开放。

随着微博功能的不断完善和微博营销的推广和优化,微博用户在微博平台上的行为不断丰富,转发、评论、点赞、收藏等行为极大地丰富用户的互动体验。长微博的完善、打赏功能的开发以及视频微博的推广,也进一步使微博用户之间的交互更加多元化,微博的影响力和活跃度得到极大提升,据 2015 年新浪微博发布的第三季度财报中显示,截至 2015 年 9 月 30 日,微博月活跃用户数(MAU)已经达到 2.12 亿人,较上年同期增长 48%,日活跃用户达到 1 亿人,较去年同期增长 30%,微博用户群逐渐稳定并保持持续增长。

迅猛发展的微博已成为人们日常生活不可分割的重要组成部分。微博凭借其传播速度快、及时性、开放性等特性,成为重要的新闻发布地,为"公民新闻"提供必要的平台和工具。同时,极强的互动性为企业营销提供巨大便利。

---

① [美]David Meerman Scott.新规则——用社会化媒体做营销和公关[M].赵俐,谢俊,张婧妍等译.北京:机械工业出版社,2011:37.

企业利用微博发布最新消息,与消费者沟通互动,培养消费者忠诚度,传达精准信息,增强营销效果。微博营销影响显著,已成为社交媒体营销的重要组成部分。明星、社会精英、企业翘楚等公众人物入驻微博,积聚大量人气,粉丝可直接与明星互动交流,拉近了普通民众与社会精英群体距离。

2. 微信

2011年1月21日,腾讯公司推出为智能终端提供即时通信服务的免费应用程序——微信(WeChat)。它是一款集文字、音频、视频、图片、表情、转账、定位等多种媒介为一体的手机即时通信工具。一经推出,成功俘获大量受众的喜爱。截至2015年4月底,微信月活跃用户量达到6.5亿,同比再涨39%。自从2014年年底突破5亿人以来,微信正在以每个季度新增5000万用户的节奏稳步增长,发展势头迅猛。

随着智能手机和无线网络应用范围的扩大,微信极大程度地改变着人们的生活方式。微信作为一种"多模态"媒介,传播信息的方式更加便捷和迅速。"微信打造的是一个'全民社交圈',其传播方式是点对点传播和点对面传播的有效结合,这无形中整合了具备地域特点的群体传播功能。它具有广泛的LBS涵盖面,不仅包含通讯录好友、QQ好友,还包括附近陌生人,使得人际交往从个人所熟悉的强联系人群扩展到原本遥远陌生的弱联系人群。"[①]微信加强了人与人之间的联系与沟通,降低了沟通成本和门槛,成就了微信朋友圈的繁荣。

微信不仅是即时通信工具,而且已成为企业营销的重要手段和平台。微信号与手机号直接绑定,每一个微信号背后都是真实有效的用户,用户黏性极高,用户数量丰富。企业通过注册微信平台公众号和朋友圈大量传播和转发信息,及时、有效、精准传递给目标消费者,借助微信支付功能进行线上销售,实现企业营销线上与线下相结合,同时,企业能直接利用微信完善的语音功能与消费者对话,使交流更加真实顺畅。

从网络媒体、移动媒体、社交媒体的发展历程可以看出,新媒体的发展是一种不可抵挡的趋势和潮流,它将带领我们迈入真正的"地球村",进入共享开放资源、信息自由流通的时代,同时向人类在信息传播时代全新的生存和发展生态提出了挑战。

第四节 新媒体的发展趋势

从全球的媒体发展来看,印刷媒体的黄金时代已经结束,以互联网、户外

[①] 曹进,吕佐娜.大众文化视角下的"新新"媒介探析——以腾讯微信为研究对象[J].东南传播,2012(9):15.

新媒体和数字电视等为代表的新媒体将迎来发展的最佳机遇。通过深入分析新媒体发展,我们将从媒介融合、平台开放化、产业变革三个方面论述新媒体的发展趋势。

一、媒介融合

传统媒体与互联网将会加速融合,报纸开设网络版,以及报纸杂志与网站合作开设线上发行平台,广播的网络化和电视的网络化都会得到进一步发展,传统互联网和移动互联网也将进一步融合,媒介应用更加便捷。

从业务的角度来讲,三网融合是指不同的网络平台倾向于承载实质相似的业务;从终端的角度来讲,是指消费者通信装置的趋同,从传输的角度来讲,是指三种网络的互联互通。狭义的三网融合是指电信网、广电网与计算机网技术、业务和网络的融合和趋同;广义的三网融合是指电信、广电与信息技术三者产业的融合。新媒体业务的运营一般存在以下三种模式:电信运营商单独运营、广电运营商单独运营和两者合作运营。在三网融合的趋势下,广电与电信唯有从竞争走向合作,才能实现由互斗走向共赢。为了更好发挥每一方的优势,广电和电信都需要以开放和合作的心态投入产业的发展过程中,投入政策的制定过程中,投入频谱的规划过程中,既不片面强调某一方的主导作用,也不片面强调短时间的利益分成,而是要着眼市场的快速启动和产业的长远发展,这样才能够将新媒体的发展推向新高度。

"媒介融合"这一概念最早由美国马萨诸塞州理工大学的浦尔教授提出,其本意是指各类媒介呈现出多功能一体化的趋势。但此后互联网逐渐与报刊、广播、电视等传统大众媒介融合,网络技术的推动又使媒介融合得以革新,形成了网络报纸、电子杂志、网络广播、播客、网络电视等新的信息传播渠道,并最终使得媒介融合成为构架媒介化社会的核心力量之一。[①] 在当今的媒介融合趋势之下,传统媒体在充分利用自身既有的信息平台和资源优势的前提下,介入、整合新兴网络媒体是其必然选择。

二、平台开放

我们很难在短时间内改变技术落后的现状,但可以在内容平台建设方面寻求一条中国特色的发展之路。不同的新媒体对内容的需求是不同的:数字电视需要丰富而专业化的节目,高清电视需要视听效果非凡的节目,手机电视需要短小精悍的节目,IPTV需要互动性强的节目,移动电视需要广而告之的节目等。针对不同媒体的不同特点,内容建设大有可为,新媒体除了可以提供

---

① 官建文.新媒体需要新"把关人"[J].对外大传播,2007(01):32-34.

音频节目外,还可以提供大量的信息服务,以此来更好地满足受众多层次、多方位、多样化、个性化、个人化、专业化的需求。

新媒体的发展,也为广电固有的节目资源提供了新的传播平台,从这个意义上来说,传统媒体的主导地位不仅没有被削弱,而且还以数字化的形式得到了进一步的加强和提升。[①] 当数字化整体转换完成后,数字电视将会理所当然地继承原来模拟电视的地位,成为规模最大的新媒体。唯有大力推进广电节目内容的建设,才能够在数字化时代继续占领阵地、扼守主渠道。

三、产业变革

人类社会迈入信息化时代,越来越多的通信运营商、设备制造商、服务提供商等产业链各环节都开始摩拳擦掌,竞逐商业新媒体通信市场。特别是在三网融合、企业转型等新形势的推动下,主攻新媒体商业型市场已经成为业界的共识。新媒体移动化、高清化、多样化的发展趋势逐渐显现,给媒体产业带来颠覆性变革,代表着媒体产业的发展趋势和方向。新媒体市场的残酷争夺已不可避免。

(一)移动化

随着智能手机以及平板电脑的流行,移动办公需求进一步扩大,移动新媒体成为未来市场的发展趋势。人们走出家门后,一天中处于移动状态下的时间很多,24小时之内,除了睡觉,固定在一个地方的时间是非常少的。只有抓住用户消费趋势变化的特点,才可能给用户提供其需要的个性化产品。智能终端的快速普及使得人们对移动办公的需求日益增加,目前,智能手机和平板电脑已经成为人们日常生活中不可或缺的一部分。

(二)高清化

高清化对于新媒体通信市场的发展来说是大势所趋,几乎所有的主流视频通信提供商都将自己的产品研发向高清化方向进军。高清产生的愉快体验使用户一旦接触便欲罢不能,用户的高清需求也因此呈爆炸式的增长。首先,宽带用户的快速发展解决了高清信息流传输上的障碍,其次,高清需求推动了终端设备的快速发展,打破了高清信息流播放的瓶颈。最后,内容提供商也以用户需求为导向,高清影视内容不断推陈出新。综上所述,高清已是广大用户的现实性需求,而不断膨胀的高清需求也必将推动高清行业快速发展。

(三)多样化

新媒体产业发展的多样化趋势,主要体现在方案多样化和应用多样化。多样化的解决方案和应用,能够为交通、能源、公安、军队、林业、医疗等领域提

---

① 陈少华.网络媒体的有效引导与管理[J].新闻前哨,2007(2):90-91.

供优质服务。

解决方案多样化体现在两个方面：一是基于硬件的解决方案，二是基于软件的方案。目前，约有90%的视频通信市场解决方案采用了基于硬件的视频通信解决方案，由于该方案成本较高，许多用户望而却步，而基于软件的视频通信解决方案有较大的发展空间。应用多样化体现在：视频会议是视频通信应用的一个方面，其他的主流应用还包括视频监控、视频调度、3G视频电话等。

（四）互动性

新媒体产业发展的互动性趋势是针对用户群体的爱好采取的必然的技术策略。用户需求的个性化体现在很多方面。如看世界杯比赛，出现的用户行为是打开电视，把声音关掉，再打开微博解说，不仅自己看，还可以和网络上的网友进行互动交流，交换看法。社交化、互动化是新媒体产业未来发展的趋势。正因为有了互联网这一媒介，才有了这样的可能。

第五节 新媒体产生的影响

20世纪70年代末美国学者约书亚·梅罗维茨曾结合社会学家埃尔温·戈夫曼的场景理论，用场景把媒介和社会行为结合在一起，并着力用传播情景解释传播行为与传播方式对社会的影响。他指出，媒体对人类个体和社会所产生的效果和影响都是通过媒体培育的传播情境间接引发的。梅罗维茨认为新的媒体的出现会促成情境形式的变化。一方面，新媒体的广泛运用促成一系列旧有情境界限的打破，致使一些旧有的不同情境合并，进而形成新的传播情境。另一方面，新媒体使不同情境之间的一些旧有的连接机会消失，导致新的分离。梅罗维茨所指的新媒体是电子媒介。今天，以数字媒体为代表的新媒体同样改变了原有的传播情境，并给社会各层次带来了深远的影响。

新媒体对社会的影响体现在社会的方方面面，在打破旧有情境限制的同时，从经济基础到上层建筑无不呈现出电子数字时代新媒体的影响力。然而，任何一种事物的出现对社会的影响都存在双重性，新媒体也不例外。

一、生活方式的改变

大众传媒与人们的生活息息相关，人们的生活内容是媒体关注的对象。诸如，生活中发生的各类突发事件、新鲜有趣的事件、奇闻逸事等，这些内容往往都是媒体关注的对象。尤其对新媒体来说，它在传播时效性和趣味性的驱动下，更注重生活层面的表达。新媒体在传播日常生活中的各类信息时，也在改变人们的生活习惯，加快社会调整的步伐。

（一）新媒体与教育

新媒体的出现促进了各种媒介资源之间的整合，并开始与教育融合。各种教育知识、教学理念等借助新媒体传播形式使人们的学习生活更加丰富,教育信息得到进一步的整合,教学的数字化、网络化优势特征得到进一步突出。① 但同时,我们必须清醒地认识到,新媒体发展给教育带来机遇与挑战并存的局面。

新媒体得天独厚的技术优势加速了教育传播速度,提高了信息共享的程度。各种远程教育的实施打破了以往面对面授课的地域限制,使人们可以最大限度地共享教育资源。同时,通过电子邮件、各种社交工具与名人交流,满足不同人的求知欲。② 新媒体教育资源的普及,一方面是对教育能力的一种拓展使人们自身的技能得到提升,使用网络技术的能力得到提高另一方面,人们对网络的熟练使用使学习门槛及内容限制都大大降低,可以更好地依托新媒体技术或其他移动信息终端实现随时随地学习。

新媒体语境下的教育,在打破了传统教育模式的同时,也改变了受众的学习方式。创造性学习被提上日程,学习者要用创新性思维与网络接轨,混合式教育日益受到欢迎,如计算机辅助学习、幻灯片放映展示、使用各种音频视频的学习方式可以获得良好的学习效果。在新媒体技术的影响下,教育资源呈现最优化的趋势。

但是我们不仅要认识到新媒体对教育发展的促进作用,还应注意数字化教育带给现代化教育的挑战。早在20世纪70年代,美国学者蒂奇诺等人在一系列实证的基础上,就提出了"知沟"假说。"由于社会地位高者通常能比社会地位低者更容易、更快地获取信息,因此,大众媒介传送的信息越多,这两者之间的知识鸿沟就愈呈现出扩大之势。"当然,"信息沟"以及后期的"数字鸿沟"在向我们阐释媒体传播资源丰富的同时,由于传播技能、知识存储量、社交范围、信息选择等差异所带来的信息不对等、信息资源占有不均衡问题,进一步拉大了人们之间信息流的不对称性。③ 当今,新媒体发展环境下,一些偏远的地区由于生产落后、教育资源贫瘠、新媒体技术滞后等,与现代新媒体教育资源严重脱节,而一些发达地区则最大限度地利用新媒体资源弥补教育的不足。如此将拉大贫瘠地区受教育者与现代化教育间的差距,进一步影响他们的后期教育乃至整个生活。此外,我们还要看到,网络语言的滥用或不规范词语的使用。例如,网络语言"TMD"原为"弹道导弹防御系统"的英语简称,但它与中国骂人语言"他妈的"开头字母相同,因此一时间在网络上流行开来,对原意的颠覆导致很少有人知道其原本意义。还有一些明显的语言错误不但不

---

① 曾兰平.从媒介的起源看媒介的属性与功能[J].怀化学院学报,2008(3):59—61.
② 尹良润.新媒体研究的新范式及核心概念—欧美新媒体研究述略[J].东南传播,2007(10):1—2.
③ 胡昱晖.新媒体的泡沫经济?[J].广告人,2007(12):145.

被禁止,还被当作一种时髦,使越来越多的人参与进来,这必然导致民族语言异化加速。例如,一些网络词汇"肿么""酱纸""神马"等不规范语言的大量运用,最初可能是出于年轻人的标新立异,但一旦被扩大化,将使知识和语言变得浮躁与浅薄。

(二) 新媒体与伦理

网络模拟着现实的一切,构建了大量的虚拟组织与虚拟群体。各种被现实约束的欲望与信息出现在各种新媒体终端上,大量的不良信息对社会的整体道德伦理有着极大影响。[①] "黄、赌、毒"负面信息的长期传播将成为大众伦理道德的一大隐患。

1. "人肉搜索"

新媒体的发展随着众多的是是非非一路走来,"人肉搜索"自出现以来一直备受争议。早在"华南虎事件""天价烟""名牌表"时,人肉搜索就使得众多的贪官与不法分子下马。"人肉搜索"在舆论监督,维护社会治安与公共利益方面曾发挥了极大的作用,并一时间被众人叫好。

所谓"人肉搜索",就是在一个网络社区里提出一个问题,由诸多网友人工参与解答并获得结果的搜索机制。其最大特色在于搜索的对象是人,即尽可能将某人的个人信息全部搜罗出来,公布在互联网上。例如刚过去的 2015 年高考,河南、河北等 5 省的语文试卷作文题是《举报违规父亲的一封信》,主要是一个女孩劝自己的父亲在高速公路上不要接听电话未果,在微博上向交警举报的事件。这本是一件善举,女儿为自己父亲的生命安全着想,父亲最终也深刻认识到自己的错误。但高考后两天,"举报父亲"的女主角却遭到网友人肉,疑似女主角的微博"爱心菇凉"短短几天收到 6 万多条评论,其中多数是指责、调侃甚至谩骂。但微博网友"爱心菇凉"根本不是当事女孩。这件事给这个女孩的生活和学习带来了压力,也给她的家庭带来了困扰,甚至有的网友调侃她"求中考作文题",给她造成极大心理负担。"人肉搜索"为普通公民带来一系列的"娱乐狂欢",公民享受于其中,并积极参与制造话题,但多半是出于娱乐心态,缺乏理性的评论。

我们要正确使用新媒体技术衍生的一切媒介功能。媒介的发展为社会的优化提供信息支持,但拥有媒介权力的社会成员应该正确使用个人权力,珍惜个人的媒介舆论力量,切勿让个人的权力成为社会伦理混乱的助推剂。

2. 网络匿名性与信息失真

新媒体具有所有 Web 2.0 网络的一个通病,即用户的匿名性、草根化与发布信息的"零成本"所带来的虚假信息与垃圾信息。这对于新媒体的传播价

---

① 陈培爱.新媒体:个性化传播的先行者[J].广告人,2008(01):193.

值、社会道德与发展是不利的。

伴随着新媒体发展,大量的网络垃圾不断产生,垃圾邮件、虚假信息、失实信息、诈骗信息等成为新媒体用户的困扰。统计显示,中国网民每年接收的电子邮件约500亿封,其中垃圾邮件300亿封,占60%。垃圾邮件不仅损害了用户的利益,造成了一定的经济损失,还严重影响了社会风化与伦理道德。马克思认为,人是社会关系的总和,在现实社会里这种关系的建立不仅需要很长的时间,还要受到各种各样社会条件的制约与影响。但是一旦建立起来,就具有相当的稳定性和延续性。而网络交流的匿名性与网络"社会"的虚拟性,让人戴着各种面具生活。比起现实生活,人们更容易在网上建立起各种"速成"关系。而急于组建这种速成关系的群体,往往是在现实生活中难以找到归属感、安全感的群体。一些人在现实社会中存在"被孤立恐惧症",而将希望寄托于网络。在一个相对自由的环境中宣泄对现实的不满,忘记自己在现实生活中的基本责任与道德感,导致一些不利于社会发展的语言暴力、谣言出现在网络上,同时也致使大量的信息失真和泛滥,形成各种信息噪音,让人真伪难辨。

3. 网络知识产权

"1人原创,99人抄袭",成为时下流行的微信公共平台的趋势。"互联网+"的推出,使网络知识产权成为热门话题。4月20日,由国家知识产权局、中央宣传部与多部门联合主办的2015年全国知识产权宣传周活动启动,引发社会的广泛讨论。如今,新媒体的发展使其与社会伦理息息相关,各种便捷的传播方式与网络提供的信息导致网络知识产权问题频发。互联网环境下,网站转载各种文章、杂志等内容,并没有经过作者授权,而公然把原有信息放在网站上"招摇撞骗",以此来赚取受众点击率,进而增强网站的影响力与知名度。

随着近年来博客、微博的发展,网络知识产权的侵权"与时俱进",很多博主的文章、图片在未经授权且未支付任何费用的情况下而被转载使用的现象比比皆是。网络一时成为免费午餐,任何饥渴或者挨饿的人都可以在这里酒足饭饱,无须支付餐费而大腹便便。针对这种现象,网络知识产权的相关法律法规应当得到逐步完善,还需要用"红旗原则""避风港原则"等对网络知识产权进行一定程度的限制。在法律尚未触及的死角,需要的是道德的作用,新媒体语境下,我们要重视道德底线问题,建立一个科技与道德伦理并行不悖的现代化社会。

(三)新媒体与文化

文化传播是人类社会发展进程中的重要产物。新媒体传播是当代文化传播的主要形态,新媒体传播方式具有极强的交互性、渗透力与影响力,它通过各种影像深刻地影响着人们的生活方式、消费方式、行为方式和情感方式。以下内容主要论述了新媒体对消费文化与大众文化产生的影响。

1. 新媒体对消费文化的塑造及影响

人类已经进入消费社会,消费成了一个无处不在的神话,生产逻辑与消费意识形态已经渗透到大众生活的每一个角落,表现为个体、享乐、欲望、快感、丰盛等元素。新媒体与消费文化合作与共盟,提供了前所未有的令人眼花缭乱的商品与服务世界,似乎大众只有通过对物和商品的征服才能获得拯救。新媒体技术在满足受众消费需求的同时反过来刺激消费领域。新媒体便捷的多媒体终端或移动终端使消费文化符号刺激现实世界。人们往往在物质生活得到进一步满足后开始追求精神享受,而新媒体塑造的虚拟世界恰好满足了这种精神虚荣,它使出浑身解数,竭力讨好和刺激大众的"虚假需求"和"炫耀性"消费。

事实上,人类大多需求是不断被新媒体所刺激和诱导所致。消费文化改变了过去人对物的使用关系。人们越来越看重商品的象征意义和价值,而不是它的实际使用价值,消费者日益通过广告和购买来获得自我认同。与此同时,网络虚拟消费风靡一时,新媒体通过无处不在的广告极尽所能地去诱导购物网中的消费冲动,诱导人们进行最大限度的投资。越来越多的人选择网络购物,如淘宝网、京东网、卓越网等。人们可以拿起智能手机或平板电脑,随时查看流行服装、食品和高档奢侈品等。[1] 可见,当代人们视消费为灵丹妙药,对消费的美好信仰成了人们生活中的重要组成部分。但是,正如鲍德里亚所言:"消费社会的主要代价就是它所引起的普遍的不安感。"比如,消费社会带给消费者的诸多焦虑,如通货膨胀、信用卡透支、购买的商品贬值、惊人的消费、消费的虚拟性等。对于媒体广告,鲍德里亚也有自己独到的见解:"广告耗费巨资实现了这一奇迹,其唯一的目的不是增加而是去除商品的实用价值,去除它的时间价值,使它屈从于时尚价值并加速更新。"我们生活在被消费恶魔控制、摆布的世界里,从一种商品到另一种商品,从一种广告到另一种广告,我们变得麻木和迟钝,不再有理想、诗意、梦幻的感觉。可以说,消费文化是一种符号文化,一种复制文化,也是一种赝品文化。[2]

2. 新媒体对大众文化的内容与形式的建构作用

新媒体层出不穷,促使大众文化从广度、宽度和深度上都得到延伸。新媒体扩展了人类生命存在的时空形态,为大众开拓了一块深具诱惑力的虚拟世界及拟像文化,创造出大众获得信息、娱乐和交往的新形式,催生了更多元化、多样化的大众文化形态,促成了新媒体文化的生成、互动、交流、整合与增值。

新媒体对大众文化的内容和形式具有建构作用。

---

[1] 张兵武.淘宝网的"部落化"崛起[J].中国市场,2007(08):54—55.
[2] 冯锐.论新媒体时代的泛在传播特征[J].新闻界,2007(04):27—28.

①新媒体促使大众文化的消解性和颠覆性增长。大众文化的形成,是对传统精英主导的垄断和主宰力量的抗衡,并且它永远不会成为主宰力量的一部分。大众文化文本是在封闭与开放、同质性与异质性、压迫与反抗、自上而下与自下而上之间的冲突中进行斗争的文本。大众的战术所瞄准的目标就是一切事物现存的秩序,是对现存一切秩序、法则、等级、霸权或话语的抵抗。因此,在此意义上获得的大众快感也可以说是被压迫者的快感,它包含着对抗、颠覆、逃避、冒犯、粗俗等因素。此外,在后现代文化背景下的新媒体,具有消解意义、解构权威、去中心化、平等性等突出特征。如一些网络恶搞、FLASH动画等,尤其是政治性恶搞,就是一种典型的消解主流价值、颠覆话语霸权的大众文化文本。

②新媒体使大众文化文本向生产式和创造式发展。在新媒体语境中,文化传播不再是单向的线性传播。新媒体的角色从过去的"传播者"转向了"对话发起者"。大众既是传者也是受者,既是生产者也是消费者。正如"大众"的概念内涵包括平民性、群体性、社会性等,新媒体受众是主动的、积极的、充满创造力的。大众的参与与互动构成了新媒体文化,它是一种活生生的、积极创造的过程。① 此时的大众文化只能从内部发展出来,不能无中生有,或从上面强加。大众的快感也是在这种创造意义的过程中产生的,而且大众对新媒体的参与是直接的、明显的、持续性的,影响深远。比如,网络论坛、博客、微博和微信等,正是在广大受众与新媒体的交互和参与中,才使数字化的大众不再是过去的"乌合之众",而是一个个有意义的、鲜活的价值创造主体。

③新媒体促使大众文化走向娱乐化。在"娱乐至死"的年代,大众文化呈现的"泛娱乐化"和过度娱乐现象显而易见。为实现娱乐传播目的,更多地吸引大众"眼球",新媒体传播内容五花八门,不断翻新,表现手段及方式也别出心裁、富有个性。② 受众沉浸在偶像崇拜与对视觉、快感、欲望的迷狂中,构成了不同寻常的娱乐文化奇观。尼尔·波兹曼在《娱乐至死》中指出,大众社会的泛娱乐化使人们心甘情愿成为娱乐的附庸。新媒体文化的娱乐性主要表现为其承载的教育、批判、意识形态等功能日益弱化,大众更加远离神圣、伟大、严肃和深刻,而个人主义、自恋、娱乐、快感、身体、欲望等成为替代的关键词。③ 简言之,在新媒体的众神狂欢中,过度性、浅白性和娱乐性是大众文化的主要特征。大众文本是短暂的、碎片化的和偶然性的,可以迅速消费而且需要不断重复。所有的文化或图片都在说着浅显、毫无深度或微妙的话,而所有

---

① 陈徐彬."碎片化"全景下的新媒体发展[J].经营者,2008(02):129-130.
② 彭兰.从新一代电子报刊看媒介融合走向[J].国际新闻界,2006(7):(7):12-17.
③ [美]尼尔·波兹曼.娱乐至死[M].桂林:广西师范大学出版社,2004:29.

的形式都指向一个要点,那就是快感娱乐。

二、意识形态的渗透

"后视镜原则"被媒体学者大量使用。麦克卢汉曾说:"我们透过后视镜看现在,我们倒退走步入未来。"他指出,印刷媒介有利于形成社会场景之间的隔离,从而促成知识的隔离和阶层的形成,电子媒介则倾向于打破隔离,融成社会场景,从而模糊角色,消解权威。进入21世纪,数字新媒体的广泛应用正在打破传统的政治格局,政府管理者也参与到这场新媒体与政治的交互之中,并着力依靠新媒体进行"议程设置",进而引导国际、国内社会大事件的走向。同时,新媒体的社会环境监测功能与社会协调意义对于国家政治、意识形态的影响也十分重大,因而需要强调对新媒体使用的重视,反过来使新媒体对政治发挥正面影响力。

综观国内事件,新媒体对政治的影响力正在不断地增强。在国内,一方面,政府通过搭建公共信息平台来了解百姓对一些重大事件的看法意见;另一方面,也通过新媒体进行政府思想的宣传。2015年11月,哈尔滨市香坊区利用新媒体细化社会管理,充分利用手机微信特点,通过建立使用"文明香坊""魅力香坊"等数个工作微信群和微信公众平台,建立健全长效机制,进一步推动创城工作制度化、规范化、常态化发展。

三、经济增长方式的转换

"科学技术是第一生产力",这句话曾被无数次验证。在21世纪的今天,科技仍然对社会的发展具有重大的影响。新媒体依赖于现代科学技术的发展壮大,并把这种先进的科学技术转换为社会的经济效益,进一步促进社会经济的发展。新媒体对经济的影响力主要体现在对现代企业和新媒体产业的发展上。企业作为社会经济的基本组织细胞,从前期策划、产品营销到产品销售以及后期产品反馈等一系列过程,都与新媒体广告和宣传息息相关,新媒体传播极大地提高了企业的宣传力度和营销方式。

新媒体作为一种传播介质与传播手段,给新媒体产业本身及相关信息产业带来了巨大的经济效益。对此,传播学者施拉姆明确提出了传播的经济功能,指出大众传播通过经济信息的收集、提供与解释,开创经济行为。他认为:"采用机械的媒介,尤其是电子媒介所成就的一件事,就是在世界上参与建立了史无前例的宏大的知识产业。"这就是说,大众传播的经济功能并不仅限于为其他产业提供信息服务,它本身就是知识产业的重要组成部分,在整个社会经济中占重要地位。施拉姆的这个观点已被当代信息社会、知识经济和文化产业的发展所证实。比如,iPad平板电脑在业界的热销,本身就是对经济的拉动。此外,微博的互动营销也是新媒体对经济影响的重要方式。"2015青少年微梦·想实现行动"公益活动,为青少年群体特别是特殊困难青少年送去资助,通过微博活动为孩子们的梦想提供资金支持。这一方面促进了社会和谐,另一方面,也资助了青少年,实现社会资金的流转。

总而言之,新媒体传播对社会的影响超乎我们的想象,我们要积极地运用新媒体扩大中国国内、国际的传播能力与力度,有效地运用新媒体增强中国对外传播力及影响力。21世纪是竞争的世纪,新媒体作为高新科技的代表,也是世界各国的核心竞争力之一。多元化的全球社会相互交融、相互影响,人们的传播方式、传播能力、传播途径、生活方式、经济状况、政治生活等都受到新媒体前所未有的影响。新媒体颠覆了人们过去的社会生活,并逐渐深入人们的意识形态中,影响人们的思考方式与行为方式。

本章小结

本章主要介绍了新媒体的概况。第一节分别从"新"媒体与"旧"媒体的比较,总结各学者对新媒体的定义,并对新媒体下了本书的定义;第二节新媒体特征,对新媒体的互动性、全球化、虚拟化等特征进行概述;第三节主要介绍新媒体产生的三大原因和新媒体发展的三个阶段,移动媒体与网络媒体的发展历程;第四节主要是对新媒体未来的三大趋势进行概述;第五节主要是从文化、经济、政治三个方面阐释新媒体所产生的影响。

思考与练习

1. 什么是新媒体?
2. Web 1.0、Web 2.0 与 Web 3.0 有哪些差异?
3. 新媒体有哪些主要特征?
4. 新媒体对社会有哪些具体的影响?
5. 新媒体的交互性特征表现在哪些方面?
6. 新媒体对社会有哪些影响?
7. 简述移动媒体的发展历程。
8. 概述新媒体的未来发展趋势。
9. 新媒体的特性有哪些?
10. 新媒体产生的原因有哪些?

参考文献

[1] 曾兰平.从媒介的起源看媒介的属性与功能[J].怀化学院学报,2008(03):59-61.
[2] 尹良润.新媒体研究的新范式及核心概念——欧美新媒体研究述略[J].东南传播,2007(10):1-2.
[3] 张兵武.淘宝网的"部落化"崛起[J].中国市场,2007(08):54-55.
[4] 陈培爱.新媒体:个性化传播的先行者[J].广告人,2008(01):193.
[5] 胡昱晖.新媒体的泡沫经济[J].广告人,2007(12):145.

[6] 冯锐.论新媒体时代的泛在传播特征[J].新闻界,2007(04):27-28.
[7] 金定海.碎片化描述与媒体演绎[J].广告人,2006(08):139-140.
[8] 陈徐彬."碎片化"全景下的新媒体发展[J].经营者,2008(02):129-130.
[9] 彭兰.从新一代电子报刊看媒介融合走向[J].国际新闻界,2006(07):12-17.
[10] 贾雪峰.虚拟现实技术与人的存在状态[D].北京:首都师范大学,2005:24.

第二章 网络媒体

学习目的

1. 了解门户网站的类型和未来走向。
2. 了解搜索引擎的类型和未来走向。
3. 掌握网络视频的特征以及传播学文化特征。
4. 了解网络微视频的发展现状。
5. 了解网络出版和云出版。
6. 了解网络游戏的现状和存在的问题。

第一节 门户网站

一、门户网站的概念界定

门户网站是由英文"Portal Site"翻译而来,"Portal"表意为门户,指入口和正门。门户网站作为网民联结互联网的入口,在互联网发展如此迅速的今天发挥着举足轻重的作用。

微软公司网站上的专业术语词典将门户网站定义为:"一定范围内的网络信息入口。为了吸引使用者重复到访,门户网站会整合各方面的服务与资源,如:新闻、体育、娱乐、天气、商业、旅游、公告栏、聊天室以及搜索等。"[1]

B. 马哈德万(B. Mahadevan)(2000)对门户网站的定义为:主要从事建设产品和服务信息的消费者社区,影响产品/服务提供商和中介进入网络的渠道流量,吸引消费者的注意力进入网络,是服务 B to C 的细分市场。买卖双方都从门户社区的宽广的、丰富的买方和卖方中获益,买方的低搜寻成本,反过来增强了网站的收益。

搜狐 CEO 张朝阳认为:"不同的人给门户的定义不同,门户是个很广的概念,它是大多数网民上网最先去的地方,门户网站能够帮助用户解决最基本的需求。"

---

[1] 连枫.中国门户网站的发展现状分析[J].山西财经大学学报高等教育版,2008(3):94—96.

TOM门户网站总裁王雷雷将门户定义为"一个内容、应用、服务的平台，具有与不同运营商合作的多种通路，能为用户提供通过不同终端从不同的路径获取信息、进行交流的途径"。

门户网站的概念最早起源于互联网商业中的ICP（Internet Content Provider），即网络内容提供商，是指在互联网上进行信息收集、加工并向其用户或访问者发布的公司。在国内，ICP这个名词刚开始出现并流行的时候，网络业务形式比较少，因此，业界以及媒体在比较清晰地定义了ISP（Internet Service Provider，网络接入服务提供商）的范围以后，将除了ISP以外从事其他网络服务的公司统称为ICP。但是在国际上，ICP的范围非常狭窄，仅包括如ZDNET、CNET等网络公司，它们都拥有专业记者、专栏作家等进行采访、写作，提供在线发布的内容。[①] 在1997年以前，门户网站的概念包含在ICP内，即门户网站是综合类的ICP，而在1998年，雅虎的成功使搜索引擎的商业价值得到了业界的广泛认同，搜索引擎成为门户网站的业务发展与宣传的重心，业界称这一年为"搜索引擎年"。在经历了"内容为主"和"搜索引擎年"以后，综合类ICP开始向真正的综合性服务网站——门户站点（Portal Site）转变。[②] 从广义上讲，门户网站是一种应用框架，可以把数据资源和网络资源及应用系统汇集于一身，以信息管理平台的方式以及统一用户界面的形式服务于用户。从狭义的角度，门户网站指提供综合性互联网信息资源和信息服务的应用系统，目前主流门户网站主要提供新闻、网络接入、聊天室、电子公告牌、免费邮箱、影音资讯、电子商务、网络社区、网络游戏、免费聊天空间、博客服务等。

二、门户网站的特征

（一）全面综合的导航服务

门户网站为网民提供全面综合的导航服务，特别是综合类的门户网站，以期在横向的全面性上尽可能满足各种不同用户的需求。门户网站作为联结网民和互联网的第一入口，为网民提供各种信息，并通过搜索引擎、内容链接、电子邮件等服务为网民导航。

（二）内容更加开放

内容的开放包括生产的开放、传播的开放、评价的开放、技术的开放和路径的开放，这对于门户网站可谓是一把双刃剑。技术和路径的开放已大大冲击着门户网站的现有模式，而生产、传播与评价的开放则使得门户网站的内容

---

① 连枫.中国门户网站的发展现状分析[J].山西财经大学学报（高等教育版），2008（3）：94－96.
② 李峥嵘.论国内门户网站的发展策略[D].成都：西南交通大学，2002.

和网民之间的关系更为紧密,在冲击传统传播模式的同时,促进了新模式的形成。

(三) 传播效果更加集中

从门户网站的结构来看,传播的效果明显集中在首页上,网站首页的传播效果最好。门户网站主要的传播能力,也来自首页。一条新闻如果不能出现在首页上,其传播效果会大打折扣,对多数读者来说,他们只会到像首页这样的重要位置去浏览新闻,不会再往深处寻找新闻。某种程度上,一条新闻如果仅仅进入了网站的滚动新闻,而没有在页面上得到呈现,传播效果接近于零。

三、门户网站的类别

(一) 综合类门户网站

综合类门户网站最关键的特点在于其综合性和广泛性。综合类门户网站的内容"无所不包",以国内三大门户网站之一的搜狐为例,其网站包括新闻、军事、文化、体育、财经、科技、数码、时尚、健康、教育等近四十个板块,另外还有软件下载、电子邮箱等服务,此类网站以信息资讯为主,定位于各类不同层次的用户,涵盖人们生活的各种领域,满足了用户日常的信息需求。例如:国外的雅虎等门户网站,国内的则有新浪、网易、搜狐等。

(二) 垂直类门户网站

垂直类门户网站是指针对某一特定领域、某一特定人群或某一特定需求而提供的有一定深度的信息和相关服务的网站。随着市场化竞争的不断加深,越来越多的用户不再单单满足于包罗万象型门户网站所提供的横向全面但非垂直专业的信息。因此垂直类门户网站专注于市场细分领域,将横向广泛的内容垂直精细化,将某一特定信息内容挖深做细,专注于内容的深度性,并力图成为该领域的权威和领航者。例如携程网,该网站是一个专门向有旅游需求的用户提供集酒店预订、机票预订、旅游度假、商旅管理、美食订餐及旅游资讯在内的全方位旅行服务网站。会员不仅可以了解到和旅游出行有关的一切信息,还可以向其他人分享自己的旅游经历,制作成攻略,一方面保留自己难忘的旅行经历,一方面可以为他人提供参考和借鉴。所以,相较于综合类门户网站,垂直类门户网站虽然没有综合类的门户网站所提供信息的多元化和全面性,但是通过在某一特定领域向用户提供具备深度和精度的内容,已然成为门户网站的主流。

(三) 商务型门户网站

商务型门户网站是指除为用户提供产品信息外,主要目的是促成双方交易、主要利润来源于用户交易的网站。此类网站通过发布商品信息吸引有购买意向的用户前来购买,通过选择产品,提交订单,买方支付钱款,卖方发送货品,双方评价直到最后达成交易。淘宝网、当当、亚马逊均属于这类网站。

四、中国门户网站的发展历程

(一)发展初期的筹资方式

1997年6月,中国领先的互联网技术公司——网易公司成立。1998年2月25日,中国首家大型分类查询搜索引擎——搜狐品牌正式诞生。1998年9月,搜狐推出2.0版,定位要做中国第一网站。同年10月,四通利方论坛改名为四通在线,随后宣布并购海外最大的华人网站公司"华渊资讯",成立全球最大的华人网站"新浪网"。新浪网作为首批在国内成立的门户网站,在发展初期就完全照搬了雅虎的模式,即遵循其"风险投资+网络广告"的发展模式,通过最大化地吸引用户注意力、提高浏览量来获得风险投资者和网络广告主的青睐。搜狐在先行吸引了美国风险投资人的首期投入,完成公司启动创业后,又吸引了英特尔的二次后续风险投资,形成企业发展的持续资金推动;四通利方则是中国首个吸引了650万美元的网络公司,1998年年底又通过与美国"华渊资讯"的合并,吸引二次风险投资。网易、新浪、搜狐在互联网经济的不断发展中迅速成长,逐渐成为国内三大门户网站。[①]

(二)泡沫经济环境中的经济危机

2000年4月,新浪在美国纳斯达克上市融资,成为国内第一家海外上市的门户网站,首发募集股本总额7820万美元。同年6月和7月,网易和搜狐也相继在美国上市,募集的资金分别为6975万美元和5980万美元。由此,中国互联网概念股票在世界范围内逐渐升温,成为人们竞相追捧的对象。

然而在股票上市不久后,爆发了全球性的泡沫经济危机,股价大幅下跌,2001年三家网站的股票陆续跌到了最低位,3月8日,搜狐股价跌破1美元,以94美分收盘;6月25日,网易的股价暴跌至53美分。据纳斯达克规定,任何一家上市公司如果连续30个交易日内股价低于1美元,就会被停止交易,搜狐和网易都在停牌的边缘徘徊。新浪虽然逃过了这样的厄运,但同年9月,还是创下了历史最低股价1.09美元,公司面临裁员、并购等危机,一度导致企业员工士气低落。此时,国内的门户网站需要调整自己的战略思考,重新规划合理的商业模式。

(三)对全新商业模式的不断探索

为了改变当时的不利形势,门户网站做出了各种探索和努力。越来越多的人意识到完全照搬雅虎的模式并不能解决问题,即在有限的广告份额面前不能一味地坚持门户的概念,而是需要逐步地分化,从而找到属于自己的盈利

---

① 连枫.中国门户网站的发展现状分析[J].山西财经大学学报(高等教育版),2008(3):94-96.

点。于是,在有限的广告份额被瓜分完毕之后,大家纷纷进入其他领域,开创新的商业模式。搜狐选择了多元化,目标是"一家新媒体、电子商务、通信和移动增值服务公司",主要盈利模式为"广告＋无线增值＋搜索＋网络游戏";新浪集中兵力于"在线媒体及增值资讯服务提供商",主要盈利模式为"广告＋无线增值服务";网易则选择收费增值服务、网络游戏作为其战略转型突破口,主要盈利模式为"网络游戏＋广告＋收费邮箱"。

五、中国门户网站的未来走向

有学者认为,从诞生到现在,网络媒体发展可分为三个阶段。第一阶段是以雅虎为代表的传统门户阶段,网站分门别类,以树形结构将有价值的信息整合到一起,传播方式还是以单向性较强的大众传播为主。第二阶段是以谷歌为代表的搜索引擎时代,网站通过"关键字"将海量的有价值的信息整合到一起,供用户查询。搜索引擎解决了传统门户无法解决的互联网信息爆炸问题,传播方式日趋交互与双向。第三阶段则是现在正在进行中的 Web 2.0 时代,网站将选择权和传播权交给用户,给用户提供平台,让他们来充当传播者,进行社区"关系化"或"圈子化"的传播及分享。具体说来,"2.0 化的门户"是一个以个人门户为基本组成单位,由用户生产内容并通过标签和 SNS 等方式串联起来,然后根据用户行为来进行资讯组织和排列的网站。①

对于越来越讲求个性化和互动性的网络需求来说,门户网站综合性的信息内容提供已经不能满足网民们不断变化的信息需求。特别是现在年轻的一代已经由从门户网站获取信息转变为博客、微博这样的平台获取最新信息。有业内人士预测,今后上网的入口,或者说浏览器的默认主页,将逐渐由新浪、搜狐这样的公共网民网站,转变成各自的个人门户。在个人的门户网站里,除了具备写作、上传图片、视频、音频以及交友等展示自己的功能以外,更主要的是给用户提供"实用"和"使用"的功能,其中包括订阅、收藏、通信、交流等等。

另外,除了微博,越来越多的社交平台都有自己的聚合内容的功能。例如 Flipboard、Zaker 等信息聚合类的 APP,通过用户订阅的方式以及后台对用户行为的计算和分析,为用户展现各类信息内容。较之于门户网站的大而全,这类平台不仅能提供用户所需求的信息,而且还能满足转发、分享、评论等个性化需求,这些都对门户网站的未来发展提出了严峻的考验。

---

① 连枫.中国门户网站的发展现状分析[J].山西财经大学学报(高等教育版),2008(3):94—96.

第二节 搜索引擎

一、搜索引擎的定义

搜索引擎（Search Engine）就是指根据一定的策略，运用特定的计算机程序搜集互联网上的信息，对信息进行组织和处理，然后通过网络将处理后的信息显示给用户，是为用户提供检索服务的系统。[①] 站在用户的角度，搜索引擎是一个包含搜索框的页面，用户在搜索框输入字词后，通过浏览器向搜索引擎发出搜索请求，搜索引擎会返回用户输入内容相关的信息列表。

随着互联网上的信息越来越丰富，人们逐渐"淹没"在网上信息的海洋中，无法检索到自己真正想要的内容。在浩如烟海的网络世界中，用户想找到真正有价值的信息非常困难，常常会耗费掉大量的人力物力财力，搜索引擎的兴起与人们对资源的渴望程度是成正比的，因此，搜索引擎作为适应信息服务系统新需求的系统产生，并成为用户同所需特定信息之间沟通之桥梁，发挥着重要的作用。在这种情况下，特别是在 Web 2.0 蓬勃发展的今天，搜索引擎的形态如何变化，用户如何最大化地利用搜索引擎找到对自己真正有用的资源，甚至搜索引擎如何能够帮助用户不仅找到其想找的信息，还能帮助用户找到其暂时不知道但确实又想知道的信息资源，都成为越来越多网络用户所关心的话题。

二、搜索引擎的发展历程

搜索引擎作为一种伴随着互联网产生而出现的重要技术，可以根据网页索引技术的不同划分为若干阶段。

第一阶段，这是搜索引擎的创始阶段，计算机中所谓的"机器人"是指某个能以人类无法达到的极高速度不断重复执行某项任务的自动程序。由于专门用于检索信息的"机器人"程序像蜘蛛（Spider）一样在网络空间爬来爬去，因此，搜索引擎的"机器人"程序被称之为 Spider 程序。研发世界第一个蜘蛛程序的人是一位麻省理工学院的在读大学生——马修·格雷（Matthew Gray），他开发的名为万维网（World Wide Web）的蜘蛛程序目的是追踪当时不断扩张的互联网规模。基于超文本传输协议（Http）的 Web 技术迅速发展，使得以超链接为基本浏览手段和沟通行为的 Internet 初具规模，Internet 信息搜寻成为用户的迫切需求，Spider 也发展为搜索引擎的核心。

[①] 郭晓刚.个性化网络搜索引擎研究[D].吉林：吉林大学，2010.

第二阶段,这是处于搜索引擎的早期阶段,这个时期的代表系统是1994年出现的雅虎搜索引擎。因为这时的网络信息总量不大,爬虫(Crawlers)技术也不成熟,所以这时的搜索引擎广泛地采用人工标引等技术来对网页做标注,同时,在检索时也主要依据传统的信息检索算法。

第三阶段,伴随着互联网的飞速发展,搜索引擎技术也有了很大的发展,这个时期的代表系统是1998年出现的谷歌搜索引擎。1999年2月,谷歌完成了从 Alpha 版至 Beta 版转变,因为这时的网络信息总量剧增,所以谷歌推出了以网页超链分析为基础的 PageRank 算法,以此来表示网页的权重,同时对检索结果按照相关度排序。这个时期国内的百度等中文搜索引擎也采用了类似的技术。①

三、搜索引擎的分类

(一) 全文搜索引擎

全文搜索引擎是目前广泛应用的主流搜索引擎,国外具有代表性的搜索引擎是谷歌,国内则有最大中文搜索百度。它们从互联网提取各个网站的信息(以网页文字为主),建立起数据库,当用户查询时,检索程序会根据事先建立的数据库进行查找,按一定的排列顺序返回结果。全文搜索引擎的全文检索方式分为按字检索和按词检索两种。全文搜索引擎是一种"语形"搜索,在网页内容中只要看到关键词就会全部搜索出来,搜索结果的好坏往往用数量而不是质量来衡量。这样的搜索引擎搜索范围大,搜索出的信息量大,但同时也会出现大量的无用信息。用户需要自己进一步检查、筛选,延长了实际的搜索时间,提高决策的成本。

(二) 目录搜索引擎

目录搜索引擎中最具代表性的是雅虎、新浪分类目录搜索。目录搜索引擎按照用户的要求,搜集 Internet 的资源,将互联网上的资源服务器的地址搜集起来,按照信息类型的不同划分成不同的目录,然后在原来的大目录下再进行一层层的分类,成为更详尽的目录,用户可以按照页面所提供的目录寻找自己所想要知道的信息。

(三) 垂直类搜索引擎

垂直搜索引擎是一种专业化的搜索引擎,该类搜索引擎是为了满足不同用户的不同性质的需求而形成的一类搜索引擎。它将注意力集中在某一特定的领域和特定的用户需求上,为用户提供专业、全面和有深度的服务。垂直搜索引擎的范围很广泛,专业的图片搜索、音乐搜索、房产搜索、汽车搜索、小说

---

① 郭晓刚.个性化网络搜索引擎研究[D].长春:吉林大学,2010.

搜索等都有涉及。

（四）元搜索引擎

元搜索引擎被称为"搜索引擎的搜索引擎"，"元"为"总的""超越"之意，元搜索引擎就是对多个独立搜索引擎的整合、调用、控制和优化利用。相对元搜索引擎，可被利用的独立搜索引擎称为"源搜索引擎"（source engine）或"搜索资源"（searching resources），整合、调用、控制和优化利用源搜索引擎的技术，称为"元搜索技术"（meta-searching technique），元搜索技术是元搜索引擎的核心。元搜索引擎是用户同时登录到多个搜索引擎进行信息检索的媒介，通过一个统一用户界面帮助用户在多个搜索中选择和利用合适的搜索引擎来实现检索操作。此类搜索引擎没有自己的网页采集机制和独立的索引数据库，而是基于网络中多个搜索引擎之上，将其他的搜索引擎所查询到的信息资源进行重新排序，重新排序后反馈给用户。

（五）网盘搜索引擎

网盘搜索引擎是用户通过搜索其他用户公开分享的网盘内容来寻找自己所想要的资源的一种搜索引擎类目。用户只需在搜索框中输入具体想寻找的资源名称，网盘的搜索界面就会出现对应的该资源的条目，用户只需选择任一条目，将该资源保存到自己的云盘即可。相较于其他几种搜索引擎，网盘搜索引擎用户所寻找的资源更为"固定化"和"实体化"，即通常是找某一书籍、电影、音乐等。另外，网盘搜索引擎有时会由于出现链接失效而无法检索到的情况。国内比较著名的网盘搜索引擎是百度云搜索，即资源分享者和接收者只需要注册百度云盘，通过百度云搜索，就能在云盘里保存自己想要的资源内容。

四、知名搜索引擎

（一）百度

百度由百度网络技术有限公司于1999年年底在美国硅谷创建，是目前全球最大的中文搜索引擎。搜索方式以关键词检索为主，同时可结合分类目录限定检索范围，分为基本检索和高级检索两种，支持布尔算符和字段限制符。特设百度快照功能，供用户迅速查看每条检索结果的内容。检索时不区分英文字母的大小写，检索结果依相关度排列。根据艾瑞咨询发布的《2015年Q2中国搜索引擎市场规模200.3亿（元）》[①]中指出，2015年Q2中国搜索引擎企业市场结构中，百度占比为82.7%。可见，在中国市场，百度的市场份额占绝对优势。

（二）谷歌

谷歌是目前世界上使用率和搜索精度最高的全文搜索引擎，谷歌公司由

---

① 此处是指搜索引擎企业收入规模为200.3亿元，不包括搜索引擎渠道代理商营收。

斯坦福大学计算机科学系拉里·佩奇(Larry Page)和谢尔盖·布林(Sergey Brine)博士于1998年创建,曾获50项行业大奖,其中包括三项互联网界至高名奖:Webby奖、PC World's World Class奖和Net Award奖,是为数不多的盈利公司之一,2001年被公认为世界上功能最强大、最受欢迎的互联网搜索引擎公司。除此之外,谷歌不断研发新技术,例如,2012年谷歌公司发布的一款"拓展现实"的谷歌眼镜,其具备和智能手机类似的功能,能够通过声音控制拍照、通话、辨明方向,以及上网、处理文字信息和电邮等。不过,尽管谷歌不断推出各种各样新式的项目,不得不承认的是其搜索业务仍是谷歌的基石。2015年10月,谷歌母公司Alphabet搜索业务主管艾米特·辛格尔(Amit Singhal)在Re/code移动大会上表示,谷歌全球移动设备搜索次数已在今夏首次超过PC搜索次数,但辛格尔称这些数据并未包含平板电脑上的搜索次数。[1]

(三)雅虎(Yahoo!)

雅虎是于1994年4月,斯坦福大学的两名博士生大卫·费罗(David Filo)和美籍华人杨致远(Jerry Yang)共同创办的,最初放在斯坦福大学的一台服务器上,许多用户都纷纷进入斯坦福大学的校园网使用雅虎,造成了流量的压力。之后杨致远和大卫·费罗放弃学业,融资后携手成立了雅虎公司。雅虎一进入市场就获得了巨大的成功,因为雅虎的实用性、高效性和导航能力,可帮助用户最大限度地挖掘可用资源。然而,互联网的时代瞬息万变,雅虎!战略方向不明晰,创新性不足,仍选择沿用旧有方式,使得市场份额不断被各大新出现的同类产品蚕食。2012年5月,阿里巴巴集团与雅虎联合宣布,双方已就股权回购一事签署最终协议。

五、搜索引擎的未来发展

(一)移动搜索模式的崛起

艾瑞咨询在2015年3月发布的数据显示,2014年中国搜索引擎市场规模599.6亿元,同比增长51.9%,预计到2018年市场规模将达到1676.4亿元,艾瑞分析认为,2014年中国搜索引擎企业收入增长的最大动力是来自于移动端收入的增长,2014年搜索企业收入规模相较于2013年增长了205.0亿元,其中来自移动端的增长贡献率占到55.2%。[2] 由数据可见,移动端的搜索模式已成为新的盈利点。无独有偶,2015年10月,谷歌母公司Alphabet搜索业

---

[1] 新浪科技.谷歌:2015年夏季谷歌全球移动设备搜索次数首次超过PC[EB/OL].[2015-10-09]. Http://www.199it.com/archives1391459.html

[2] 艾瑞咨询.艾瑞咨询:2014年中国搜索引擎市场规模599.6亿[EB/OL].[2015-03-28]. Http://www.199it.com/archives/336388.html

务主管艾米特·辛格尔(Amit Singhal)在加州半月湾(Half Moon Bay)召开的Re/code移动大会时说到,从手机到平板电脑再到汽车乃至可穿戴设备等新型设备意味着市场需要新的搜索方式。[①] 传统的搜索方式是用户在搜索框内输入关键字进行的,而移动搜索则可以采用诸如二维码搜索和语音搜索,根据CNNIC《2013年中国搜索引擎市场研究报告》显示,使用二维码扫描输入和语音输入进行搜索的网民比例大幅度上升。其中,使用二维码扫描输入进行搜索的手机网民比例上升了17.2个百分点,使用过语音输入进行搜索的手机网民比例上升了9.4个百分点。[②]

移动设备的迅猛发展,使得移动搜索模式迅速崛起,用户渐渐不再像过去那样进行信息的检索,而移动设备的各类APP应用已开始满足用户的个性化需求,加之人们花费在手机上的时间越来越多,移动行为本身就是以应用为基础,人们逐渐减少对传统搜索功能的使用,转而更倾向于移动端搜索。

(二) 垂直搜索与站内搜索

垂直搜索就是针对不同行业和领域进行的专业搜索,如用户想查找相关的旅游信息和旅游攻略,不同品牌的笔记本电脑性能和价格等,都可以通过垂直搜索获得相应的信息,所以垂直搜索提供的是针对用户某一特定需求的专、精、深的信息内容。其特色在于专注某一细分行业,个性鲜明,容易树立自己的品牌,提升用户的忠诚度。

站内搜索一般置于网站首页的醒目位置。其搜索与谷歌和百度的不同之处在于它的搜索范围控制在本网站内。在专业网站的长期经营中,数据积累越来越多,信息量不断扩大,如果按照网站自设的目录来层层查找一份文件,会冗长而耗时,如果网站购买专业搜索引擎来增加自身服务功能,既能便于用户迅捷有效地进行信息搜索,又能形成自身的特色化优势。

例如,Vurb就是一款基于网页端和移动端的内容搜索引擎,它的目标是通过向用户提供相关性更强的信息来改善移动网页浏览体验。如果使用Vurb搜索电影,它会在一个页面上展示附近上映的所有电影。点选相关电影后,用户可以看到来自多家评分网站的电影评分数据、是否在流媒体网站提供资源、附近上映这部影片的影院有哪些、影院的排片情况等一系列信息,用户甚至还能直接看到去影院的路径导航等。[③] 除此之外,Vurb对搜索引擎的另

[①] 新浪科技.谷歌:2015年夏季谷歌全球移动设备搜索次数首次超过PC[EB/OL].[2015-10-09]. Http://www.199it.com/archives/391459.html

[②] CNNIC.CNNIC:2014年第33次中国互联网络发展状况统计报告,网民互联网行为篇[EB/OL]. [2014-01-16].Http://www.199it.com/archives/187953.html

[③] 段钦.下一代搜索引擎? 初创公司Vurb重新打包搜索结果,为用户提供一站式内容获取解决方案[EB/OL].[2014-05-07].Http://3bkr.com/p/211783.html

一个改革之处在于Vurb增添了短信功能,可购物、叫车和付费,并且用户能够与朋友分享信息,将传统搜索引擎整合并融入现代的社交分享因素,满足人们发现及分享的需求。总体来说,Vurb做的事是将目前互联网上已有的数据进行再一次的归纳整合,相当于一个面向全网的垂直搜索,并且做到了将这些数据进行高度匹配,再在一个页面上进行呈现。

(三) 博客式(微博式)搜索引擎

如今微博、博客已成为许多人进行知识的分享,信息的传播和交流的平台,微博上的信息知识呈现系统化态势,涵盖了各类有价值的网络资源供人们搜索和阅览。随着博客用户和博客数量的迅猛增长,必然要求有一种专门的检索工具帮助用户快速获取来自博客、微博中的信息。

博客搜索引擎和传统搜索引擎的不同表现在:传统搜索引擎所建立的索引是全文索引,而博客搜索引擎除了可以自动扫描跟踪互联网上数千万个较常更新的博客站点之外,还可以提交自己的博客链接,在工作原理上增加了被动接受的成分,扩大了检索覆盖的资源,信息的更新也更为及时;传统搜索引擎的服务方式是面向网页的全文检索服务,而博客搜索引擎向用户提供的则是博客网页,在检索内容上将更加全面新颖,相关主题的内容也更加集中;传统搜索引擎多采用关键词检索方式,搜索引擎中的检索模块则是根据关键词进行查询匹配的,博客搜索引擎除了关键词检索方式外,还提供浏览检索的方式。

第三节　网络视频

一、网络视频的定义

对于网络视频的定义,学界和业界的看法不同。百度百科对此的简单定义是"所谓网络视频,是指由网络视频服务商提供的、以流媒体为播放格式的、可以在线直播或点播的声像文件"。也有学者认为,"网络视频是指内容格式以 WMV、RM、RMVB、FLV 以及 MOV 等类型为主,可以在线通过 Real Player、Windows Media、Flash、QuickTime 及 DIVX 等主流播放器播放的文件内容"。这主要是从技术角度对网络视频进行定义。但又有学者认为"网络视频就是在网上传播的视频资源,狭义的指网络电影、电视剧、新闻、综艺节目、广告等视频节目;广义的还包括自拍 DV 短片、视频聊天、视频游戏等行为"。这种说法则趋向于资源以及视频行为。

以视频分享为主、也可以点播视频的网站一般称为视频网站或视频分享网站,主流的视频网站有优酷网、土豆网等。由于其作为提供网民自由上传原创视频的平台,也被称为播客平台,而那些可以制作"独立的广播电视节目"的网民则被称之为播客。

二、网络视频的特点

(一)网络依赖性

网络视频以网络为载体,脱离不了网络。这里的网络是指互联网。网络视频要成为可以观看、播放的文件内容,必须以网络连接作为支持,所以网络视频之所以成为网络视频,它的基本条件就是网络,故而网络依赖性是网络视频的基本特征之一。较之于 PC 端,近年来,网络视频向移动端迁移的速度飞快,2014 年,视频网站 PC 端播放量占比 68%,移动端占比 32%,仅一年时间,至 2015 年 1 月,PC 端播放量占比为 33%,而移动端播放量占比 67%。

(二)内容形式多样化

网络视频的内容非常丰富。不仅可以是被转变成网络视频直接上传的电影、电视剧、电视节目等视频资源,也可以是自拍 DV、网剧、广告,甚至网络直播节目或直播的电视台节目,以及网络聊天等。随着互联网新技术的不断更新,各种新形式的网络视频还可能会出现。这也是目前网络视频所呈现的内容形式多样化的特点。

(三)平民化

网络视频的制作限制较少,一般的相机或手机拍摄的视频均可上传到网络,就可以让广大的网民参与到其中。参与难度低,参与度高,只要有基本拍摄功能的介质作为支持都可以完成网络视频的创作。人人可为,人人可参与,也就是平民化的特征。

(四)即时性

即时性是网络视频的特征之一。即时性在网络视频中体现为内容创作或生产时的即时上传以及网络上的即时播放观看。网络视频不需要像电视播放那样需要排节目时间表和导播,可以即时上传。上传后,又可以即时播放观看,多个视频资源可以同时呈现在网络中。网络就是一个巨大的云存储盘,可以即时点击欲观看的视频内容。

(五)用户自主选择性

在网络上播放和观看的视频比起电影院中放映的电影和直播的电视节目,其用户自主选择性更强。放映的电影和电视不能快进或者选择自己想观看的部分,但是网络视频却可任由互联网用户自由选择。同一内容也可如 DVD 般选择快进或快退。观赏的方式和画面大小也可自主选择,16∶9 的屏幕还是4∶3的屏幕,小屏幕观看还是全屏,用户可以根据自己的喜好进行选择。不仅可以自主选择观看的内容、时间节点,用户还可以评论、参与讨论和互动。网络视频的服务较为个性化,用户的体验也更加自主。

三、网络视频的传播学文化特征

(一)娱乐化

网络视频作为大众娱乐的媒介,比电视更多地阻挡了非娱乐性的内容,更多地增加了一种大众狂欢的性质,此时的受众不再是单纯的受众,他们同时也是内容制作者,网络视频由此变成所有人的娱乐。根据CNNIC第34次《中国互联网络发展状况统计报告》的数据,至2014年6月,中国网络视频用户规模达4.39亿人,渗透率为69.4%,是网络娱乐类第一大应用。网络视频不可阻挡地向娱乐化的方向发展,娱乐化显然已成为网络视频最显著特征之一。

(二)庸俗化

网络视频中存在的庸俗化、媚俗化的倾向十分严峻。为了吸引受众的眼球、提高视频的收视率,通过制造噱头、大肆渲染炒作、刺激受众敏感神经等一系列手段来迎合大众低级趣味,所谓的"大众娱乐大众"狂欢景象时有出现。随着网络视频泛娱乐化现象的不断升温和膨胀,这些复制的、模式化的、大多缺乏文化气息或者扭曲了社会价值观的娱乐信息,折射出的是文化原创性的缺失、艺术创造力的匮乏以及审美感悟力的滞后,其结果很可能是社会应有的文化精神被娱乐的狂潮逐渐冲淡。从传播技术、内容需求和传播效果看,网络视频文化已经对传统文化、主流文化和精英文化造成了新的冲击和影响。其负面影响令人担忧,其审美标准、价值取向、文化追求不得不令人反思。①

(三)参与和影响议程设置

网络视频等新媒体打破了传统媒体议程设置的绝对话语权,使得人际关系逐渐走向扁平化,当事件发生时,公众的声音可以通过网络视频汇合放大,形成强烈的共鸣来影响媒体议程。传统媒体议程是将重要性话题转移至公众议程,新媒体时代议程设置,从完全相反的关系出发重新界定了转移话题的双方。普通公众不再依赖于媒体的议程设置,他们可以通过网络设置议程不断影响传统媒体的传播主题。公众在网络中设置议程,并影响和介入传统媒体或主流媒体的议程设置。②

以网络视频为代表的社交媒体,议程设置的双方为网络受众和传统媒体,

---

① 王长萧.国内网络视频传播的文化特征及其反思[J].当代电视,2012(2):56—57.
② 彭步云.社交媒体受众对传统媒体的反向议程设置研究[J].当代传播,2019(5):110—112.

其议题设置的路径是由受众方到媒体方,最终所达到的媒介效果是议题得到了广泛传播并引发社会热议。网络视频为受众提供了相对自由的话语空间,但他们在网络空间中的反向议程设置只可被视为阶段性的反向议程设置,所涉及议题也更倾向于娱乐化,娱乐性、通俗性话题成为其主要来源。在严肃新闻和更广泛的社会议题中,传统媒体仍占据主导话语权。但是,不管怎样,网络视频成为网民参与传统媒体或者主流媒体的议程设置过程的重要平台,并且发挥重要影响。

四、中国网络视频的发展现状及其面临的问题

(一) 中国网络视频的发展现状

根据艾瑞咨询《2012年中国网民网络视频应用研究报告》显示,在用户使用情况方面,用户主要通过 PC(台式机/笔记本)上网看视频,使用比例达96%,但使用移动设备上网看视频的比例也达到了49.4%。但由于其在操作系统上与 PC 差异较大,以及 PC 在高清播放和桌面播放方面表现更优秀等客观情况,移动设备还不能完全替代电脑。大多数使用移动设备看视频的用户同时也使用 PC 观看,他们在不同场景使用不同设备观看视频。

在视频网站用户重合度方面,从 PC 端(台式机+笔记本电脑)用户的重合度来看,用户重合度较低的有:爱奇艺与迅雷看看、乐视网与腾讯视频等,重合度都在29%以下,360影视与多数网站的重合度都较低。重合度低,用户被吸引到对方网站的可能性也相对较低。土豆与优酷的重合度为59.6%,经过合并整合,资源共享,使得两个网站的用户重合度较高。其他用户重合度较高的网站有:搜狐视频与优酷(40.0%)、搜狐视频与土豆(41.2%)、搜狐视频与新浪视频(39.4%)、PPS 网络电视与优酷(39.0%)、PPS 网络视频与土豆(38.8%)。这些网站之间的用户流动性大,用户还未对特定视频网站形成较高的忠诚度,能否找到所需资源是用户选择什么网站的关键。对于视频网站来说,需通过丰富网站资源、加快更新速度等方式,才能提升用户黏性。

在用户选择网站的决策因素中,35.2%的用户选择了"播放流畅、速度快",位居第一,可见,看视频不卡仍然是用户选择网站的最主要因素;"广告时间短"和"清晰度高"分别位居第二位和第三位,选择的比例分别为23.9%、23.2%。与2011年相比,选择"广告时间短"的比例增加,且上升了一位,表明随着视频广告越来越长,广告长短已逐渐成为影响用户选择的最重要原因之一。而"清晰度高"在考虑因素中下降了一位,因为当前视频网站普遍提供了"高清""普清""流畅"等清晰度档次供选择,用户可以根据自己的网络情况选择相应的清晰度,因此用户选择视频网站时,对清晰度的考虑已经逐渐减少。

此外内容更新速度、查询方便程度、内容丰富度等也是影响用户黏性的重要因素。

（二）网络视频面临的问题

1. 不良视频的泛滥传播

如今，无序、不健康的视频仍在网络中大肆泛滥，带来了很大的负面影响，必须正确引导和监管，才能更好地营造干净整洁的网络环境。2014年，快播公司被调查，并被处以2.6亿的罚单，全国"扫黄打非"办相关负责人表示，快播公司利用其开发的播放器和管理的服务器提供视频播放服务，迅速地拥有了大量使用者。然而，快播公司在提供服务时不履行内容安全管理责任，罔顾社会公德，突破法律底线，大肆为淫秽色情等违法有害信息传播提供平台和渠道，严重危害未成年人身心健康，影响极为恶劣，必须予以严惩。

2. 同质化现象严重

当前，不仅网络视频内容出现同质化及跟风创作现象，整体视频网站也存在严重的同质化现象，造成了网络资源浪费和网络市场管理混乱。中国网络视频对文化创意产业的推动潜力有待挖掘，视频网站应积极开发自身资源优势，突出与众不同的创新强项，进行差异化竞争，活跃网络视频市场。

3. 网络视频的版权问题

中国主流的网络视频网站几乎都开设有自制视频，例如自制综艺领域，优酷的《男神女神第二季》，腾讯的《大牌驾到》，均表现出色。而爱奇艺的《奇葩说》，则以5000万元的冠名费用，创造了纯网络综艺的冠名神话。不过，版权类视频内容在视频优质内容中的占比仍然占较大比重，自制内容在数量上还远远无法与版权类数量相抗衡，优质的自制类视频虽然十分重要，但版权类在提升收视率以及直接的变现方面仍占主流，具有不可替代的作用。除了自制剧外，各大网络视频商还在花天价购买独播版权，爱奇艺花2亿元打包买下2014年湖南卫视《爸爸去哪儿》第二季、《快乐大本营》等5档综艺节目独家播放权。腾讯视频更花费2.5亿元购买《中国好声音》2014年网络独家版权，版权已然成为网络视频厂商的制胜"法宝"。

五、网络微视频发展现状

（一）网络微视频概念界定

微视频的定义，业内及学术界都没有一个统一的说法。目前国内对微视频概念的界定主要有以下两种：一种是优酷网总裁古永锵曾给出的解释："微视频是指短则30秒，长则不超过20分钟，内容广泛，视频形态多样，涵盖小电影、纪录短片、DV短片、广告片段等,可以通过多种视频终端摄录或播放的视频短片的统称。'短、快、精'、大众参与性、随意性是微视频的最大特点。"另一种是第一视频网CEO杨练金的解释,即微视频是指播放时长介于3～5分钟的视频,适合多种终端使用。而专门传播这种视频短片的网站则是微视频网站,比如YouTube、土豆网、优酷网以及酷6网等。

(二) 国外微视频发展现状

美国互联网调研机构PEW2010年年底的数据显示:在美国三大视频网站YouTube、雅虎(Yahoo)、脸书(Facebook)中,微视频在美国用户观看的视频类型中占据着绝对地位,搞笑、幽默类视频和生活、教育、新闻资讯类视频内容在点击排行中遥遥领先。美国最大的视频分享网站YouTube作为微视频网站的鼻祖和代表,它的出现和发展为互联网带来一股微视频分享风潮。YouTube网站的发展历程在很大程度上代表和影响着国外微视频及网站的发展。

2006年10月9日,谷歌公司以16.5亿美元的天价收购了YouTube,这一事件轰动了整个互联网以及传统媒体,同时也极大地鼓舞了微视频行业的追随者,一时间以分享为主要模式的微视频网站风起云涌。在网络微视频行业领域中,YouTube已被公认为"龙头老大",是行业内发展最成功、影响力最广的在线视频服务商。它提供简单的方式让普通电脑用户上传视频,参与对视频的评论、评分,并建立不同的兴趣组群供不同群体使用。这种方式颠覆了传统媒体的传播方式,使每个人都可以创立自己的新闻频道,拥有自己的视频库。这使网民由传统的接收信息者,变成信息发布者,同时也使越来越多的人关注并参与视频短片的创作和传播。[1]

YouTube能够取得这样的成就,得益于它所引导"自下而上"的视频分享策略,这一模式带动了网民传播视频的积极性,使更多的用户参与到视频的创作中,为更多乐于展示自我的人提供了一个很好的平台。除了Twitter,还有Vine,这是一款由Twitter收购并发布的微视频应用,支持分享6秒钟的视频,并能将视频内容分享至用户的Facebook和Twitter,现在的微视频似乎已具备一个必不可少的功能——将视频分享到社交网站。紧跟Twitter,还有Facebook旗下的Instagram也推出视频分享应用,通过视频分享促进SNS散发新的活力。

(三) 中国网络微视频发展现状

2006年被称为中国网络微视频元年,不仅因为这一年视频分享网站大量出现,还在于微视频制作和传播主体的平民化。发展至今,国内微视频从内

---

[1] 刘飞.网络微视频研究[D].长沙:湖南大学,2012.

容、包装到数量、质量已经发生了巨大的变化,这其中既有互联网技术进步、环境变化的因素,也有微视频行业自我调整和理性发展的影响。有观点认为,2010年是中国在线视频真正走上商业化、市场化和正规化的一年。第一,以优酷网为代表的视频运营商在美国纽约证券交易所成功上市,并成功融资数亿美元,这也极大地刺激和鼓舞了视频行业的发展信心。第二,相关政策法规更加健全和完善,为行业未来的规范发展打下了良好的基础。第三,有实力的视频网站开始同传统媒体合作,尝试网络自制剧并获得初步的成功,如优酷网推出的《老男孩》,土豆网自制剧《欢迎爱光临》,搜狐网的《疯狂办公室》等。网站如此做法一方面是为了应对相关政策带来的网站内容方面的压力,另一方面增加了网站的收入,是视频网站的盈利方式多元化的表现。①

第四节 网络出版

一、网络出版的概念

网络出版的定义可以分为广义和狭义两种。

从广义上讲,凡是将信息、知识、观念等内容,用文字、图像、声音等代码以任何形式在网络上传播,均可称之为网络出版。1995年美国《知识产权与全国信息基础设施》(下称白皮书)明确写道:"公众通过数字网络获得作品复制本,作品就如同有形复制本在商店出售一样被出版了,法律确认它为出版,只不过是对这一现实的承认而已。"《伯尔尼公约》第三条第三款也规定"得到作者同意后出版的作品,不论其复制件的制作方式如何,只要从这部作品的性质来看,复制件的发行方式能满足公众的合理需要"即可视为"已出版的作品"。从广义上界定网络出版的概念比较符合网络出版的现实需要。

狭义的出版则指中国《互联网出版管理暂行规定》第五条中的定义:"互联网出版,是指互联网信息服务提供者将自己创作或他人创作的作品经过选择和编辑加工,登载在互联网上或者通过互联网发送到用户端,供公众浏览、阅读、使用或者下载的在线传播行为……所称互联网出版机构,是指经新闻出版行政部门和电信管理机构批准,从事互联网出版业务的互联网信息服务提供者。"因此,网络出版是指具有合法出版资格的出版机构所进行的出版与传播行为。

---

① 刘飞.网络微视频研究[D].长沙:湖南大学,2012.

二、网络出版的特点

(一) 出版产品的数字化和虚拟化

网络出版在产品形态上表现为网络出版物,即产品数字化。这一属性与纸介出版物具有本质的区别,其出版物载体为计算机网络。出版商通过计算机网络向读者提供出版物,读者直接获取利用网络上发布的各种信息,出版者和读者之间既不需要中间人,也不需要其他媒体。就编辑出版而言,征稿、投稿、选稿、审稿、编辑加工、修改、发行等一整套流程均可在网上进行。网络出版由于不使用传统的物质载体,所以网络出版是实实在在的信息传递与交流,没有物质载体的束缚。由于网络出版的数字化和虚拟化,大大节约了传统意义上的出版成本,同时,网络出版只有信息内容的加工,出版时差大大缩短,其传播时差也大大下降,并且不受时间、地点、频道、国界、气候等的影响,传递迅速,并可时时更新,大大提高了信息传播的范围、时效和数量,有利于世界各国、各民族的科技文化及时、广泛地交流与传播。

(二) 出版流程简约化

网络出版不同于传统出版,传统出版在出版前对出版物进行编辑、校对、排版、印刷等,出版的周期一般很长,与现实情况有一定差距,即滞后性。而在网络出版中,由于其自身的特点,出版工序得到极大简化,出版就是选择、加工信息,发布信息,传递信息的过程。这大大降低了出版成本,提高了出版的效率和信息共享的质量。

(三) 网络出版各相关方的实时交流和互动

网络出版相关方主要涉及出版者、作者和读者三方面。读者可将自己的需求意愿通过网络迅速地传递给出版者;出版者根据用户的需求,迅速地提供相应的书供读者选择;读者确定自己所要购买的书后再通知出版者。作者通过其作品销售情况,了解作品的受众对象,读者通过对所购出版物的评价和意见等,向作者间接反映作品受欢迎程度。同时出版者也可根据反馈重新制定决策,促进出版业的发展。

(四) 交易的电子化

网络出版,从产品形态、流通方式到支付方式的整个交易过程均实现电子化,尤其是支付手段,用户只有通过信用卡,通过网上银行实时付款,才能进行下载,从而完成交易过程。交易的电子化,使网络出版物的销售实现了百分之百的电子商务化,这是网络出版的显著特征。[①]

---

① 姜天赟.网络出版研究[D].山东:山东大学,2007.

三、国内外网络出版的模式比较

国外网络出版的模式分为：一是个人出版。个人出版是由作者通过网络出版自己的作品,通过 Web 销售。如美国作家斯蒂芬·金的恐怖小说《骑弹飞行》就是通过互联网实现出版、发行和销售的。如果作者只是提供下载服务,不提供物质产品(磁带,光盘等),还可免除申请商业执照而成为出版发行商。二是按需印刷(Print-On-Demand,POD)。所谓 POD 技术,就是将数字化出版物(电子书、电子报刊等)通过 POD 设备印制成纸质品(书刊报纸等)。按需印刷就是根据客户的需求,在短时间内提供个性化制作和销售服务。以数字技术为基础的按需印刷,将从根本上解决长期困扰出版社的退货和库存积压的问题。对于印刷厂而言,随着数字式彩色印刷机的产生和应用的普及,将抛却传统的、烦琐的制版、装订工艺,大大提高生产效率,使传统的印刷得到质的飞跃。比如以色列的 Indigo 公司、美国的 IBM 公司推出的全无版数字式彩色印刷机,由于省去了传统的打样、晒版、冲版、挂版、洗橡皮布、归位调整、水墨平衡、试车等工序,不存在成本分摊,它的第一张到无数张的单品耗材成本不变,所以在短版印刷中占绝对优势,并使实现"按需印刷"成为可能。三是商业出版模式,这一类的出版商有出版公司,出版社和可以从事出版的网络公司。

国内的网络出版模式有：①基于出版社的电子书专卖店。这种模式的主要特点是凭借出版机构长期以来形成的出版优势,在互联网上建立自己的电子书专卖店(网站),向社会和自己特有的读者群传递信息。②基于网站的电子书城。许多著名的网站,如新浪、网易等也涉猎电子图书的经营和销售(下载服务),这对于中国网络出版模式的进一步完善和发展大有好处。③基于 IT 公司的合作式电子书店。这种合作形式与第二种情况类似。从目前来看,后两种模式还缺乏相应的管理规范,传统出版模式下的有关管理规定是否适合网络条件下的出版,还有待理论和实践的进一步验证。①

四、网络出版的现状

（一）数字版权保护技术

数字版权保护技术是网络图书出版的安全性前提。数字版权保护是作者、出版者、网络公司乃至读者所共同关心的问题。这个问题若解决不好就会导致一系列纠纷,阻碍网络出版的健康发展。在网络环境下,数字化的出版形

---

① 杨晓农.中外网络出版的比较研究[J].现代情报,2006(11):216—219.

式和开放的传播手段使图书的版权保护变得更艰难。数字版权保护技术（Digital Rights Management，DRM），就是以一定的算法，实现对数字内容的保护，DRM 技术能杜绝电子书的随意复制传播，对书籍的作者、出版者的知识财产和智力成果起到一定的保护作用，但同样不得不思考的是，在信息飞速传播及加倍增长的今天，DRM 技术是否在某种程度上阻碍了信息的畅通，或反而增加了盗版的产生，仍是我们需要深思的。但我们坚定地相信，随着电子书市场的逐渐成熟，以及电子书用户群体的逐渐形成，加强版权保护，也是中国电子书市场健康发展的必然趋势。

（二）格式问题

目前，网络出版在出版界和 IT 界都已备受关注，网络出版不仅需要规范的法律环境，还需要统一的技术标准。网络出版的技术系统和装备系统的研发与创新，还处于一个摸索的阶段，虽然有不少技术企业与研究室参与研发，但相对于整个行业而言，缺乏行业的总体标准，地域分割性较强，难以做到统一。致使原数据和信息交换格式未能形成标准，网络出版管理格式、网络出版防伪的保密、版权保护等技术问题均不完善。缺乏行业标准可能会给各方面都带来混乱与不便，电子图书的格式不统一问题便是一个明证。现阶段，国内外都存在类似的问题。

在国外，以网络出版业发达的美国为例：美国网络出版业发达，电子书标准也非常之多，主流阅读器有 Softbook 和 Rocket 格式、MicrosoftReader 格式、OEB、HTML 格式和 PDF 格式。争夺标准主导权的竞争主要在微软公司和 Adobe 公司之间展开。虽然众多美国厂商组成了以促进网络数字化、电子书出版标准化为目标的"开放电子书论坛"，且支持统一标准"开放电子书出版结构"，但由于各方利益的纷争，美国电子书格式的标准化依然困难重重。

在国内，对中国的网络出版单位而言，网络出版现在也是一个单位一个制式、一个地区一个标准，不能互联互通。中国应根据国际标准和相关准则制定出一套完善的标准化格式，以促进行业交流与发展。首先应针对中文电子图书市场和技术进行实地调研和考察，制定出中文电子图书阅读软、硬件的规格和指标。其次，制定统一的中文电子图书格式标准，平衡各方利益纷争，以免出现不兼容等问题。最后，应加快实施相关标准，统一格式，统一规范，并积极向国际化标准看齐，建立健全长效机制，促进电子出版物良性发展。

（三）人才问题

《互联网出版管理暂行规定》第二十一条规定："互联网出版机构应当实行编辑责任制度，必须有专门的编辑人员对出版内容进行审查，保障互联网出版内容的合法性。互联网出版机构的编辑人员应当接受上岗前的培训。"该规定以书面形式明确地对实施网络出版的具体的责任人提出了要求。而在现阶段,出版社普遍缺乏专门的网络技术人才来建立和维护网络出版平台,更缺乏一批又懂网络技术、又熟悉出版流程的复合型人才来推动网络出版的发展。现在国内大多数情况是从事网络工作人员并不熟悉编辑业务知识,使得出版物质量参差不齐,不合标准。在数字条件下,由于技术基础与产业形态的变化,出版业日益呈现出技术密集、人才密集、信息量大、集中度高等特点,需要从业人员同时具有较高的科技文化素质和较强的编辑出版能力,出版业的发展不但需要有新的出版理念,而且对于能够驾驭数字出版和跨媒介出版人才的需求也日益强烈。

（四）阅读习惯问题

许多人认为,传统的纸质图书带给我们的不仅仅是知识,还蕴含有其他的意义和价值,如收藏价值、艺术欣赏价值等。人们通过阅读获取信息的习惯已保持千年之久,人们对于传统纸质书更有着一种不同于电子书的眷恋。一本纸质书,可以在不同场合进行阅读,也可以作为一份礼物赠送给他人。但以数字形态出现的网络出版物则不同。首先,电子出版物需要电源,在没有电量的情况下,无法进行阅读。其次,长期接触电子设备对人们的健康造成潜在威胁。再次在付费问题上,人们还没有完全形成网络出版物的付费习惯,人们愿意花更多的价钱买纸书,甚至投入巨资将精美的纸书摆在家中收藏,但在电子书付费方面,更多人希望少花钱或是免费获取电子书内容,这也是人们对待电子书与纸质书态度上最大的不同。因此,网络出版还需找到合适的商业模式、产业形态来发展并完善自我,克服现阶段的困难,实现网络出版业可持续发展。

五、云出版

（一）云出版的内涵

"云出版"的概念是在"云计算"等概念和技术不断发展的基础上逐渐衍生出来的。2006年8月9日,谷歌首席执行官 Eric Schmidt 在搜索引擎大会（SES San Jose 2006）首次提出"云计算"（Cloud Computing）的概念,打开了云计算时代的大门。根据百度百科的定义,云计算是分布式计算、并行计算、效用计算、网络存储、虚拟化、负载均衡等传统计算机和网络技术发展融合的产物。从2008年起,云计算概念逐渐被付诸研究和实践,并逐渐诞生了一些衍生概念和技术,如"云存储""云安全"等。

有学者指出,云出版的主导是出版,而非技术,云出版的形式是一个有机的平台,云出版的核心是共享,云出版的终极目标是用户。

（二）云出版的现状

在国外,亚马逊的"云出版"风靡全球,并且 Kindle 的"云端"也利于读者存储和阅读书籍。而同时苹果公司联合美国 5 家著名出版商麦克米兰、企鹅、哈歇特、哈珀科林斯和西蒙舒斯特构建"云出版"服务平台。谷歌公司和微软公司也利用自己的资源构建"云出版"服务平台推出其云终端产品。谷歌公司推出的 Nexus 平板电脑和微软推出的 Surface 平板电脑作为集成电子书的阅读器,利用其"云"资源,方便了读者选择其喜好的电子作品。

在国内,云出版目前处于起步阶段。出版及相关行业走在了云出版产业试水的最前列。目前具有代表性的企业主要有,技术服务商的开拓者——方正 Apabi、天闻数媒科技有限公司;内容提供商"飘"入云端——中国知网、番薯网、盛大文学;数字出版基地驾"云"腾飞——天津国家数学出版基地、中南数学出版基地。云出版产业发展方兴未艾。云出版同时面临新的问题、新的难点。一是如何使云出版更加安全的问题,二是如何让版权保护走进云出版的问题,三是如何打通产业链及构建健康成熟的商业模式问题,四是如何建立统一开放的云出版行业标准问题,五是如何加强市场教育和观念跟进问题。这些问题必须由政府、企业和学界共同努力解决,云出版给出版业带来的变革和给用户带来的便捷不言而喻。

(三)云出版所面临的挑战

1. 云出版安全

云出版将其内容暴露在"云"中,极有可能遭到拒绝服务等攻击,加之云出版在安全问题上可控性较差,无法评估数据是否被安全处理。同时,云出版对于业务的连续性有较高要求,如果业务中断,不仅带来损失,同时也存在一定安全隐患。另一个重点是数据的安全性。数据的安全性涉及数据的完整性和保密性。数据的完整性要求只有授权用户可进行经过授权的更改,保密性要求只有授权用户才能读取数据。云出版商应该提供强有力的控制,加强对授权用户访问、认证、隔离数据等方面的管理。

2. 内容监管、版权风险防范难度大

目前新闻出版管理部门的审批登记,依靠发文、年检、选题规划、样本缴送等,无法达到有效地、实时地监管云出版。同时,云出版涉及文化、新闻出版、工商、公安、信息等多个部门,存在多头管理的现象,落实执法比较困难。而且,管理部门主要采取行政许可的监管手段,缺乏有效的实时动态和事后监管机制。

云出版"看上去很美",但其实暗潮涌动,充满风险。就版权保护而言,云出版的法律风险首先来自法律规定的缺失或者不明晰。比如,在云出版模式下,出版社可以使用云服务器中存储的文字、音频、视频、图片等类型的版权资源,不可避免地会在多个服务器中形成缓冲,那么"临时复制"是否侵权就是法律必须回答的问题。对此,欧盟采取了纳入复制加一定限制的立法模式,而美国与澳大利亚等国家虽然承认临时复制属于复制范畴,但是对责任承担主体的认定却不同。

云出版存在法律风险的另一个原因是,出版社对自身版权角色变化,以及对新的法律规则的不适应。比如,出版社在开展云存储服务,或者提供云链接服务时,必须掌握"避风港"规则的操作程序和细节,特别要对采取措施的时间期限、合格通知的判断等问题有全面的了解。否则,就很可能因为对法律法规要求的不知悉,或者不能正确运用而失去豁免责任的机会。云出版模式下,版权资源呈现大数据特征,出版社很难对拟使用资源的可版权保护性、权利主体、授权条件等都鉴别清楚,稍有不慎,就可能涉嫌侵权。

3. 云出版的产业链不明晰

中国云出版产业还没有形成成熟的盈利模式,利益分配机制也不完善。一方面云出版作为一个以网络为载体、以数字资源为产品的产业链,与传统出版的盈利模式有天壤之别。但是,其到底有哪些盈利模式,尚未形成统一的定论。产业链的主要盈利模式主要是向用户出售产品,这种单一的盈利模式亟待改进。另一方面,对产业链中成员的利益分配机制还存在较大的争议,现有的利益分配机制依然移植了原有数字出版利益分配的硬伤,即内容提供商还缺乏足够的话语权。利益的分配更集中于云平台的构建商。[①] 要实现真正的"云出版",跨平台的数据读取、内容调用是技术层面要着力解决的问题。因为读者在具体使用时,关注更多的是出版物的内容,而不是通过哪个出版平台能够得到相应的出版物,技术障碍导致读者获取相关出版物困难,这将冲淡读者的阅读欲望。云出版要达到理想的效果,就要做好平台融合规划和无障碍数据读取等构架,各平台要预留对接通道,并制定好行业规范,逐步实现平台的融合。

第五节　网络游戏

一、网络游戏的概念界定

网络游戏,又称在线游戏(Online Game),简称"网游",是电子游戏在互联网上的一种延伸发展。网络游戏已经成为互联网的重要组成部分,推动互联网经济向良性循环和应用化发展。对于网络游戏的概念,目前较为普遍的描述是:利用 TCP/IP 协议,以计算机技术为依托,以网络为载体,可以多人同时

[①] 汪全莉,徐志武. 中国云出版:发展与问题[J]. 出版发行研究,2013(1):81-84.

参与的游戏项目,通过人与人的互动达到交流、休闲和娱乐目的。① 国家文化部、信息产业部将网络游戏定义为:是通过信息网络传播和实现的互动娱乐形式,是一种网络与文化相结合的产业。②

中国比较通行的网络游戏的定义是《中国网络游戏原创力量调查报告》中的:"基于 TCP/IP 协议,以 Internet 为依托,可以供多人同时进行的电子或电脑游戏"。

由以上定义我们可以得出,网络游戏几个不可或缺的本质要素:必须通过 TCP/IP 协议,以互联网为依托,可以使用多种电子游戏终端,保证多人能够同时在线参与。更为重要的是它的人际交互性,与单机游戏的人机交互相比,网络游戏更突出人和人之间的互动。

二、国外游戏市场的发展现状

韩国作为网络游戏的一大阵地,手游和网游是其游戏行业的两大巨头。根据韩国文化体育观光部与韩国文化产业振兴院于 2015 年发布的"2015 韩国游戏产业白皮书","2014 年游戏产业比重有一种向网游与手游集中的倾向。其中网游以 5 兆 5425 亿韩元的规模,占比 55.6%,排行第一;手游以 2 兆 9136 亿韩元的规模,占比 29.2%,排行第二。"③在用户一天玩游戏的平均使用时间方面,"网游为平时 95 分钟/天,周末 144 分钟/天,排名第一。"④可见,网络游戏在近年已然成为韩国游戏产业的支柱。

而在美国,以移动互联网为媒介,以移动终端为载体的游戏逐渐成为全球游戏玩家的重要消费品。"据 eMarketer 2013 年 10 月发布的报告显示:2011—2013 年,美国移动游戏用户规模从 0.81 亿人增加到 1.26 亿人,复合增长率达 24.7%。用户规模占总人口比例由 25.9%提升到 4%。""未来美国移动游戏用户数量将持续增长,但是增速会逐渐放缓;目前移动游戏用户数量占总人口比例较为适中,未来数年仍有较大的提升空间。"⑤

---

① 尚慧.中国网络游戏产业发展现状研究[D].开封:河南大学,2009.
② 文化部信息产业部关于网络游戏发展和管理的若干意见.文化部、信息产业部,2005。
③ 白鲸社区.2015年韩国游戏产业白皮书[EB/OL].[2015-11-25].Http://www.199it.com/archives/409998.html.
④ 白鲸社区.2015年韩国游戏产业白皮书[EB/OL].[2015-11-25].Http://www.199it.com/archives/409998.html.
⑤ 199IT 中文互联网数据资讯中心.美国移动互联网典型应用细分市场解析——移动游戏市场[2014-06-06]. http://www.199it.com/archives/235610.html

三、中国网络游戏的发展现状及存在的问题

（一）中国网络游戏的发展现状

根据CNNIC发布的《2015年第35次中国互联网络发展状况统计报告——网络游戏市场发展状况》中可以看到，在游戏用户规模和特征方面，截至2014年12月，网民中整体游戏用户规模达到37716万人，占网民总体的58.1%，网游用户对上网设备的使用表现更为前沿化和多样化，对平板电脑和电视上网的使用高于网民平均水平。台式机、笔记本电脑、手机和平板电脑是网游用户最主要的游戏设备，而以电视游戏主机和手持游戏机为代表的专业游戏设备使用率仍然不高。

在游戏用户行为特征和偏好方面，PC网游和手游各不同。PC网游日均在线时长集中在2小时以内，而作为重度游戏的PC端用户的日均在线时长高于平均水平，2小时以上占比达到50.6%，手游的日均在线时长在2小时内的用户占到79.6%，表现出碎片化特征。PC网游信息获取和下载渠道较多元，游戏网站/论坛和朋友推荐是最主要的两个渠道，而在PC网游的下载渠道方面，游戏官网是重要下载渠道，这反映了PC网游运营商对渠道的绝对掌控，相较而言，手机游戏的推广对渠道依赖性极高，这使得手游精品难以出现，也暗示了拥有渠道的手游厂商对手游市场的垄断。

在2015年游戏市场的发展趋势方面，该报告提出了以下几点：PC网游——仍是市场中坚，增长进一步放缓，新的商业模式涌现；手机游戏——规模稳中有降，网游份额将进一步扩大；电视游戏——新的市场热点。

可见，不论是PC网游还是手机游戏，网游的整体呈现多元化的发展趋势，在蓬勃发展的商机下，更需要多方互利共赢，开拓市场的关注热点，打开新市场，促进网络游戏市场良性发展。

（二）中国网络游戏发展面临的问题

1. 网络游戏对青少年身心健康造成不良影响

网络游戏具有一定"黏性"的特征，而青少年处在成长阶段，自我控制能力不强，极容易陷入网络游戏中而无法自拔。在青少年健康方面，长期沉溺于网络游戏，会影响儿童的智力发育，另外长时间坐在电脑前也会引起一系列的病症。而在心理健康方面，网络游戏中充斥着大量的暴力、血腥内容，这使长期沉溺在网络世界的青少年的人生观、价值观、世界观的塑造受到极其严重的危

害,青少年容易受到这些内容的诱导,从而造成行为模式方面的偏差,导致犯罪率的上升。

2. 网络游戏同质化现象严峻

尽管中国网络游戏产品结构正在不断完善,但同质化竞争仍非常严重,模仿和浮夸现象突出。《劲舞团》造就了久游以后,《热舞派对》《唯舞独尊》《劲舞世界》《超级舞者》《一起舞吧》等层出不穷。而大型角色扮演网游除了国外的打斗类游戏,就是中国文化题材的游戏,光是2007年就推出了19款三国题材的网游,其中不乏国内知名网游企业如盛大、九城、腾讯等。为了满足玩家多样化的需要,中国的网游产品从题材乃至类型上都亟待创新。网游同质化导致玩家兴趣降低,一定程度上阻碍了游戏市场的发展。

3. 网络游戏产业秩序混乱,缺乏自律和监管

私服(即未经授权许可私自设立的网络游戏服务器)和外挂(即位于网络游戏主程序之外,直接作用于网络游戏主程序,达到改变、限制、增强游戏功能的小程序)这两种现象在国内普遍存在,这对中国网络游戏产业的发展造成了极为不好的负面影响。私服打破了网络游戏的内容平衡性,且逐渐衍变为一种盈利行为,加速网络游戏盗版的猖狂,玩家在使用私服后,正规的网络游戏盈利周期延长,这无疑是网络游戏产业的巨大灾难。而较之于私服,外挂对网络游戏产业的影响更是有过之而无不及。其对于游戏功能、设定的修改,使得许多其他玩家失去了对网络游戏的信心,蒙受损失,权益失去保障,并给尚处在成长期的中国网络游戏产业造成了相当大的打击。为此,中国政府部门和业界人士应加大对网络游戏产业的监管力度,保障消费者权益,净化网络游戏世界,让中国网络游戏产业朝着良好的发展方向前进。

本章小结

本章主要对网络媒体进行相应介绍。门户网站和搜索引擎是我们打开互联网浏览查找信息的入口,由于人们查找和阅读的习惯、需求都在变化,门户网站和搜索引擎未来的发展趋势仍是值得关注的问题。网络视频发展到今天也在逐渐完善和改进,视频网站不再只是"买大片"而是尝试"拍大片",人人可以制作视频,人人可以消费视频,甚至不需要专业的工具也可以完成视频的制作和剪辑。微视频作为一种新兴事物,尤其引人注目,微视频往往融合了更有创意、更接地气的元素,引起人们的共鸣。而网络出版和云出版,则是出版界最近的热门话题,它们是对传统出版的颠覆,也是传统出版的衍生品,这样的讨论经久不息。不管怎样,网络出版对传统出版的影响意义深远,不仅是理念

的创新,还有整个产业链的变革。在我们这个多元文化的社会,必然有着多元化的生活,网络游戏虽然有其弊病,但也存在文化价值和商业价值,网络游戏作为文化产业的新兴载体之一,发展势头依然强劲。

思考与练习

1. 你最喜欢的门户网站是什么?结合实际谈谈门户网站对你的影响。
2. 结合实际谈谈搜索引擎未来将发生什么变化?
3. 结合实际谈谈你对网络微视频的认识。
4. 谈谈云出版的机遇和挑战。
5. 试析中国网络游戏的现状和面临的问题。

参考文献

[1] 宫承波.新媒体概论[M].北京:中国广播电视出版社,2011.
[2] 连枫.中国门户网站的发展现状分析[J].山西财经大学学报(高等教育版),2008(3):94-96.
[3] 赵枫,苏惠香.国内门户网站发展过程分析[J].现代情报,2005(12):69-72.
[4] 李峥嵘.论国内门户网站的发展策略[D].成都:西南交通大学,2002.
[5] 彭珺.门户网站的特点与发展趋势[J].企业导报,2009(7):68-69.
[6] 黄琳达.门户网站的竞争力研究——以新浪为例[D].武汉:华中科技大学,2005.
[7] 郭晓刚.个性化网络搜索引擎研究[D].长春:吉林大学,2010.
[8] 王娜.博客搜索引擎与传统搜索引擎的比较研究[J].图书情报工作,2006(7):54-57.
[9] 黄琛.十大著名中文搜索引擎的特征及其比较[J].现代情报,2006(1):69-71.
[10] 赵科,刘媛.试论网络搜索引擎的评价与未来发展[J].图书馆工作与研究,2003(4):57-59.
[11] 龙净林.网络搜索引擎的影响与未来发展研究[J].现代情报,2004(6):54-55.
[12] 王婵娟.专业搜索引擎之博客搜索[J].图书馆学研究,2009(6):54-56.
[13] 王长潇.国内网络视频传播的文化特征及其反思[J].当代电视,2012(2):56-57.
[14] 杜欣慧.网络视频传播过程研究[D].重庆:重庆大学,2012.
[15] 吴平.网络视频的社会化分享[D].哈尔滨:黑龙江大学,2014.
[16] 刘飞.网络微视频研究[D].长沙:湖南大学,2012.
[17] 谢菁.微视频的现状研究[D].济南:山东师范大学,2014.
[18] 苏静怡.中国网络视频的发展趋势及建议[J].重庆工商大学学报(社会科学版),2010(6):12-15.
[19] 曹芳华.微创意+微视频+SNS:品牌网络营销传播的长尾效应[EB/OL].[2011-06-30]. Http://column.iresearch.cn/b/201106/368550.shtml.
[20] 王利明.阅读驱动下的云出版发展走向[D].杭州:浙江大学,2014.
[21] 毕潜.基于"云出版"的出版和发行应对策略[J].出版发行研究,2012(11):60-62.
[22] 吕莉.论中国云出版的发展现状[J].新闻世界,2013(4):249-250.

[23] 汪全莉,徐志武.中国云出版:发展与问题[J].出版发行研究,2013(1):81—84.
[24] 姜天赟.网络出版研究[D].济南:山东大学,2007.
[25] 郑舜钦.网络出版中的版权保护法律问题研究——兼论中国传统出版业的转型[D].上海:复旦大学,2008.
[26] 傅春晓.中国网络出版的版权保护现状与对策研究[D].北京:北京印刷学院,2014.
[27] 田璟.中国网络出版产业发展状况及对策研究[D].武汉:武汉理工大学,2004.
[28] 朱壮文.中国网络游戏发展对策研究[D].北京:北京印刷学院,2005.
[29] 孙超.中国网络游戏产业发展策略分析[D].成都:西南财经大学,2006.
[30] 梁菲明.网络游戏运营模式研究[D].武汉:华中师范大学,2008.
[31] 尚慧.中国网络游戏产业发展现状研究[D].开封:河南大学,2009.
[32] CNNIC.CNNIC:2015年第35次中国互联网络发展状况统计报告——网络游戏市场发展状况[EB/OL].[2015-02-03].Http://www.199it.com/archives/326953.html

第三章 移动媒体

学习目的

1. 了解手机媒体的发展现状和手机出版所面临的问题。
2. 掌握社会化阅读平台的特征及传播模式。
3. 掌握车载媒体的发展现状和趋势。
4. 了解移动互联网时代的新现象和新趋势。

第一节 手机媒体

一、手机媒体的概念界定

匡文波教授在2003年对手机媒体下了这样的定义——"通过手机进行信息传播的工具"。伴随着研究的进一步深入，他将手机媒体的定义拓展为"以手机为视听终端、手机上网为平台的个性化信息传播载体，它是以分众为传播目的，以定向为传播效果，以互动为传播应用的大众传播媒介"。学者朱海松则从另外一个视角来看待手机媒体，他提出手机媒体是继报纸、广播、电视、互联网之后的"第五媒体"，即"基于无线通信技术，通过以手机为代表的移动终端，展现信息资讯内容的媒介形式，应用形式主要包括移动互联门户网站、手机报和手机杂志、手机电视、手机社会网络、手机微博、电子阅读、二维码等"。手机媒体的业务形态多种多样，不但涵盖了传统媒体的类型，更是开创了手机媒体所独有的媒体类型，手机二维码、手机支付、手机金融将媒体的边界拓展得更为开阔。但针对现状来看，传统媒体与手机媒体的结合似乎还停留在内容和形式的结合上，如何将两种媒体形式从理念上融合在一起，还有很长的路要走。

二、手机媒体的特征

（一）高便携性

手机有着其他媒体无可比拟的优点，相较于平板电脑和个人电脑，手机终端以其方便携带和实时联网的特性成为人们形影不离的设备，因此无论何时何地,受众都可以在第一时间收看、收听新闻信息。并且,很多手机的使用者将手机内化成自己的一部分,人们追求时尚的手机款式、个性铃声、开机画面、编辑格式等,手机成了人们生活中的一部分,是人性化的传播媒介。手机小巧、携带方便是其与生俱来的特质,这一特点虽然显而易见,但它的确是手机媒体发展的根本契机。

(二) 高普及性

从媒体理论的角度来看,衡量一个媒体是否具有竞争力的一个重要因素就是现实和潜在的受众,而对手机媒体来说,最不用担心的就是用户资源。2013年,爱立信发布移动互联网报告,全球智能手机用户在2012年超过12亿,预计将于2018年达到54亿人。如此庞大的用户群已经构成大众传播所必需的大量的分散的受众。拥有手机的人数是所有报纸读者人数的两倍多,手机用户也远远超过网民数。与国内发行量最大的报纸、杂志、点击率高的网站,以及客流量最大的车站、地铁等场所的户外媒体相比,手机媒体拥有数量更庞大,类型更广泛的受众群,普及度非常高。

(三) 高时效性

手机媒体的信息获取、传播、更新速度快,时效性强,范围广,限制因素少,而且更新成本低。手机媒体的传播和更新周期可以以分秒来计算,而电视、广播的周期是用天或时来计算,纸质媒体的出版周期则以天或周计算,纸质期刊与图书的更新周期则更长。手机媒体还具有即时接收和动态传播的特点,尤其是遇到突发事件时,手机媒体可以实现新闻的动态传播。"手机媒体"作为新型传媒,具有阅读方便、不受时空限制的特征,可以涵盖报纸无法涵盖的独特新闻时段——从夜间至凌晨发生的本地新闻,以及存在时差问题的、发生在西方的重大事件和体育赛事等。手机媒体依托传统媒体强大的采访能力,具有互联网无法替代的独家性和本地性,将与传统媒体产生很强的互补作用。

(四) 高互动性

所谓互动,指的是围绕新闻事件或某种消息,传媒与受众之间的信息双向沟通和传输,反映着受众对社会生活的关注度和参与度。互动性是"手机媒体"区别于传统媒体的核心特点和主要区别,是传统媒体无法企及的优势。传统大众传媒的重要特点是传播的单向性,无反馈或反馈较弱,而手机媒体的互动属于星状网络,在这个网络中,每一个手机都是传播体系中的一环,所有人都是平等的。因此,手机媒体不仅可给用户发送新闻,更可实现跟踪、报料收集、读者调查、读者评报、意见反馈等多方面的功能,为读者提供更多更方便的服务,实现更广泛、更迅速地互动。除了传统的收发短信及彩信外,手机的微信应用已成为人际互动的高效平台。2015年10月23日微信官方发布的《微信生活》大数据报告披露微信在一线城市的渗透率达93%。企鹅智库在曾发布的《首份微信影响力报告》中指出，62.7%的微信用户好友超过50人，且有57.3%的用户通过微信认识了新朋友或联系上了多年未联系的老朋友，可见手机媒体深化了人际互动，不仅具备直接和有针对性的一对一互动，还有广泛化的一对多互动。传统媒体建立在传者与受者相分离的基础上，相比之下，手机更能够实现两者的融合，体现互动双方或多方的平等。

（五）多媒体性

手机媒体具有集文本、图片、声音、影像于一体的多媒体功能。短信的收发使手机扩大了人际传播，真正具有了大众传播的功能，彩信的发展使传播具有了多媒体特征。人们可以通过短信轻松地与他人沟通，并且这种沟通具有即时性和互动性；通过短信定制服务，可以接受其所需要的新闻和资讯；通过短信可以进行大规模的大众传播，例如，在奥运会期间，越来越多的人愿意在观看电脑或电视时用手机关注奥运信息，以及观看体育赛事的手机直播。手机媒体运用多媒体传播方式，满足用户全方位的视听需求，在手机屏幕上，不仅实时更新体育赛事的新闻文本和图片，还配以大量的视频内容，让人们在关注多样化节目的同时，还能搜索周边信息。加之手机媒体的互动特性，用户可以在接收信息时同时进行信息的传播与分享，使得手机媒体的可视化、互动化、新奇化特点大大突出。文字短信、彩信、无线应用协议（WAP）和互动式语音应答（IVR）等丰富的表现形式使手机媒体可以发布图文并茂、音视俱佳的新闻信息，满足了用户的个性化需求。

（六）支付性

如今，越来越多的人在餐厅、超市、商场等场所进行手机移动支付，人们利用手机支付的方便快捷的同时，许多商家让用户扫描二维码微信支付，或通过支付宝支付，也使顾客享受到一定的优惠。手机支付作为商务交易的重要环节，支付环境的安全关系到用户的切身利益，为此，手机支付平台也在不断完善用户认证的有效性和信息的安全性，在保障便捷，提供优惠的同时，确保用户的资金安全。

三、手机出版

（一）手机出版的定义

北京大学的谢新洲教授在《数字出版技术》中对"数字出版"的定义如下："在出版的整个过程中，从编辑、制作到发行，所有信息都以统一的十进制的数字化形式存储于光、磁等介质中，信息的处理与传递必须借助计算机或类似设备来进行的一种出版形式。"手机出版是数字出版的一部分，所以有着与数字出版相似的定义。而学者黄朝琴则对移动出版作了介绍："移动出版是指出版社以移动通信设备为平台，进行图书选题策划、编辑出版、信息发布、宣传营销以及售后服务的新型出版形式。"在这里,出版社是内容提供商或文化事件的发起者,而移动通信设备则成为新型传播渠道,它将给受众带来极大的便利,也给出版业带来新的机遇。郭瑞佳认为,手机出版是以新的信息储存介质(手机储存卡等形式)为基础,将文字、图片、视频等信息经过软件处理、数据交换,在客户端(手机)存储,然后进行浏览、学习、使用的新型出版方式。因此,将手机出版界定为是具有合法出版资格的出版机构或者拥有合法地位的手机内容供应商或其他商业实体,以手机为载体,以移动通信网络为流通渠道,出版销售数字出版物的行为。[①] 中国人民大学的匡文波则认为,所谓手机出版,就是以手机为媒介的出版行为,是网络出版的组成部分与延伸。他认为手机出版产业链主要包括几个组成部分:内容提供、技术支撑、网络与运营、消费者,从构成及内容上讲是等同于网络出版的。而中国出版科学研究所在2006年度《手机出版产业年度报告》中则指出:所谓手机出版,是指将加工后的数字作品以无线通信技术为手段,按照特定的付费方式向手机用户发布的一种出版形式。

(二) 手机出版的类型

1. 无线音乐

无线音乐指由手机或移动互联网提供的数字音乐产品服务,包括手机铃音、手机彩铃、歌曲下载服务和流媒体服务等。目前,由于大部分手机可以通过多途径设置手机铃声,包括电脑上传或录音等方式可以免费获取手机铃声,因此,只有具有创意的手机铃声才可以吸引大量手机用户付费使用,优质的铃音内容应是决定手机铃声市场发展的重要因素。手机彩铃其实是个性化的回铃音业务,这种服务由被叫用户付费,主叫用户"受益",手机彩铃的种类十分繁多。在无线音乐的浪潮向前推进的时代,手机已成为人们首选的听歌终端,根据腾讯科技和企鹅智库在2014年发布的《2014年中国网民娱乐调查报告——掌心里的娱乐时代》,可以看出在移动音乐行业的变迁中,版权竞争激烈,各平台将独家的音乐作品作为重要卖点;产品的付费功能在逐渐普及,越来越多的用户愿意为高质量歌曲付费,在跨平台方面,用户能够在PC端和其他智能移动端选择。2012年,Sonos与腾讯合作,宣布在国内出售内置QQ音乐的无线家用音乐产品,即在网络支持下,通过电脑、智能手机就能与Sonos音乐播放器联结,利用多节点传输,让用户在云端欣赏音乐作品。为此,我们必须着眼于无线音乐的发展前景,抓住机遇。该报告指出,要"搭建音乐人推广营销平台,发展听歌之外的衍生功能,使移动端功能贴近使用场景,尝试新的商业模式以及音乐MV功能植入",可见要将无线音乐产业做大做强,仍有

---

① 郭瑞佳.手机出版:21世纪出版的新样态[D].成都:四川大学,2006.

很长的路要走。

2. 手机报

手机报以短信、彩信、WAP 和 IVR 等形式实现，是传统的新闻媒介与手机业务相结合的一种新媒体。目前，手机报尚缺乏比较权威的定义。中国互联网络信息中心(CNNIC)2009 年发布的《手机媒体研究报告》认为，手机报即是通过无线技术平台，以短信、彩信的形式把传统媒体的新闻内容发送到用户的手机上，用户可以在自己的手机上阅读订阅手机报的内容。① 手机报的主要展现形式有以下三种：一是彩信模式，用户通过定制彩信业务，内容提供商将每日的新闻内容以彩信的方式发送至用户的手机上，以供用户阅读浏览；第二种是 WAP 模式，手机报的订阅用户通过访问手机报的 WAP 网站，在线浏览信息，较之于彩信模式，该模式需要更多技术支持；第三种是客户端模式，即通过手机终端安装相应软件进行定制、阅读的方式。手机报主要是通过以下三种手段获利：第一种是对订制手机报彩信的用户征收订阅费；第二种是对浏览手机报 WAP 网站的用户依据使用时间收费；第三种是通过吸引广大用户的关注，获取广告费的收益。

3. 手机电视

手机电视以手机终端接受电视节目的信号，大致划分为两种类型：第一种类型的手机电视是基于移动互联网，采用流媒体的相关技术，以数据业务的形式传播手机电视的节目。在这种产业模式之下，内容提供商把电视节目提供给服务提供商，服务提供商再把带有广告的电视节目通过移动运营商的通信网络向手机用户播送。移动运营商可以同时充当服务提供商，与广告主进行合作，获取广告收入，或者是由移动运营商对产业链进行整合，移动运营商充当内容提供商。这样，在整个产业链之中，移动运营商就可以起主导作用，基本控制了手机电视节目的选择与播出，盈利主要是来自无线网络的流量费以及用户定制的业务增值服务费和广告费用。第二种类型的手机电视基于广播网络，采用了数字通信广播频谱上的多媒体数字广播技术，可以实现多点传送。此种类型的手机电视产业链是由广播服务提供商、广电运营商与移动运营商等共同构成。②

4. 手机广播

手机广播是用手机媒体来收听电台的广播节目的手机出版类型。手机广播可以划分为两种类型：一种是通过手机终端登录移动互联网点播或收听电台的广播节目，另一种则是通过手机中内置的 FM 广播调谐器收听电台的广

---

① 洪旋.中国手机出版运营模式研究[D].武汉:武汉理工大学,2012.
② 洪旋.中国手机出版运营模式研究[D].武汉:武汉理工大学,2012.

播节目。手机广播把广播媒体与手机媒体有机地结合在一起,此种传播方式的最大优势在于可以利用手机直接进行对话交流,在不同媒介之间,还可以进行多项互动活动。所以,手机广播领域已经是电信运营商与广播电台共同竞争的市场。对于电信运营商,手机广播是广播通信技术方面的一次重要创新,并且还带来了新的商机,受众也是手机广播的直接受益者。[①]

5. 手机游戏

手机游戏是指可以与手机终端相结合的手机服务功能。手机游戏可以划分为单机游戏与网络游戏。手机单机游戏指手机游戏用户不连入移动互联网,就可以直接在手机上操作的手机游戏,此种游戏多是人机对战。手机网络游戏是由多个玩家同时在线参与的手机游戏。网页型的手机网游,用户无须另外安装手机客户端的游戏软件,只需要登录移动互联网的相关网页就可以直接玩这种手机网游,而客户端类型的手机网络游戏需要用户的手机具备JAVA功能,并且还需要安装客户端软件才可以进行此种游戏。[②] 英国分析公司 Juniper Research 发布的 Future App Stores 报告显示,到 2017 年,全球智能机和平板应用消费将达到 750 亿美元,而游戏则占 32%,即 240 亿美元。

(三) 手机出版所面临的问题

1. 产业价值链不成熟及盈利模式不清晰

目前,中国的手机出版产业链包括技术和平台服务商、设备制造商、移动运营商、内容服务商、增值服务提供商、终端手机制造厂商以及最终用户等,产业链结构太长,利益分配相对复杂。一方面,中国的无线互联网接入服务商(中国移动、中国联通等)在合作过程中处于绝对的垄断地位,移动运营商在手机出版产业链条中是绝对的主角,其他都只是"陪衬"而已。一个产业的发展需要产业链上各个环节的共同合作,绝不能一家独大,这样势必会破坏产业的生态链,无法实现良性发展。作为"卖场"的提供者,他们几乎可以随意选择与哪些服务提供商、平台服务商、内容提供商等合作,可以对手机出版物自主定价。这种模式的直接后果就是手机出版物的内容同质现象非常严重,再加之缺乏第三方监管导致的行业生态混乱,最终势必会导致整个产业链的不均衡发展甚至畸形发展。[③] 另一方面,对于内容提供商而言,由于利益格局分配不均等,积极性不高,而作为内容资源聚集地的传统出版社,缺乏对数字出版,特别是手机出版的研究和认识,往往只是通过将传统出版社内容进行简单的"复制粘贴"的方式参与手机出版。另外,内容的真实合法性也是内容提供商面临

---

① 洪旋. 中国手机出版运营模式研究[D]. 武汉:武汉理工大学,2012.
② 同上.
③ 许曼. 手机出版的传播学思考及其发展研究[D]. 西安:西北大学,2008.

的重要问题。虚假非法信息极大制约手机出版的公信力和影响力,而对于其内容的真实合法性监管,更需要政府部门、相关技术保障及公众支持三方参与。盈利的真正实现应该是内容提供商、服务提供商和移动运营商三方合作的结果,要以多种方式与产业链中其他环节进行高度协作和紧密合作,整体化快速响应市场,才能提高整个产业链的运作效率和竞争能力。

2. 内容匮乏及同质化问题

当前手机出版存在的普遍问题是内容匮乏与同质化严重。中国手机网站内容比较贫乏,传统媒体对手机出版的重视不够,手机原创文学刚刚起步而形不成气候,大部分手机出版的信息来源都依附于传统媒体或者互联网,把报纸内容经过选择、压缩再翻版到手机上。以手机报为例,目前市面上的手机报大多是传统报纸的"文摘",只是在形式上稍做改动。这实际上是把手机报置于与传统报纸同质竞争的地位上,面对传统报纸内容详尽、价格低廉的优势,手机报根本无法与之竞争。另外,由于手机屏幕显示文字数量有限,手机小说很少使用标点符号,文章紧凑,节奏感强,而今天的报纸形式、文章长度甚至语言习惯都并不符合手机快速、简洁的传播方式,还不具有手机出版的特色。在强调"内容为王"的传媒竞争时代,手机出版的竞争力自然弱化。[①] 然而,造成该局面的主因在于利益分成不均衡,由于内容提供商在整条产业链中获得的利润太少,因此对内容资源的开发挖掘及整合少有积极性。手机出版是个新兴产业,要想在整个出版产业占据一席之地,就必须有创新,特别是内容的创新,从某种意义上来说,手机出版的竞争,本质上不是技术的竞争,而是出版内容的竞争。个性化的信息产品和娱乐产品开发成为无线互联产业内容发展的重中之重,新鲜好看并且能持续刺激用户使用的业务将成为最大的卖点。因此,内容建设仍是摆在手机出版面前的一大课题。[②]

3. 手机出版人才资源相对短缺

人才是一个行业发展壮大的必备要素。不同于传统的出版业,数字出版特别是手机出版业仍方兴未艾,加之手机出版的管理人员、相关技术从业人员需要有一定的计算机专业技术知识,需要对手机出版物的制作、产业链运作和盈利模式有一个清晰的认识,因此,手机出版业亟须既了解出版业专业知识,又能涉及经济、计算机方面的复合型人才。为此,各大院校应适应时代发展需求,积极努力培育适应出版业发展需要的人才,出版业也应广泛吸纳人才资源,为产业良性发展做必要的智力准备。

---

① 许曼.手机出版的传播学思考及其发展研究[D].西安:西北大学,2008.
② 同上。

4. 版权保护体制不够健全

国内数字音乐市场的现状反映了整个手机出版产业面临的一个严峻的问题。无论是手机音乐,还是手机小说、手机游戏等出版活动,只要提供了极具定制化和个性化的内容,都会涉及版权问题,而目前中国对版权的保护手段仍停留在初级阶段,运营商无法确保内容提供商所提供内容的版权真实可靠;同时内容提供商也无法监控运营商和用户规范地传播其出版物而保证其不被非法复制。① 以手机音乐出版为例,音乐版权,自始至终都是音乐服务提供商不得不面对的关键问题,在收费方面,收费用户较之于免费用户,数量仍不占优势,呈现"八二效应",即百分之八十的利润源于百分之二十的用户,但利润仍不足以支付高昂的版权费用。另一方面,由于版权保护技术的局限和意识的薄弱,唱片公司的音乐常为手机运营商无偿使用,导致唱片销量下降。所以,手机出版的版权问题必须得到合理解决,只有对个性化、原创性的信息内容予以版权的保护,才能迎来手机出版产业的良性发展。

第二节 平板媒体

一、平板电脑的发展

平板电脑是笔记本电脑和智能手机的融合,是一种小型的、方便携带的个人电脑,以触摸屏作为基本的输入设备。它拥有的触摸屏允许用户通过触控笔或数字笔而不是传统的键盘来进行作业。用户可以通过内建的手写识别、屏幕上的软键盘、语音识别或者一个真正的键盘输入信息。苹果公司在设计iPad平板电脑时正是将其定位介于笔记本和智能手机之间。平板电脑并非2010年才出现,其发展已有二十多年时间。早在20世纪60年代末,来自施乐帕洛阿尔托研究中心的艾伦·凯(Alan Kay)提出了一种可以用笔输入信息的叫作Dynabook的新型笔记本电脑的构想,业界公认这是平板电脑的原始构想。最先出现的平板电脑是于1989年9月上市的用于商业的GRiDPad,由GRiD Systems制造。它的操作系统基于MS-DOS,但由于技术门槛、成本等原因未能得到广泛应用。1991年,由Go Corporation制造的平板电脑Momenta Pentop上市,重达3.2千克,价格为5000美元。1992年,GO推出了一款专用操作系统,命名为PenPoint OS。② 1993年,苹果公司推出Newton,定位在PDA(个人数字助理)上,然而,Newton的销售却不尽如人

---

① 许曼.手机出版的传播学思考及其发展研究[D].西安:西北大学,2008.
② 王赛男.纸媒体与平板电脑的融合——以平板电脑iPad为例[D].江苏:苏州大学,2012.

意,1994年,在总结其他PDA失败教训后,Palm PDA定位在与PC数据交换电子名片功能,1995年,HP公司推出PAQ4700,使这款PAD成为当时的巅峰之作,售价同样令人咋舌,高达7000美元。2000年,微软推出具有现代平板电脑意义的Tablet PC,并在两年后的12月,中文版的Windows XP Tablet PC Edition进入中国市场。2001年,康柏展示了一款带Windows的Tablet PC原型。同一时期,一系列不同种类的平板电脑产品问世,包括东芝、微软、惠普、优派、宏基等笔记本电脑厂商纷纷推出Tablet PC产品,均采用Windows XP操作系统及手写识别技术,来面向高端商业用户。由于当时的技术和环境的局限性,未受市场青睐。2007年6月29日苹果公司凭借其前瞻性的眼光,在美国正式发售iPad平板电脑,在硬件上突破技术限制,再加上续航能力的优势,简易个性的操作界面,良好的用户体验与时尚大方的外观,用户反应强烈,"果迷"(苹果公司的粉丝)的数量剧增,极大地推动了平板电脑市场的发展。2011年2月,谷歌推出了专门用于平板电脑的Android3.0系统。2011年3月11日,苹果公司趁热打铁推出iPad2,再一次引发了购买狂潮。除了个人购买的动力,企业购买也成为热点。2011年年底,美国市场研究公司NPD Group最新调查显示,美国73%的中小型企业打算在未来12个月内购买价值数万美元的平板电脑。平板用户急剧增长,引起了各行业的关注,而平板电脑用户对于新闻的态度更是让与平板电脑一脉相承的传统媒体表现出高涨的热情。[①] 同年8月9日,联想A1的7英寸平板将价格降至1000元,破除了以往iPad2/Android3.0平板保持在3000元以上的价格阶段,11月,首款基于四核心Tegra3处理器的平板电脑推出,平板电脑从此进入四核时代。苹果公司方面,在2012年3月和10月分别推出New iPad和iPad4,而后2013年10月和2014年10月又推出iPad Air和iPad Air2。

二、iPad对纸媒的影响

(一)iPad为纸媒的发展拓展了新的空间

相较于智能手机,iPad的屏幕更大,而较之于个人电脑,iPad更方便携带和使用,此外,iPad能够在一定程度上还原纸质阅读的乐趣,能提供包括文字、图片、广告等一系列纸媒所提供的内容,加之iPad通过触摸屏的方式让用户享受熟悉的纸媒翻页体验,使得其具备包括报纸、杂志、图书等一切纸媒所具备的版式和内容。同时,除了便捷与独特的阅读体验,其巨大的市场潜能和移动付费阅读盈利模式在一定程度上激发并拓展了纸质媒体的发展空间。

---

① 王赛男.纸媒体与平板电脑的融合——以平板电脑iPad为例[D].苏州:苏州大学,2012.

（二）iPad 促进纸媒阅读方式的变革

除了敏捷的触感以外，iPad 不仅能完美呈现"原汁原味"的纸媒内容及阅读体验，还能通过将内容呈现方式多样化、个性化及音视频播放立体化，实现用户阅读方式的转变，一方面，iPad 通过增设大量视频、动画、声音等多媒体效果，增添用户的阅读乐趣，运用特效技术，融合纸媒与新媒体，打破其界限；另一方面，使用 iPad 阅读文本，满足用户的分享喜好，并能随时对文本内容进行评论和传播，实现互动性、个性化阅读。

（三）iPad 为纸媒提供规范化交易支付平台

iPad 成功建立了一套规则清晰、行之有效的运作模式，改变了纸媒的运营思路及服务方式，并为阅读付费及广告找到了突破口。2015 年第一季度，运作 iOS 系统的设备占全球移动支付的 65.0%，其中，iPhone（34.3%）和 iPad（30.7%）平分秋色，可见，iPad 在支付领域有着较深厚的行业基础，iPad 基于移动平台采用的客户端应用模式，加深及固化受众的支付习惯，通过后台的数据分析及智能算法，对用户的行为模式做深入细致的分析，合理精准地推送满足用户喜好的信息内容，抢占市场先机，占据市场优势。

三、纸媒入驻 iPad——社会化阅读平台的新变化

新媒介硬件丰富了阅读的通道，很容易接入传统媒体提供的信息资源。iPad 问世后不久，传统媒体迅速与新型平台合作，将纸媒的信息内容、iPad 形态和付费阅读及新型商业模式融于一体。传统媒体认识到移动终端的巨大能量，中国众多报刊也开始实行 iPad 战略，纷纷推出免费 iPad 版。这些在 iPad 上落户的中国报纸杂志，有的是由报纸杂志网络版、电子版移植而来，也有适应 iPad 要求推出的量身定做版本。就阅读体验而言，用户可以直接阅读文字和图片新闻，感受纸质报纸杂志的版面风格，也可以获得相关的视频、音频动画等多媒体信息，同时通过数字方式体验数字阅读的便捷，还可以通过互动平台以留言、发邮件、微博等方式直接在 iPad 上发表阅读感受。Cooper Murphy Webb 在 2010 年 8 月发布的数据显示，英国有 31% 的 iPad 用户使用 iPad 阅读报纸杂志，超过电脑（26%）和印刷品（24%），成为用户阅读报纸杂志的首选方式。对此，iPad 已经改变了人们的阅读方式和阅读习惯。iPad 以其独特的使用界面和个性化交互式的用户体验占据牢固的市场份额，有成为用户阅读最主要途径的趋势。另外，艾瑞咨询还指出，用户热衷于使用 iPad 进行内容消费而非内容生产，因此，内容生产提供方应合理优化内容并投放广告，以赢得更多用户。

iPad 实现传统报纸杂志与新媒体的无缝融合的同时，还将传统纸媒的内容以一种更为吸引人、更为个性化的方式展现在用户的眼前。不仅如此，iPad

打破了传统媒体内容生产、制作、传播的单向链条,使得交互传播、关系型、社区型阅读得以实现。对于如今的用户而言,阅读方式不像以往的直线型阅读,而是依托社交网络,呈现网状型阅读态势。

Sobees 是一家专注于将 Twitter、Facebook 和社交搜索等内容带入各个平台的公司。2011 年 1 月,该公司推出了一款名为 News Mix 的 iPad 应用,即可以通过杂志的形式展现好友的分享内容和 RSS feed。同 Flipboard 类似,该应用能让用户创建一份杂志,并对其内容进行分类,并将来自 Facebook 和 Twitter 的内容以时间线(timeline)的方式呈现出来。

(一) 社会化阅读平台的新特点

1. 从阅读方式看,社会化阅读是分享式的阅读

移动互联网时代,阅读产品在向用户提供阅读文本的同时,必须能够有供读者分享、评论、转发的一系列设置,这已经成为标配。阅读的价值不再仅仅是阅读的本身,还在于读者将感兴趣的文本或其相应的评论进行二次传播乃至多次传播,并在传播的过程中实现与他人互动,在互动中使价值不断扩大。诸如 Flipboard 和 Zaker,以及豆瓣一刻的 APP,鲜果网等阅读软件都支持用户将文本进一步分享到自己的社交网站,一方面提升用户的参与度,提升阅读文本的传播效率,另一方面通过用户的分享行为,让自身媒介产品的品牌更活跃于那些拥有众多用户的社交网站中,提升产品的知名度。

2. 从用户角度看,社会化阅读是个性化的阅读

2013 年 4 月,中国人民大学舆论研究所对手机用户的上网行为采用配额抽样的方式进行调查,有效样本数量 512 人,将其中的社会化阅读产品用户进行单独研究,得出目前社会化阅读产品的核心用户是:"22～40 岁、一二线城市、本科以上以及脑力劳动者。"这类群体的平板电脑和智能手机的拥有量和使用量都是较高的,是移动设备的主要用户,而社交化的阅读应用 APP 恰恰是以智能移动终端为载体的;同时,这类群体喜欢追求个性,用户愿意读自己真正想读的,主动寻求阅读文本,喜好订阅和下载自己喜欢的内容,还能够主动发表自己观点,不随波逐流,彰显自己的个性。

例如 Flipboard,允许用户创建杂志,开放评论点赞,新增用户内容源频道,强化搜索。这些无一不是指向一个更为无缝的订阅—阅读—再发布闭环体验。虽说是创建杂志,但收藏即发布的体验其实是非常讨巧的有取舍的设计。Flipboard 并没有试图让懒惰的人们去创造内容,而是基于自己良好的排版技术积累,提供一种对现有内容简单剪裁即可让内容以不错观感重新呈现的方式,以满足人们对内容的拥有感和占有欲,同时开放对自建杂志内容的订阅、评论点赞,迎合人们的创作满足感。

3. 从技术层面看,社会化阅读是跨平台的阅读

社会化阅读的核心是互动。这种互动不但包括了人与人之间的互动,还包括人机互动,打破终端之间无法共享的障碍,实现跨平台阅读。注册后,用户可以在自己的手机、平板电脑和 PC 版本同步自己的阅读情况,无论存在多少媒介和终端,都能将其中文本内容汇集到同一个后台数据库,与同一群人浏览、分享同一内容。Flipboard 将不同的内容进行聚合,不再需要读者为了不同的内容购买和使用不同的媒介和终端,而是希望达到手持一种媒介和终端,便能浏览所有格局的效果。这给用户带来了更大的便利,节约了金钱和时间。

4. 从阅读终点看,社会化阅读是关系型的阅读

不同于传统阅读以单一的获取信息为目的,社会化阅读在信息获取的基础上打通各类社交网站,通过层层传播,形成文本和关系的网状链接,将具有共同兴趣爱好的人集聚在一起,贡献群体智慧,进行分享交流。不论是互动式社会化阅读还是分享式社会化阅读,都是建立在社会化阅读关系的基础之上。而也只有不断的加深关系,增进交流,社会化阅读才能发展壮大。

例如,Flipboard 用户在创建自己的杂志时,通过"＋"号将感兴趣的内容归类在自定义的杂志中,这些杂志通过 Web 工具进行编辑,同时分享给自己的好友或者其他 Flipboard 用户,或设为私密供自己浏览。同时,这些杂志也支持多人编辑,用户可以找几个跟其"臭味相投"的好友,共同制作同一本杂志,在此过程中不断加深用户之间的联系。当然,通过用户自己制作杂志的方式,不仅能够将平台上的内容重复利用,提高优质内容的曝光率,同时,对于出版商、品牌和广告商来说,自制杂志也是一种新的营销手段。

(二) 社会化阅读平台的传播模式

2011 年,借鉴 Flipboard 的算法和模式,国内外社会化阅读应用平台风生水起。Zite、鲜果联播受到用户热捧,网易、腾讯等门户网站也纷纷推出网易云易读等自己的社会化阅读应用。到 2015 年 11 月为止,单就国内手机下载市场应用"豌豆荚"为例,用户在"豌豆荚"平台的 Flipboard 安装量就达到 2933 万次,Zaker 的安装量是 729 万次,鲜果为 150 万次。

1. 社会化阅读平台采用内容聚合与个性推介的传播模式

内容的聚合:社会化阅读平台的内容主要来自 Facebook、Twitter、新浪微博、知乎等报纸杂志和社交网站,然后按照读者的喜好进行聚合,并重新排版,按照杂志的版式呈现内容给用户。

个性化推介:用户在接受社会化阅读平台所提供的阅读文本后,根据自己的喜好需求,对文本进行评论,或者转发分享到自己的社交网站,这些行为可以为社会化阅读媒介的后台技术抓取和掌握相关数据,并利用获取的数据对用户的使用行为、价值偏好进行推断和取舍。当然用户也并非一定要关联到自己的社交网站账号,在不关联的情况下,社会化阅读媒体可以根据用户在该应用上阅读文章后对文章的评价、阅读时间的长短、文章所属话题、文章长度等对用户进行喜好的估算,并为用户推介可能会感兴趣的信息内容。

2. 社会化阅读平台采用层层反馈方式分享信息内容并扩大阅读文本价值

社会化阅读平台是通过层层反馈形成信息内容的分享,并在分享的过程中进一步扩大文本价值的。由于社会化阅读本身就是一个集分享、个性、跨平台为一体的"关系"型阅读,社交性体现在整个社会化阅读的方方面面。使用社会化阅读平台的用户会将自己喜欢的文本转发或分享到自己的社交平台上,而这群用户"关系圈"内的部分好友会对其进行转发并发表评论反馈给初次转发的用户。这种反馈是层层进行的,阅读文本在每一层的分享互动中都被不断地阅读,消费该文本的用户越多,文本的传播面越广泛,文本的价值越大。

案例 3-1

Flipboard 是一款免费的 Android、iOS、WP 应用,针对 Facebook 和 Twitter 等社会化媒体上的内容进行整合,再通过杂志阅读的形式呈现给读者。将来自 Twitter 和 Facebook 的用户分享内容重组,以媒体的形式展示,带给用户全新的社会化阅读体验。Flipboard 作为专属个人的随身社交杂志,以快速、美观的方式为用户展示新闻、照片、视频和社交网络上的新鲜事,备受全球上百万用户青睐,2010 年,被 Apple 评为"年度最佳 iPad 应用程序"(iPad App of the Year)。首推的 Flipboard 中文版本为中国用户定制"极致"阅读体验,涵盖全面本土化内容,例如新浪微博上的分享以及人人网上的好友及家人的新鲜事。

Flipboard 定位点在社交,并将信息融合与发布主要建立在与各类媒体、出版供应商之间的深度合作。在国外,Flipboard 与《纽约时报》《华盛顿邮报》《纽约客》有密切的合作。此外,国外的 Facebook、Twitter、Instagram 等社交平台也是 Flipboard 重要的内容源。而在中国,Flipboard 积极与新浪网一起合力推出自己的产品,并与《头条新闻》《南方周末》《中国日报》等国内的大报建立积极的合作关系,此外还收录了国内用户活跃度较高的知乎、人人、微博、果壳网等精选内容,实时更新在 Flipboard 的主页面。另外对于英文资讯 Flipboard 的涉猎范围也比较广泛,例如《国家地理》的英文版,时尚杂志 ELLE Magazine 以及国外著名的游戏类网站"Kotaku"。

> Flipboard在功能体验方面除了内容聚合和社交分享以外,最大的亮点在于实现了用户创建属于自己的杂志的可能。用户在浏览Flipboard时,对于喜欢的文章可以点击右下方的"＋"号,便能够将文章收录到自己定义的杂志中,每位用户可以创建多本杂志,杂志的名字、封面、属性、是否公开等描述项完全由用户自己设定。不同于其他社交应用的"喜欢"或收藏,Flipboard将用户感兴趣的文章分门别类为专属自己的杂志,并且同步到用户自己的社交网站,满足用户的分享感和归属感。

第三节 移动车载媒体

一、移动电视的概念

移动电视指以数字技术与信息技术、通信技术为支撑,通过无线数字信号发射、地面数字接收的方式播放和接收电视节目内容,常安装在城市交通工具上,如地铁、公共汽车等,使观众可以在移动状态下收看到信号稳定、画质优良的电视节目。移动电视是数字电视的一种,与地面无线数字电视密切相关。地面无线数字电视的优势在于可以实现移动和便携接收,其本质是地面无线数据的传输。因此,经过简单改进和便携式接收终端配套,就可以实现手机电视和其他移动增值业务。地面无线数字电视所服务的对象包括固定接收人群、便携接收人群和移动接收人群。

移动电视的移动性主要体现在两个方面:一是终端移动性,例如将接收终端安装在公交车等交通工具上,二是个人移动性,与多媒体通信相类似,移动电视可以进行交互式操作,例如互联网接入、VOD点播和网络游戏等,所以移动电视在很大程度上是全新的宽带通信传播媒体。

二、交通移动媒体的类型

(一) 公交类移动媒体

公交类移动媒体是指使用数字传播技术、能在公交车上同步接收广播电视机构播放的节目的车载广播电视媒体。这类媒体在中国乃至全世界都只有几年的历史。2001年移动电视技术首先在新加坡投入商用,2002年4月在上海的公交车上试安装了国内第一台移动电视,随后中国的移动电视网络规模迅速扩大。[1]

---

[1] 王纪伟.浅析交通移动媒体[J].科技传播,2010(7):8—10.

（二）列车类移动媒体

列车类移动媒体主要是指安装在铁路客运列车内、以铁路乘客为接收对象的广播电视媒体。中国是世界上铁路旅客最多的国家,每年发送旅客人次以10亿人计。庞大的客流量显然是列车类移动媒体、特别是移动电视媒体发展的强大动力。2004年以来,中国以北京、上海、广州为核心,依托贯通全国的铁路网络,在全国近500列空调列车上安装了8万多台高清晰度液晶电视,列车网络贯穿全国30个省、自治区、直辖市,覆盖500个经济活跃城市,目前已构建起一个全国性的列车类移动电视媒体网络。[1]

（三）地铁类移动媒体

地铁类移动媒体主要是指安装在城市地铁车厢中、以地铁乘客为接收对象的广播电视媒体。虽然受到中国建立地铁客运交通系统的城市数量限制,地铁类移动媒体的发展远没有像公交电视和列车类电视那样普及。但从2005年10月北京地铁移动电视首车成功试播开始,到目前为止,中国已经在8个经济最发达城市的28条地铁上安装了34000多个电视终端,而正在建设的地铁线路上也已经做好安装架设准备。[2]

（四）航空类移动媒体

航空类移动媒体主要是指安装在民航飞机机舱内、以飞机乘客为接收对象的广播电视媒体。飞机机载广播电视媒体可分为闭路播放和开路接收两种。闭路播放的广播电视媒体早已存在多年,而实时播放的数字广播电视媒体的发展时间则不长。[3]

三、车载移动电视存在的问题

（一）技术层面

1. 技术标准不统一

各个城市所采用的技术标准五花八门,包括欧洲 DVB-T、清华同方 DMB-T、上海交通大学 ADTB-T 和韩国 DMB 等。2006年8月,清华同方 DMB-T 和上海交通大学 ADTB-T 的融合方案 DMB-TH 被确定为中国数字地面电视广播强制性标准,DAB 也被推荐为数字音频广播的行业标准,并已经有了自己的移动多媒体广播行业标准 CMMB(S-TIMI)。从技术角度看,这三种标准均可向车载移动终端传送电视节目,到底采用哪一种车载移动终端还需要国家统一规定。

---

[1] 王纪伟.浅析交通移动媒体[J].科技传播,2010(7):8—10.
[2] 同上.
[3] 同上.

2. 技术手段不成熟

由于移动电视装置是在城市的高楼大厦之间快速移动,移动电视的接收条件还有待完善。在车辆行驶的过程中,公交车前进中抖动,或刹车、加速都会给电视画面造成影响,如马赛克、声画不对位等问题。在车辆急速加速或者拐弯,或者通过隧道等封闭性建筑时,信号接收不够稳定,会出现类似碟片卡碟的情况,引起短暂的马赛克或者音画的停顿。此外,目前使用的移动电视抗震能力较差,故障率较高,加上楼群、高架桥阻挡等原因,往往会出现黑屏和信号中断等故障。声音信号不稳定、不清楚也是车载移动电视存在的问题。

(二) 内容层面

不少城市的公交车载移动电视在节目编排上没有很好地考虑受众分散性和短时间接受的特点,无法确保节目的时效性、实用性和互动性,难于满足快节奏的都市人群对资讯和娱乐的需求,加之运营商对节目的策划、研发、创新等不够重视,在国内移动电视中还很难看到,独具魅力又符合公交车载移动电视传播特点的节目形态和样式。

公交车载移动电视的产生与发展是市场化运行的结果,它的商业性质决定了它的运营模式和盈利途径,广告盈利成为公交车载移动电视的追求目标。通过对多个城市节目样本的分析,我们发现广告内容的播放时间长、频次高,有时甚至占到节目播出总量的一半以上,而正常的新闻资讯、服务类电视节目信息量则严重不够。在大量的广告信息包夹下,节目内容显得凌乱、松散,虽然公交车载移动电视在封闭的车厢内有强制收视的意味,但过浓的商业味使实际传播效果大打折扣。公交车载移动电视作为新兴的媒体,是否需要加大监管力度,坚守媒体的社会责任,主动参与公益性活动的策划,值得业界思考。

(三) 环境层面

公交车内嘈杂混乱的环境不利于乘客接收信息,尤其是大量的广告信息,效果非常不理想。从视听接收效果看,现在大多数公交车载移动电视终端都安装在驾驶员座位后部、靠近车厢前部的位置或公交后门位置,但由于大部分的乘客都是站在车厢中的,电视屏幕被遮挡的现象十分普遍,这必然影响到影像传播效果,使乘客只能通过声音接受信息。但移动电视自身音响设备的不完美,道路上车辆之间的干扰噪音、汽车的发动机噪音、开关门时的声响、车上乘客交谈说话的声音以及车辆报站提示语音等都直接影响移动电视的传播效果。除环境的嘈杂,手机也成为另一种"噪音源",在公共交通环境下,越来越多的人做"低头族",注意力全被手中的手机吸引,只顾忙着看自己的手机,鲜少有人认真观看移动交通媒体所播放的信息内容,对于大部分人来说,车载移动电视似乎成为一个可有可无的摆设。

四、车载移动电视的前景展望

（一）技术手段更加成熟

技术层面上，车载移动电视凭借数字电视的无线方式传输，在传输电视信号上具有高画质、高音质、多频道、高性能等独特优势，画面清晰、接收稳定，已基本消除了模拟电视时代因传输问题产生的屏幕雪花、重影等现象。

（二）内容上打造传统电视的"搜索频道"

车载移动电视可以充分利用自身巨大的受众市场优势，和自身以移动为载体的特点，与传统电视的节目进行融合，对电视台的节目精加工。可以通过对电视台的节目进行预告的方式，把自己打造成传统媒体的"搜索频道"，实现与电视台的互补。这样不但可以提高节目的收视率，还可以带动自己的品牌建设，改变在受众心中仅是"广告播出器"的印象，提高受众的满意度。

（三）利用"时间差"捕获受众的"近因效应"

由于车载移动电视的收视时间与传统媒体有明显的互补性，所以可以引进电视台黄金时间以后的节目，进行整合加工，放到第二天自己的黄金时段播出。这种"打时间差"的办法，不但丰富了自己的节目内容，并且可以捕获受众的"近因效应"，在"第一时间"与受众进行接触，满足受众的信息需求，从而提高自身的美誉度。

（四）借助网络、手机等互动平台，加强受众互动

车载移动电视还应该要加强与受众的互动，而不仅是单向传播和灌输信息。移动电视可以借助其他的媒介形态，形成与受众的互动。移动电视可以联合网络和手机等互动性较强的媒体，实现互动，来弥补自己单向传播的缺陷。这里不仅包括受众的反馈信息，还包括设置更多的互动节目。这样可以提高受众的参与度，也可以提升品牌的知名度。比如公交移动电视可以和手机结合，提前让受众在乘车的时候去关注。通过与受众的互动，形成情感上的交流，进而为媒体塑造品牌形象，促进信息的有效传播。

第四节　移动互联网时代的新现象、新趋势

一、移动互联网的概念

目前，还没有准确的移动互联网的范畴，通常理解为以移动通信网作为接入网络，以移动终端作为媒介，来获取和处理信息及服务。全球IP通信联盟给出的定义是，移动互联网是以宽带IP技术为核心，可同时提供话音、传真、数据、图像、多媒体等高品质电信服务的新一代开放的电信基础网络。简单来

说,移动互联网就是通过手机、平板电脑等便携式智能设备实现网络联通,来随时随地地获取信息和服务。移动互联网是未来互联网的发展趋势。

二、移动互联网的属性特征

(一) 移动性

移动互联网的移动性主要表现在两个方面:第一,终端设备的移动性。目前被广泛采用的终端设备,如智能手机、iPad、上网本都具有体积小、相对轻便的特点,并具有一定的续航能力。正是因为其移动的特性,使得人们在日常生活、学习、工作和娱乐时能随时便捷地携带移动终端。且大部分移动终端都体型小、重量轻,无论男女老少都能随时接入移动互联网获取信息、处理事务、休闲娱乐。第二,在于移动的同时也可以接入互联网。传统互联网需要个人PC通过调制解调器拨号由有线宽带接入,而随着无线网络的大面积覆盖,移动终端的无线接入成为可能,移动互联网的接入方式主要有以下两种:一是便捷式电脑通过无线调制解调器连接。二是手机、Pad等通过无线上网卡或手机卡直接接入互联网。移动性是手机这一最为重要的移动互联网终端最为核心的特质。在移动网络方面,表现为可以提供定位和位置服务,具有支持用户身份认证、支付、计费结算、用户分析、信息推送的能力等。对于移动性的另一层理解便是伴随性。手机一度被称为"带着体温的媒介"。在地铁、公共汽车等公共环境中,人们使用手机终端的频率远高于PC设备,这也是PC设备所不能企及的,即即时沟通与获取信息比PC设备更为方便,加之4G网络的到来和兴起,其超高的数据传输速度也为人们利用手机终端提供了良好的技术支持。

(二) 即时性

如今社会信息化速度异常迅速,任何一件事情的发生都可以通过各种社交类平台迅速传播开来,并引起广泛的社会讨论。如今的微博,是微博客(MicroBlog)的简称,是一个基于用户关系的信息分享、传播以及获取的平台。用户可以随时随地地发布、转发、评论、点赞微博,而微博作为一个开放的平台,能将最新、最热门的资讯以最快的方式传播开来,突破时间和空间的限制,还能形成热门话题,让更多人参与讨论。"微博"正式进入中文上网主流人群视野是从2009年8月份中国最大的门户网站新浪网推出"新浪微博"内测版开始。新浪微博也是目前国内用户数最大的微博。

(三) 碎片化

"所谓碎片化,就是社会时间的零碎化、弹性化,从而产生协调、分配问题,以及时间压迫的认知体验。"根据CNNIC2013年10月发布的《中国手机浏览器用户研究报告》显示,手机用户使用手机浏览器较为频繁,75.6%的用户每天都在使用,其中,63.3%用户每天使用多次。从手机浏览器使用市场来看,平均每次使用手机浏览器时长为10～30分钟,占比为33.1%。在信息碎片化已然成为我们生活写照的今天,手机作为人们普遍使用的移动终端,穿梭于人们日常生活的各种碎片化时间中。互联网时代,越来越多的人通过微信公众号、微博或其他各种平台摄入信息,断断续续地进行碎片化阅读。这不单纯只有负面作用——使人们的时间被各种工作、学习、社交压榨成碎片,使人们难以挤出时间进行系统性阅读,还有正面的原因——因为人们希望利用日常琐碎的时间充实自我,在获得信息接收上的满足的同时消遣娱乐。

(四) 社交化

如今各类社交平台,如微博、微信、Facebook、Twitter等均在蓬勃发展,充分满足人们的社交需求,并且还在积极开展各类社交活动,吸引更多用户的关注和参与。而新闻客户端、报纸杂志等APP也都支持分享、传播等社交功能,可以说,现在已进入一个全民娱乐、全民社交的时代。

三、中国移动互联网用户行为分析

根据艾瑞咨询《中国移动互联网用户行为研究报告》,首先在用户属性方面,移动用户男性比例更高,中老年龄段用户移动智能终端普及率提升。2013年,中国移动网民中男性占比65.1%,女性占比34.9%。相对于2012年,2013年男性占比近乎女性的两倍,男女性别比例差距逐渐增大。智能终端上网用户主要以26～35岁为主,占比超过整体的一半,达50.7%,同时,19～25岁及36～45岁的青壮年用户占比也较高,合计占比为42.4%,主要用户群体仍呈现年轻化的特点,以手机为主的移动智能终端用户上网也开始逐步渗透到年龄偏大的人群当中,移动网民构成逐渐趋向成熟化。高学历及白领阶层用户占据整体移动互联网的"大半边天"。2013年,大学本科用户人群比重达51.5%,大学专科比重达26.5%,合计达78.0%。同时,企业员工在整体职业分布里占据较高的比重,合计为67.0%。

其次,在用户行为方面,智能手机及平板电脑逐渐普及于移动网民生活中。2013年,中国移动网民使用手机历史时长主要集中在1～2年及2～3年,合计占比为48.7%,而平板电脑使用历史时长具体集中在1～2年,达28.0%,使用达半年到1年及2年以上的用户也均超过20%。因苹果的成功热销案例,国内大部分生产商利用Android的开源操作系统生产较为低价的平板电脑以吸引大部分中低收入用户群,越来越多的用户普遍被智能机的丰富多样的特性吸引,智能手机及平板电脑已逐渐普及大部分移动网民生活中。智能手机用户上网多为利用碎片化时段,每天多次使用智能手机上网的用户达到67%,这些手机用户会利用空闲时段享受智能手机所带来的乐趣,同时,超过10%以上的使用场景为逛街购物、上厕所或洗澡、外出游玩、上下班途中、上班休息时、等车无聊时及下班后在家里。其中使用场景分布情况比重较高的依次为下班后家里(42.8%)、等车无聊时(40.5%)、上班休息时(37.3%)及上下班途中(31.7%),还有31.7%的用户表明很多时候都在使用智能手机上网。

最后,在用户使用终端方面,Android与iOS系统仍旧占据绝对优势,WP仍存成长空间,其他系统逐渐退出市场。2013年,智能手机仍为移动网民最常使用的主要便携设备,使用占比达95.2%,平板电脑也开始逐渐渗透入网民生活当中,使用占比为53.1%。相比之下,可上网的MP4占据份额非常有限。另一方面,在手机系统分布中,Android以70.9%的比重占据绝对优势,iOS系统18.1%位居第二。相对于2012年,两者均上升了一定的百分比,特别是具有开源特性的Android系统在不断蚕食着手机市场份额。除此以外,其余手机系统要么停滞不前,要么处于下降趋势。性价比高的低端手机逐步扩散到高收入用户群体中。

四、移动互联网时代的新现象

(一)移动互联网时代古董行业的改造

移动互联网时代的古董行业变迁,以华夏收藏网为例。

对于华夏收藏网,创始人夏正平说:"2003年创立了华夏收藏网,之所以将所有东西都囊括进来,主要有两个原因:一是考虑到物品属性的相通,藏友喜爱的品类会产生变化,所以我们需要把各种类别的藏品都展示出来。二是藏友的习惯,关注收藏的人群是相对固定的,我们有很多藏友多年来已经习惯了这样的界面,比较抗拒改版。"如今的古董拍卖已经渐渐同移动互联网相互融合,也做起了网上交易,对于盈利,除了广告外,主要来自拍卖佣金。华夏收藏网采用的是C2C拍卖模式,为了保障买卖双方利益,平台对买家、卖家都有一定要求。此外,华夏收藏网早早地推出了微信订阅号,目前已有粉丝四十多万,排名珍奢行业订阅号首位,推出了移动H5,成立了单独的移动事业线,上线了"捡漏"App。事实上,除了华夏收藏网,现在整个收藏圈都在进行"互联网+"的改造。夏正平称,"这个趋势很明显,不仅个人,包括古玩城、拍卖公司,都在纷纷触网,否则古玩城里面空荡荡的,如何生存啊。"[①]

(二)出行市场的新风暴

移动互联网的发展和壮大已然催生了智能用车市场的革新。根据艾瑞咨询统计的数据显示,预计2017年,中国移动互联网市场规模将达到接近5000亿。艾瑞咨询分析认为,随着互联网及移动互联网的普及,在国内消费者消费

---

① feng.这是移动互联网的盛世,古董行业的改造才刚刚开始[EB/OL].[2015-06-29]. Http://36kr.com/p/534621.html? utm_source=site_search

观念升级的大背景下,日常吃穿住行均发生了巨大的改变。而其中出行要素的变化改变了我们的生活方式,在出行方式各行业历史上,除公共交通外的私人用车形式,经历了从租车到出租车再到用车的转变,这使得用户在满足出行需求的基础上要求更加优质和灵活的出行服务,于是用车服务应运而生,移动互联网高速发展,便捷的智能用车服务也逐渐兴起。[1] Uber 是一款美国打车应用,2014 年 7 月 14 日,Uber 正式宣布进入北京市场,2015 年刚过半,就已进入 58 个国家 311 个城市,Uber 官方将人民优步定义为拼车服务,而从运营上来讲,将其作为平价专车更为合适。而国内非常热门的打车平台"滴滴打车"已于 2015 年 9 月 9 日正式更名为"滴滴出行",它的使用十分简便,用户可以语音呼叫,说出要去的地方,然后等待司机响应,查看司机的相关信息及路线,在司机到达后乘车前往目的地,乘车完成后,用户可对乘车体验进行评价。不过,尽管各类打车软件逐步渗入人们的日常出行中,但打车软件的安全问题仍需要更多关注并加以解决,有新闻报道 Uber 的一位用户就发现接单的车主照片模糊且电话号码造假,最后该用户放弃打车后仍被扣除车费,其中糟糕的用户体验以及深层背后的安全问题亟须软件平台开发者和维护者解决。

(三)互联网医疗的涌现

移动医疗指的是通过移动通信技术,为病患提供医疗服务或医疗信息的产品。在移动互联网领域,移动医疗则专指基于智能手机等移动智能设备而形成的健康与医疗类应用软件产品,如阿里巴巴推出的阿里健康等。移动互联网医疗能够有效地缓解排队难的问题,另外,一些偏远地区的医疗环境有望通过移动医疗得到相应的改善。

根据易观国际 2015 年上半年发布的《2015 年中国移动医疗市场研究》可以看出,移动互联网用户的规模在逐年增长,互联网医疗发展趋向移动端。在 2011 年,在线医疗的交易规模占比为 83%,移动医疗仅占比为 17%,而预计到 2017 年,在线医疗的交易规模占比将为 45%,而移动医疗交易规模将超越在线医疗,占比达到 55%。文章指出中国移动医疗产业现处于市场启动阶段,但随着移动互联网技术的发展,新医改的政策支持和推进以及国民健康观念的深化,移动医疗在未来 3 年将呈现爆发式增长。[2]

同样是移动医疗领域,根据 Talking Data 在 2015 年发布的《2015 年移动医疗行业数据报告》中对移动医疗行业发展概况的分析,移动医疗行业正由线上资讯入口向线上问诊、医疗电商、预约挂号等 O2O 模式转变,然而在用户方

---

[1] 艾瑞咨询.移动互联网催生智能用车市场,引领出行方式变革[EB/OL].[2014-08-11]. Http://www.iresearch.com.cn/view/235749.html

[2] 易观国际.2015 年中国移动医疗市场研究[EB/OL].[2015-03-04]. Http://www.199it.com/archives/330734.html

面,用户的行为习惯仍需慢慢培养,用户活跃度有较大提升空间,随着服务链的发展完善,用户的移动端医疗服务需求将得到进一步的释放。而对移动医疗应用整体分析方面,移动医疗应用可按功能与受众的不同,分为预约挂号、问诊咨询、医药服务、资讯文献、慢病辅助、医疗信息化等几大类别,其中预约挂号类与问诊咨询类是移动医疗应用中款数最多的两类应用。[1]

五、移动互联网时代的新趋势

(一) 移动互联网行业营收 3 年后或超苹果市值

市场研究公司 Digi-Capital 预计,全球移动互联网收入将从 2014 年的 3000 亿美元增长到 2018 年的 8500 亿美元。换言之,这个由苹果一手缔造的行业 3 年内的收入将超过苹果自身的市值。在移动电商领域,2014 年的行业收入就超过 2000 亿美元,预计到 2018 年,在全球 6000 亿美元的移动电商收入中,亚洲占比将过半。移动广告方面,2018 年开支预计将超 850 亿美元,美国的移动广告开支占主导,其次是中国、日本、英国、德国等国家,而应用收入方面,消费应用收入将从 2014 年的 300 多亿美元,增至 2018 年的 750 亿美元,游戏之外的收入份额在 2018 年可能会达到 50%。

(二) 寻找兴趣的盈利点

移动互联网时代,用户在面对海量信息的同时需要付出大量的时间成本和流量成本,因此,想要吸引用户,就必须抓住用户的兴趣点。从内容覆盖广度来看,可分为顶部和长尾。顶部内容满足绝大多数人的兴趣,比如热门新闻,生产者凭经验推荐给所有人使之上头条。更多的内容属于长尾,即根据不同用户群的不同兴趣生产和提供内容。越来越多的产品基于用户兴趣提供长尾内容。将内容进行标签化,使之内容得到无限增加,标签反映了内容的兴趣点,用户可以搜索相关内容并订阅这些兴趣点或对应的内容流,它解决了信息大爆炸的问题,同时可以满足用户的兴趣阅读需求。内容的标签化组织将使之可争食兴趣经济的蛋糕。人们正在给视频、新闻、文章、音乐、电影、商品贴上各种各样的标签,将这些内容从兴趣的维度进行整理。例如一点资讯即可以支持用户搜索任意关键词自定义兴趣频道,这种通过搜索订阅模式下的"兴趣频道定制"是资讯平台未来的内容形态,即标签化资讯。

(三) 微信公众号的持续升温

微信公众号一方面成为用户阅读信息、获取资讯的平台,另一方面也

---

[1] Talking Data. Talking Data:2015 年移动医疗行业数据报告[EB/OL].[2015-06-02]. Http://www.199it.com/archives/352577.html

成为联结商家和公众的纽带,商家能够通过微信平台与关注该号的消费者用文字、图片、视频和语音互动,或者在微信公众号中投放广告。且较之于其他的平台,微信公众号在实现与特定群体互动交流与宣传推广方面有着得天独厚的优势。当然,微信公众号不仅仅满足商家的需求,许多个人也都在做自己的微信公众号,或者是原创、转载一些文章、视频,或者是接广告做活动,许多个人公众号都希望将其平台做大做强,这样能吸引广告主投资,从中获取利润。

2015年6月,艾瑞咨询在其发布的《2015年微信公众号媒体价值研究》中指出:公众号在微信平台中对微信"连接一切"的使命起着关键的支撑作用,由于微信公众号分为服务号、订阅号和企业号,即实现了人与商品/服务/资讯/信息及企业的连接。在微信公众号发展情况及用户行为分析方面,有近八成的用户关注了公众号,微信用户中,人均每天阅读6篇文章,关注公众号的数量集中在6~15个,公众号已然成为微信用户不可缺少的一部分。对于用户为什么关注微信公众号,该报告给出了如下解释:首先,实用工具和个人兴趣是用户关注公众号的主要原因,分别占比为75.2%和69.3%。公众号的用户推荐意愿也十分强烈,有88.9%的人表示愿意向他人推荐自己关注的微信公众号,微信公众号用户中,有99.4%的人表示未来会增加对微信公众号的关注,仅有0.6%的人表示不会增加关注。① 可见,微信公众号在未来一段时间内,不仅热度不减,反而会持续升温,获得更多用户的关注和青睐。同样,我们也不难想见,微信公众号的价值会给更多人带来盈利,微信公众号"连接一切"的功能会使商家、用户、资讯、服务、信息、线上、线下连成畅通的环型链条。

本章小结

本章主要是对移动媒体中的手机媒体、平板媒体、车载移动媒体进行探讨,并结合当前的热点,对移动互联网时代的现状和趋势做了一个初步的探究。移动媒体中手机媒体占领半壁江山,并已由最初的简单的人际传播工具逐步演变成为人们不可缺少的社交工具。而对于近年来才兴起的平板媒体,文中以iPad为例对其发展和属性做了相应介绍,并特别指出了iPad不仅作为一种工具,更作为一种媒介对社会化阅读平台所产生的新影响。第三节主要是移动车载媒体的介绍,对于移动车载媒体我们可谓是既熟悉又陌生,而移动

---

① 艾瑞咨询.2015年微信公众号媒体价值研究[EB/OL].[2015-06-26]. Http://www.199it.com/atchives/358369.html

车载媒体发展到今天,既有不断的改进也有各种问题需要解决,需要有效利用移动车载媒体,方能发挥其最大潜力。最后一节主要探讨如今热门的互联网话题,特别是对移动互联网的新现象和新趋势做了简单介绍,对于"互联网+"的话题,将互联网与古董、医疗和出行行业相结合做一个相应的拓展,并对移动互联网的趋势做相应分析。

思考与练习

1. 手机出版包括哪几个方面?
2. iPad 的发展历程是怎样的?
3. 结合实际说明平板电脑媒介对你的生活产生怎样的影响。
4. 谈谈你常用的社会化阅读平台。
5. 你对哪种车载移动电视节目感兴趣?你对车载移动媒体的节目内容有什么建议?
6. 车载移动媒体所面临的问题有哪些?
7. 举例谈谈移动互联网对你生活产生怎样的影响。
8. 你认为移动互联网未来的发展趋势是怎样的?

参考文献

[1] 宫承波.新媒体概论[M].北京:中国广播电视出版社,2011.
[2] 杨航.传播范畴内的手机媒体研究[D].上海:上海社会科学院,2008.
[3] 蒋佶成.论中国手机媒体的拓展性发展思路——"四屏一云"打造移动媒体发展新趋势[J].新闻界,2012(8):50—54.
[4] 陈仁新.试论中国手机媒体的经营策略与发展模式[D].上海:华东师范大学,2008.
[5] 黄妍.手机媒体传播模式及市场营销分析[D].重庆:重庆大学,2009.
[6] 李东平.手机媒体的现状及发展研究[D].成都:四川大学,2006.
[7] 戴娜.移动互联网时代手机媒体的盈利模式研究[D].武汉:中南民族大学,2013.
[8] 许曼.手机出版的传播学思考及其发展研究[D].西安:西北大学,2008.
[9] 洪璇.中国手机出版运营模式研究[D].武汉:武汉理工大学,2012.
[10] 沈静,景义新.传统媒体转型视野下的 iPad 研究面向:属性、重构、质疑与未来[J].编辑之友,2014(1):78—81.
[11] 王赛男.纸媒体与平板电脑的融合——以平板电脑 iPad 为例[D].苏州:苏州大学,2012.
[12] 景义新.媒介进化论视野下的 iPad 人性化研究[D].武汉:华中科技大学,2013.
[13] 尹良润.iPad:不仅是终端,更是平台[J].中国记者,2011(3):80—81.
[14] 万倩.中国公交移动电视的产业运营与发展策略研究[D].长沙:中南大学,2012.

[15] 朱继双.中国公交车载移动电视发展现状及传播策略[J].江苏广播电视大学学报,2008(1):55—57.

[16] 王纪伟.浅析交通移动媒体[J].科技传播,2010(7):8—10.

[17] 黄鹤.媒介形态变化理论视域中的公交移动电视的发展——以武汉公交移动电视为例[D].武汉:华中科技大学,2008.

[18] 曹蔚,刘舒辰.车载移动媒体运营策略探析[J].传媒观察,2014(1):26—28.

[19] 左璐.媒介环境学视野下移动互联网传播及其影响研究[D].重庆:四川外国语大学,2014.

[20] 彭欢.移动互联网使用与满足研究[D].长沙:湖南师范大学,2012.

[21] 王波.中国移动互联网行业研究[D].武汉:华中科技大学,2013.

[22] 艾瑞咨询.中国移动互联网用户行文研究报告简版.Http://report.iresearch.cn/2164.html

[23] 艾瑞咨询.移动互联网行业营收3年后或超苹果市值[EB/OL].[2015-05-26].Http://wireless.iresearch.cn/owireless/20150526/250338.shtml

[24] 罗超.兴趣经济如何驱动移动互联网[EB/OL].[2015-05-22].Http://column.iresearch.cn/b/201505/706363.shtml

[25] 卢松松.博客已死?移动互联网时代博客的价值[EB/OL].[2015-07-10].Http://column.iresearch.cn/u/reed821/734784.shtml

第四章 "圈子"社交媒体

> **学习目的**
> 1. 掌握社交媒体的概念、分类和发展阶段。
> 2. 了解何为网络"圈子",以及对不同社交媒体的圈子属性有一定了解。
> 3. 了解网络社区的概念,对有代表性网络社区有一定认识。
> 4. 对微博、博客的基本知识有一定了解。
> 5. 了解即时通信的概念和相关应用。

第一节 社交媒体

互联网是一个将全世界各地计算机连在一起的计算机网络,由于它的崛起,世界进入一个全新的网络化社会。当今时代是一个信息化的时代,国际互联网络正以前所未有的速度冲击着社会的各个方面,随着互联网的广泛应用,尤其是 Web 2.0 时代到来之后,以网络为平台的新型传播形式也层出不穷,各种各样的社交媒体对整个世界都产生着巨大的影响。

一、什么是社交媒体

社交媒体是基于 SNS、Blog、Mini-Blog、BBS、IM、Email 等一系列互联网的传播工具,由无数个节点(人)根据自己的专业、喜好、价值观等过滤加工后进行信息传播的媒体,它以其独有形式为受众提供交流、互动、联系等服务。社交媒体的概念最早由安妮·梅菲尔德(Antony Mayfield)在《什么是社交媒体》中提及:一种给予用户极大参与空间的新型在线媒体,具有参与、公开、交流、对话、社区化、连通性等特点。这一概念最显著的特点就是定义的模糊性、快速的创新性和多种技术的融合性。安德烈西斯·卡普兰(Andreas Kaplan)认为社交媒体与 Web 2.0 技术密不可分,是一系列建立在 Web 2.0 的技术和意识形态基础上的网络交流,人们可以创建、分享、交流和评论虚拟社区和网络中的内容。[①] 在维基百科(Wikipedia)中,社交媒体的解释为:社交媒体是通

[①] Antony Mayfield. What is social media. Icrossing ebook Publish, Spannerworks, 2008.

过对网络和移动互联网技术的使用,把沟通变成互动的对话。社交媒体是使用高度开放且扩展性强的发布技术的人所创造的信息内容,其基本意义是人们发现、阅读和分享新闻信息以及内容的方式的改变。它是社会学与科技的融合,是信息的传播方式由独白(一对多)向对话(多对多)的转变,是信息的民主化,是人们从内容的阅读者向信息发布者的改变。由于允许人们在网络世界通过人际关系和商业关系进行沟通联系,社交媒体目前变得极为流行,企业也将社交媒体视为用户生成内容(UGC)或者消费者产生内容(CGM)。目前,对于社交媒体的概念也没有一个统一的观点,但是根据以上解释,我们能够认识到互动共享、交流沟通是社交媒体的基本特点。

二、社交媒体分类

根据社交媒体的不同内容和主题,我们可以进一步将其划分为以下几类:

维基类:这里的维基并不是单指我们所熟悉的维基百科,而是一种多人协作的写作形式。此类网站可以有多人(甚至任何访问者)维护,每个人都可以发表自己的意见,或者对共同的主题进行扩展或者探讨。例如维基百科和国内的模仿者百度百科,他们像一个公用数据库,任何人都可以在数据库中添加内容,也可以对现有内容进行修改或者补充。

博客类:包括基本博客和微博客,基本博客就是曾经风靡全球、现在日渐衰落的传统博客等,而微博客就是目前正处于潮流前线的 Twitter、新浪微博等。此类社交媒体形式类似于一个自媒体,最新发表的内容会呈现在前面,传播给订阅或关注它们的人。它们的传播力量取决于浏览量和关注人数,一个"追随者"或"粉丝"人数超过 100 万人的微博所起到的传播力量不亚于一份报纸或杂志。

播客类:与博客类形式相比,两者在发音上非常相近,容易被混淆,但是事实上两者具有很大的区别。播客的英文为 Podcast,是源于苹果公司的明星产品"iPod"和广播(broadcast)的合成词,是一种在互联网上发布文件并允许用户订阅 feed 以自动接收新文件的方法,或用此方法来制作的电台节目。从传播的内容上来看,博客类社交媒体倾向于通过文字和图片来表达观点、阐述思想,而播客则是通过音频和视频为载体来传播内容,从某种意义上来说,播客就是一个以互联网为载体的个人电台和电视台。由于播客是基于苹果公司相关产品进行播出的,而在国内人们对于苹果公司的关注还仅仅局限在对于硬件机器如 iPhone、iPad 的狂热追捧上,因此播客这一社交媒体形式在中国尚未开始普及。但是在播客的浏览器 iTunes 上已经有了很多中文的内容供用户下载,相信未来播客这一形式会越来越受关注。

论坛类:论坛类形式的社交媒体的出现可以说是社交媒体发展的开端,论坛经常被称为 BBS。BBS 全称为 Bulletin Board System(电子公告板)或者 Bulletin Board Service(公告板服务),这两个全称中的相同之处就是都有"公告板"一词,BBS 就是一块公共电子白板,每个用户都可以在上面书写,可发布信息或提出看法。它是一种交互性强,内容丰富而更新及时的互联网服务,用户在 BBS 站点上可以获得各种信息服务,发布信息,进行讨论和聊天等。此类形式的社交媒体是中国互联网迷的萌芽之地,同时也一直活跃至今,即使在其发展的过程中出现了看似可以取代它的新事物,但事实上它依然拥有众多的用户,用户在接受新形式的同时从未抛弃过它。此类有中国曾经非常火爆的天涯论坛、猫扑和百度贴吧等。

社交网站:即所谓的 SNS,SNS 的全称是 Social Network Site 或者 Social Networking Services,是指基于人与人之间关系的网站和服务。1967 年,哈佛大学的心理学教授斯坦利·米尔格拉姆(Stanley Milgram)创立了六度分割理论,简单地说:"你和任何一个陌生人之间所间隔的人不会超过六个,也就是说,最多通过六个人你就能够认识任何一个陌生人。"按照六度分割理论,每个个体的社交圈都不断放大,最后成为一个大型网络。这是社会性网络(Social Networking)的早期理解。后来有人根据这种理论,创立了面向社会性网络的互联网服务,通过"熟人的熟人"来进行网络社交拓展。社会性网络服务是一个平台,建立人与人之间的社会网络或社会关系的连接。例如 Facebook、开心网、人人网等社交网站已经不仅仅简单地满足人们上网娱乐的需求,越来越多的人通过社交网站建立和维护人际关系,越来越多的人通过社交网站分享、获取信息。

内容社区:内容社区是指组织和共享某一特定主题内容的社区,比如共享视频、音乐、图片等,内容社区提供一个平台,该平台允许用户上传想要分享的内容,同时可以看到他人分享的内容,这一类型的网站主要有基于视频分享的 YouTube、土豆网、优酷网,基于图片分享的 Flickr 等。

即时通信:本质是一种通信软件,是依赖互联网或手机短信,以沟通为目的,通过跨平台多终端的通信技术来实现集成图声的低成本高效率的蛛合型的通信平台。它更是一个终端服务,允许两人或多人使用网络即时传递文字信息、档案、语音与视频交流。即时通信按使用用途分为企业即时通信和个人即时通信,根据装载的对象又可分为手机即时通信和 PC 即时通信,手机即时通信的代表是短信,网站、视频即时通信如:米聊、YY 语音、QQ、MSN、百度 hi、新浪 UC、阿里旺旺、网易泡泡、网易 CC、盛大 ET、移动飞信、企业飞信等应用形式。

三、社交媒体的发展阶段

中国的社交媒体的开端可以追溯到1994年曙光BBS的诞生,这是中国的第一个论坛,从1994年开始到2003年间,论坛、即时通信工具和点评性质的网站充斥着中国网民的生活,直到2004年风靡国外的博客来到中国,随后在线视频、SNS、问答百科、微博、LBS、团购等新鲜事物相继在中国互联网的土地上生根发芽,微信等产品迅速风靡,中国的社交媒体格局开始变得复杂,社交媒体也开始被业内认识,被用户所熟悉关注。

根据社交媒体的形态,可以将国内社会化媒体(社交媒体)的发展分为四个时段:第一是1994—2004年,社会化媒体的培育期,以论坛、即时通信和点评网站为代表的社会化媒体给用户带来了交互性体验;第二是2004—2007年,社会化媒体发展期,以博客、视频分享、百科、问答等形态为代表的社会化媒体拉开了"自媒体"时代的帷幕;第三是2008—2010年社会化媒体爆发期,以社交网站、微博、团购、基于位置服务的社交应用为代表,各式各样的社会化媒体呈现井喷式发展;第四是2011年以后的社会化媒体变革期,社会化媒体开始跨领域整合,功能不断完善,平台越来越开放。[①]

本章我们主要是对社交媒体的主要类型及代表性的网站和软件做一个基本介绍,同时对于这些社交媒体类型的"圈子"属性进行分析。所谓"圈子",不仅表现在通过社交媒体对人际关系的增强或者减弱所构成的社交交往圈子,更加表现在这些社交媒体对整个互联网圈子和网络生态的影响。通过分析不同社交媒体以及相互之间的圈子属性,我们能更加深刻地感受到社交媒体给我们的生活、对整个互联网行业带来的巨大变化和影响。

第二节 网络圈子

一、"圈子"的产生

科学界普遍认为,人们只能在一定范围内感知世界、认识他人,而一旦超越了这一范围,就会感到力不从心。1998年,人类学家罗宾·邓巴(Robin Dunbar)指出,每一个人所能认识的他人的数量是有一个上限的,人类只能在这一上限内处理人际关系,这一数字平均在150左右,因此150又被人们称作"邓巴数字"。据网络社会学家卡梅伦·马洛(Cameron Marlow)研究成果,即便是在交通和通信方式极为发达的现代,在突破了现实世界时空规范的网络

---

① 游恒振.社会化媒体的演进研究[北京邮电大学硕士学位论文].北京:北京邮电大学.2012.

虚拟世界,在人们交友范围更大、活动区域更广的情景下,人们的交友范围仍未突破这一极限数字。比如,在Facebook社交网络中可发展的"好友"的平均数量为120,而时常通过电子邮件或即时通信工具进行联系的不超过10个。再比如,在时下流行的新浪微博、腾讯微信中,除了少数公众人物和组织机构外,一般人的粉丝(关注者)的数量大概平均也仅在100个左右,其中大多数为很少互动的"僵尸粉",常常彼此评论、转发的粉丝数量也为数不多。

正是由于这种局限性,人们自出生那一刻起,都自觉或不自觉地为自己营造一个个或大或小的"圈子",从亲人圈,到朋友圈,再到同学圈、工作圈、网络虚拟圈,"圈子"之于人类,就如同水和空气一样,无形无影,却无时无刻不在每一个人身旁,只不过由于人类地域和民族文化特质不同而稍有差异。

二、网络圈子

(一) 网络圈子的特点

1. 真实

这一特点主要表现在SNS网站上,SNS网站从一开始,就以"真实"动人。国内外主流SNS网站,例如Facebook和人人网都是从大学起家,Facebook创建之初是为哈佛的学生交友所用,要求用哈佛邮箱和真实信息注册。而人人网在首页就向用户宣示"人人网是一个真实社交网络"。国内很有影响力的SNS还有QQ空间,QQ空间的朋友圈子主要来自QQ好友。SNS和微博的流行,改变了以往人们心目中对网络形象的定位,因为匿名所带来的网络信任危机迎刃而解。

2. 平等

中国传统的圈子文化,在关系结构上是有等级秩序的。但是网络圈子却不存在这种等级关系,圈内成员是平等的,因为网络的匿名特性隐去了现实生活中网友的社会标签,圈子成员大都是因为某个共同的兴趣爱好聚集在一起的,对共同关注的话题发表意见或看法,不会存在现实生活中上下级的关系。另外,网络中信息传播途径也有别于传统媒体,是去中心化的。

3. 个性化

"物以类聚,人以群分",网络圈子凭兴趣、经历和观念等建立,用户因个人所关注的内容加入圈子,因此具有个性化的特点。例如,新浪微博的"谈股论金"微群,是一个以讨论股票为主的圈子,人人网上"爱摄影、爱旅行"小组,豆瓣的"生活、读书、新知"小组,都是用户可以自由选择的个性化的圈子。

4. 信息交互广泛、快速

网络圈子内信息交流内容多样而广泛,涉及人们学习、生活、工作、政治、社会等方面。圈子内信息传播迅速,SNS与微博等社会性新媒体通过人际关系将优质内容的影响力以几何数级放大。

(二) 网络圈子效应

网络中的"圈子"不同于关系完全松散的"群集",也和目标明确的"组织"有差异,它指的是"具有相同爱好、兴趣或者为了某个特定目的而联系在一起的人群"。随着互联网由内容平台扩张到社交平台,乃至生活工作平台,原本独立存在于网络空间的虚拟社区日渐融入人们的日常生活,"圈子"也冲破了地域、国家、阶层等限制,晋升为一种游弋于真实与虚拟之间的全球性文化。

传统的"圈子"的形成与发挥作用,离不开现实的社会关系,比如说血缘关系、地缘关系、学缘关系、工作关系乃至利益关系。这样的"圈子"一旦形成,就相对比较稳定和长久。"圈子"的核心成员比较明确和固定,"圈子"的组成层级较多,不同层级成员之间利益差别比较明显,相互流动以及信息传播的阻力也较大。但是,网络的出现与快速发展改变了人类的交往方式。各种基于社会关系的网络应用日益勃兴,并受到了众多网民的青睐,"圈子"呈现出了更为复杂、崭新的特点。无论是Facebook、Myspace、人人网、校内网,还是各类QQ群,各大社区、论坛,乃至微博、微信等,它们兴起的背后,都离不开"圈子"理论的有效支撑与运用。可以说,在网络高度发达的时代,人们可以轻松打破传统"圈子"所依赖的社会关系格局,隐去现实中的身份、地位、年龄、性别等特征,省去生活中的繁文缛节和种种猜忌、顾虑,而只用一个普通网民的身份,仅根据自己的兴趣、爱好、需求、情感,在网络的世界里打造自己虚拟的"圈子",寻求一方心灵的乐土,而且无须寒暄,去留随意,不欠人情,安全便捷。更为重要的是,由于网络世界的浩瀚无边,无数个体在这里相聚,从概率上讲,更容易找到志同道合之人,轻松建立各种各样、数量众多的小众圈子,带来各种圈子效应。

第三节 网络社区

一、网络社区的概念

网络社区也叫虚拟社区,最早的关于虚拟社区(Virtual Community)的定义由瑞格尔德(Rheingold)提出,其定义为"一群主要通过计算机网络沟通的人们,彼此间有一定程度的认识、分享某些知识和信息、互相关怀,从而形成的团体"。《2010年中国网络社区发展研究报告》中指出:网络社区是指以论坛为基础核心应用,包括公告栏、群组讨论、在线聊天、交友、个人空间、无线增值服务等形式在内的网上互动平台,同一主题的网络社区集中了具有共同兴趣的访问者。综合众多研究者的研究成果,可以描述网络社区的一些关键要素及重要特性,如群体、信息交流、网络空间、共同目标和边界特性、关系特性和共享特性。

二、网络社区的特点

虚拟性:相对于现实社区,虚拟社区成员主要依靠网络这一虚拟的平台,除了一些实名制的虚拟社区之外,大多是以虚拟的身份进行交流互动。

跨地域时间性:网络技术的出现使得人们能够在任何地方即时进行沟通交流,有形或无形的线路和网络将人们联系起来,进行不受时间空间限制的交流互动。

互动性:虚拟社区中成员的人际互动和交流沟通是推动社区发展的动力,也是社区生存的前提,由此也在社区成员之间以及成员与社区之间建立起一定的关系,形成虚拟空间中的关系网络。

开放性:人们根据自己的兴趣或需要自愿地参与虚拟社区中活动,并不受组织的强迫,无论他们之前是否相识,都可以直接进行交流,虚拟社区对其成员的限制比较少,各种不同的群体可以参与到同一个虚拟社区之中,同时,虚拟社区的成员也常处于流动状态,人们可以很方便地加入或者退出社区。

三、网络社区分类

根据网络社区在中国的发展阶段,我们主要将网络社区分为传统网络社区和 SNS 型网络社区。传统网络社区是在中国出现较早的一类社区形态,比如猫扑、天涯论坛等,而 SNS 型网络社区出现时间较晚,但是发展速度飞快,这类网站主要有开心网、豆瓣网、人人网等。

(一) 传统网络社区

1. 传统网络社区的发展

在中国,成规模的网络社区的出现是以 1998 年 3 月大型个人社区网站西祠胡同的创办和 1996 年 6 月"全球华人虚拟社区"ChinaRen 的开通为标志。其中,西祠胡同成功地发展了以讨论版组为主导的社区模式,而 ChinaRen 则第一次以聊天室为核心,开发了游戏、邮件、主页、日志等一系列以用户为中心的服务内容。另一个知名度较高的网络社区是天涯社区,它的流行,说明使用互联网的中国用户由精英人士扩展到普通大众。这种主体的转变对网络社区的建设、老社区成员的情感等产生了冲击,导致网络社区从结构到功能、文化的变迁。

从 2000 年开始,中国的网络社区蓬勃的发展,尤其是随着 Web 2.0 时代的到来,国内网络社区的数量开始出现成倍的密集增长。一些大型的综合社区以及针对专门人群的专业社区更是成为众多网民的聚集之地,比如,天涯社区、西祠胡同、西陆社区等大型综合社区以及豆瓣、磨房、铁血军事社区等专业社区,都成为中国最具影响力的网络社区。

传统的网络社区是网络媒体的中坚力量,它充分体现了互联网的开放性——没有固定的中心,也没有严密的管理机构和繁杂的规章制度,只有作用十分有限的管理员和版主,人们既不受物理时空的限制,也没有现实社会里的各种约束,可以很方便地加入、参与或者退出社区,在享受快速信息传播与互动服务时,更多感受到的是自我满足的快乐。

2. 传统网络社区的传播特性

从传播学角度看,传统网络社区作为虚拟社区的一种,除具备"社区"的基本特征(如人群的聚集活动、共同的行为规范)外,还具有互联网赋予的独特的传播特征。

(1) 非线性的互动传播模式

在传统网络社区中有大量的参与者,每个参与者都可以自由地搜索自己感兴趣的信息,还可以把自己的信息放到系统中,与他人共享,这种"一对一"或"一对多"的交流形成了一种发散性的网状传播模式。

(2) 主客体同一的传播方式

传统网络社区中的传播是主客体同一的传播。由于网络社区的开放性和互动性,传者和受者在社区中的发言权是平等的,任何人都可以发布自己需要的信息而成为传者,也可以接受别人发布的信息而成为受者,网络社区在技术层面上为普通人发布信息提供了渠道。然而,值得注意的是,在传统网络社区中把关人并没有消失,意见领袖也依旧存在。

(3) 成员身份的隐匿性

成员的身份具有极大的隐匿性,这是传统网络社区的另一个突出特征。在网络社区中,网民的身份是隐匿的,进入社区的网民都是以 ID 或昵称的形态出现。网民可以随意选择自己进入社区的身份,比如年龄、职业、地域甚至性别等。这种伪身份的方式保证网民能在发言和交流时无拘无束地张扬自己的想法和态度。可以说,网络社区提供了一个匿名与他人互动的世界,网民通过角色扮演,重新塑造了自我。

(4) 社区建设的自组织性

人们之所以能够在网络社区中交往,是基于相同或相近的兴趣爱好,以及互补的利益需求,不需要任何专门的行政机构来规划,而是其"居民"自组织的结果。一个网络社区的存在,不仅要求网络管理员提供技术保障,更需要社区成员的参与和投入。在网络社区中,"居民"不再是信息的被动接受者和社区设施的使用者,而是信息的主动提供者和社区设施建设的参与者。网络社区的所有成员共同建构了这个空间的社会秩序,同时又被这个社区所影响。

案例 4-1　天涯论坛

　　天涯论坛自 1999 年 3 月创立以来,以其开放、包容、充满人文关怀的特色受到了全球华人网民的推崇,经过十年的发展,已经成为以论坛、部落、博客为基础交流方式,综合提供个人空间、相册、音乐盒子、分类信息、站内消息、虚拟商店、来吧、问答、企业空间等一系列功能服务,并以人文情感为特色的综合性虚拟社区和大型网络社交平台。社区的主版包括天涯杂谈、情感天地、舞文弄墨、关天茶舍、经济论坛、闲闲书话、诗词比兴等 54 个版块,其中关天茶舍、天涯杂谈、舞文弄墨、时尚资讯、贴图专区、娱乐八卦、情感天地等版块日页面浏览量超过 150 万人次,每个版块的影响力都不容小觑。目前,天涯论坛每月覆盖品质用户过亿人,注册用户达 4000 万人,拥有上千万高忠诚度、高质量用户群所产生的超强人气、人文体验和互动原创内容。天涯论坛一直以网民为中心,满足个人沟通、表达、创造等多重需求,并形成了全球华人范围内的线上线下信任交往文化,成为华语圈首屈一指的网络事件与网络名人聚焦平台,是最具影响力的全球华人网上家园。

　　天涯论坛之所以成为最有影响力的中文网络论坛,是因为它在网络论坛舆论传播中所表现出来的特点直接影响以天涯论坛及其为代表的网络论坛舆论的发展走向,进而影响整个社会的舆论议程,天涯论坛舆论传播的特点主要有以下几点:

　　1. 舆论主体的大众化

　　天涯论坛作为一个以开放性和匿名性著称的网络交流平台,吸引汇聚来自各个阶层的网民的加入,其中有一部分人群,受过高等教育,有良好的自我判断能力及文学修养,在了解掌握各种焦点话题后乐于发表自己的评论意见,在论坛中有很大的影响力,被称为论坛中的"意见领袖"。也有一类是在现实中对一些事物感到不满的人群,他们在社会生活中有挫折感、失落感,但在现实中又无法表达出来,因而天涯论坛成为他们发泄情绪缓解压力的场所,他们在无须实名登录的论坛中可以自由发表自己的观点和看法而不用顾虑太多,久而久之,便会对天涯论坛产生强烈的依赖感,构成了天涯论坛中最忠诚稳定的用户群体,这些人群共同构成了天涯论坛的舆论主体,天涯论坛中的舆论也就来自这个群体,他们体现了天涯论坛用户群大众化的特征。

　　2. 舆论客体的高聚合性

　　天涯各个分论坛的内容,按照其不同属性,高效精确地分类与聚合,形成了聚合页面,而所有精华内容汇聚成一个总的聚合页面,即天涯聚焦。

> 天涯聚焦是天涯论坛全部精彩内容的综合展现,也是绝大多数有影响力的网络论坛舆论的传播承载中心。另外,根据不同的范围,天涯下设400多个分论坛,相对于其他同类网站而言其数量非常大,每个分论坛里都聚合着一大批固定人群。另外,各个分论坛的精准定位也使得每个分论坛的内容高度聚合,从而对这一分类中各焦点话题的讨论更加具体深入,所产生的舆论以及舆论的传播更有针对性,可获得更好的舆论传播效果。
>
> 3. 舆论的主导性
>
> 不少网络论坛舆论都萌芽于天涯论坛,继而扩散至全社会,成为影响力强大的公众舆论。其最重要的原因就是天涯论坛的舆论主导性,这一特点使得它已经渐渐成为引导其他传统媒体舆论的风向标。首先,它能及时抓住新闻事件焦点并快速引爆,同时兼顾官方与网友两方的感受,成功引发舆论。此外,正是由于天涯论坛的舆论主导性,常常引领其他传统媒体参与舆论的传播过程。媒体间的高度配合使得网络论坛舆论的影响范围越来越大,引发公众的广泛讨论,直到事件得到解决、事态渐趋平息。天涯论坛与其他媒体的高度合作性使得舆论的传播渠道由单一的网络论坛转变为包含报刊、广播、电视等传统媒体的多元化渠道,受众面也变得更加宽泛,舆论的影响力自然变大。
>
> **存在问题**:网络论坛每天数以万计的发帖数量使得其中的网络论坛舆论充满着各式各样的声音。不过近年来,实际经验表明,每当遇到危害国家利益及损伤民族尊严等重大事件时,网民们的爱国热情会更强烈地被激发出来,形成强大的民族凝聚力。

然而网络论坛舆论中有正面的褒扬,自然也少不了负面的抨击。纵观整个天涯论坛,不难发现,每当出现舆论正面交锋的时候,往往都是负面舆论多于正面舆论。出现这一现象的原因在于:首先,负面事物,无论是负面新闻还是负面人物,其造成的轰动效应本身就更大,因为这容易引起人们的好奇心,诱使人们进一步探究和讨论,另外,批评性意见要比肯定性意见更能得到人们的共鸣,再加上天涯论坛宽松的发帖环境也容易滋生一些负面事物的相关信息和负面评论,以上种种便构成了负面舆论形成的基础。而且,正是由于天涯网络论坛的公开性和匿名性等特点,使得大量的不理性网友把网络论坛当作发泄情绪的平台,或在网络上散布大量的谣言,或进行"人肉搜索"等网络暴力行为,这些都给网络环境的健康发展造成一定的影响。所以网络社区要想持续稳定发展下去,一定要发挥好论坛管理者的作用,正确把关,同时网民也要提升自身的媒介素养,引领论坛走向良性的发展轨道。

(二) SNS 社会性网络服务

1. SNS 概念

在互联网领域 SNS 有三层含义：服务（Social Network Service），软件（Social Network Software），网站（Social Network Site）。Social Network Service 中文直译为社会性网络服务或社会化网络服务，意译为社交网络服务。中文的网络含义包括硬件、软件、服务及网站应用，加上四字构成的词组更符合中国人的构词习惯，因此人们习惯上用社交网络来代指 SNS（包括 Social Network Service 的三层含义），用社交软件代指 Social Network Software，用社交网站代指 Social Network Site。但本书主要是对中国的社交媒体网络应用服务的发展历程做一个简单介绍，所以这里取 SNS 概念的第一种，即社会性网络服务。

社会性网络服务，旨在帮助人们建立社会性网络的互联网应用服务。Rheingold 于 1993 年首次提出了虚拟社区的概念，他指出虚拟社区是社会的集合体，它的发生来自网络上有足够的人经过足够久的公开讨论加上充分的人类情感在赛博空间里所形成的人际关系网络。SNS 的理论依据是六度分隔理论（Six Degrees of Separation），它是哈佛大学心理学教授 Stanley Milgram 于 1967 年创立的，即最多通过六个人就能认识一个陌生人。按照"六度分隔"理论，每个个体的社交范围都不断扩大，最后形成一个大型社会化网络。后来根据这种理论，有人创立了面向社会性网络的互联网服务，通过"熟人的熟人"来进行网络社交扩展，这就是最初的 SNS 网站的理论基础。

在经济高速发展的今天，人际关系的作用愈发明显，人脉资源对于一个人的成功起着非常重要的作用。SNS 这种新兴的网络社交方式一出现，迅速风靡欧美国家，已经成为精英阶层拓展人际关系的主要方式之一。其交友模式为把现实生活中的好友转移至网上，通过网络跟自己的朋友联系，通过朋友这个传递者认识更多的人（朋友的朋友），再跟志同道合者组成小圈子，发起谈话或者组织活动。Facebook，MySpace 等社交网站一度风靡整个北美地区，随后 SNS 热潮迅速蔓延至全球，成为互联网行业发展迅速的领域，并引领未来互联网发展的趋势。

2. SNS 网站的特点

（1）真实性。信息的显性化，真实和可信赖是其必要的前提，也是 SNS 的基础原则。只有真实性，才能保证沟通的质量，降低人际沟通的成本和风险，通过网络的方便性让沟通变得顺畅和高效。SNS 把真实生活中的人际关系及行为投射到网络，并且通过网络的力量使之变得更高效而顺畅。打破了人们认为互联网只是虚拟的传统观念，从而给网民带来了全新的感受。

（2）私密性。作为一种深度社会型的网络类型，SNS 以个人作为网络节点，与其他联系人形成一种网状的链接，并且在社会网络系统内部逐渐形成各种各样的小团体。SNS 为用户提供了一个可以自由选择私密度的行为环境，个人资料、沟通讨论、小组活动、建立私人的圈子或者俱乐部等，而且都可以自己来限制它的开放程度，在便捷互动与隐私安全方面选择适合自己的平衡点。有别于传统的交友网站，社会性网络 SNS 就是将一个人在真实世界中的社会关系网络化，它可以给用户带来真实的朋友与人脉，而且可以看到大家真实的信息和兴趣爱好。每个 SNS 网络都具有一定的私密空间与封闭性，从而在一定程度上保证了用户的真实性和可信赖性。

（3）应用性。SNS 网络既融合了传统的 Blog、BBS、E-mail 和即时聊天等形式，同时又添加了各种应用程序，既继承了传统网络的优势，又形成了具有自身特点的网络文化生态系统，是基于用户需求而构建综合化服务平台。与传统网络产品及功能相区别，SNS 网络是先有人，后有应用，应用功能则是因用户的具体需求而产生的辅助工具，并以人际的联结与沟通作为目标与前提。SNS 不是盲目性的服务，而是为了某种特定的需求或是商业目的才产生的人际拓展及其解决方案。这使得 SNS 类网站成为人们维护、管理和拓展人际关系的有力工具，用户可以轻松地通过 SNS 类网站低成本、高效率地满足各类社交需求。

（4）API 开放平台。所谓的 API 开放平台，即是开发者通过在这一开放式平台上发布自己制作的游戏产品，允许其在开发的游戏中内置广告，盈利之后网站与开发商进行收入分成。开放 API 是大平台的发展、共享途径，能够实现产业链共赢。开放是发展趋势，目前的网站不能靠限制用户离开来留住用户，而开放会增加用户的黏性。大多数 SNS 网站都开放了 API 的功能，让用户进入网站后，可以享受到官方或 API 提供的各种应用。

SNS 和传统交友网站的区别在于，后者通常是个人对个人，以一点为核心向外辐射，如 QQ 群。而前者则遵循六度空间理论，以一种传递的模式形成一个一个的私人圈子，通过朋友去认识朋友，如图 4-3、图 4-4 所示：

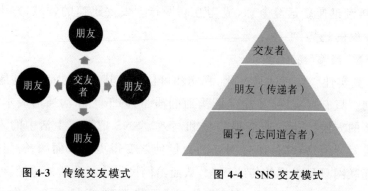

图 4-3　传统交友模式　　　　　　图 4-4　SNS 交友模式

3. SNS 网站分类

根据 SNS 网站的不同主题和网站内容,我们可以对 SNS 网站进行以下划分。

(1) 校园类 SNS 网站:是目前最受欢迎的活跃度最高的 SNS 网站类型。国内这类网站的代表是人人网(原校内网)、Chinaren 校友录。这些 SNS 网站以在校学生为主要使用人群,紧紧锁定校园生活,以学习经历为轨迹,帮用户寻找老同学、老朋友,并根据不同学习阶段来对老友进行分类。凭借学生之间较强的信任感,用户通常愿意相互透露真实姓名与资料,进行真实性较高的互动。

(2) 商务类 SNS 网站:也是目前比较活跃的 SNS 网站。国内这类网站主要以天际网、若邻网、人和网、白社会为代表。目前,这类网站的发展已经显现出两种主要态势:一种是以公司白领为代表的应用主体,比如天际网、白社会,这类网站主攻白领,以工作交流为核心,招聘业务也逐渐发展成为该类网站的重点。另一种发展态势以商家、店铺为应用主体,比如若邻网、人和网等,这些 SNS 网站以电子商务交流人群为核心,试图将用户生活中松散的商务关系用互联网连接在一起,让用户和商家更便利地进行行业交流和商务来往。

(3) 娱乐类 SNS 网站:目前从学生为主的应用领域已经扩展到大众化的应用领域,国内这类网站主要以开心网、赛我网、城市达人为代表,其中开心网以在线游戏为核心吸引用户,赛我网和城市达人则以用户发布个性化、专业化的内容吸引广大用户的参与。其用户群体是年轻、时尚一族。

(4) 垂直类 SNS 网站:垂直主题 SNS 就是面向某个领域的 SNS 网站。通常,这类网站是由垂直信息门户或者社区发展转变而来,其核心主体是希望通过 SNS 的方式实现用户黏性的增加以及用户价值的再挖掘。目前,国内比较活跃的垂直类 SNS 网站主要有以下几类。

① 学习类:读书、学习类 SNS 网站以豆瓣网、友宝网为代表,该类网站鼓励用户共同学习、积极交流。目前比较流行的豆瓣网提供图书、电影、音乐唱片的推荐、评论和价格比较,以及城市独特的文化生活,吸引了一大批忠实的用户。这一模式拥有很高的黏性,并逐渐对网民购书、观影购碟产生影响。② 音乐类:音乐类 SNS 网站是以 Myspace(聚友网)为代表,MySpace 是全球最大音乐人社区及在线交友平台。MySpace 国际的本地化网站,为音乐人及歌迷提供一个社交、互动及增值服务的互联网平台,以及免费的个人主页、空间、相册、博客、音乐、视频上传空间等。③ 婚恋交友类:婚介婚嫁类 SNS 网站是以世纪佳缘、红娘网、幸福婚嫁、久久婚嫁网为代表,目前它们以成熟、目的性强、寻求真实婚恋关系的用户为核心,结合线上线下的业务,满足用户的需求,因此也拥有比较明朗的收费与盈利方式。④ 综合类 SNS 网站:综合类 SNS

网站以 Facebook、51.com 为代表。Facebook 已经发展成为用户提供生活、社会、文化、情感、娱乐、文学、经济、教育、科技、体育等综合信息的网站,Facebook 中文网是一个联系朋友的游戏社交工具。可以通过它和朋友、同事、同学以及周围的人保持互动交流,分享无限上传的图片与转贴链接,还有更多好玩的社交游戏。51.com 成立于 2005 年 8 月,一度是中国最大最早的综合社交网站,51.com 为用户提供稳定安全的数据存储空间和便捷的交流平台。

4. SNS 在中国的发展

中国的 SNS 网站从最初的复制、模仿国外 SNS 网站,到逐步走向成熟,经历了四个发展阶段。

第一阶段:2003—2004 年,初级发展阶段

受美国 Friendster.com 迅猛发展的影响,SNS 掀起了新的互联网浪潮,全世界竞相模仿,中国这块山寨的乐土也不例外。UUZone、若邻、天际等交友网站照搬国外 SNS 网站形式,相继成立。该阶段的 SNS 网站可以说是 SNS 先驱,体现的是"第二代交友"模式,提供在线约会交友(Date)服务,即以"寻找朋友的朋友"的方式建立完善社交圈,对搜索引擎开放,日志为主要应用方式。此时的 SNS 网站存在的主要问题是用户量和活跃度都很低,用户黏性不强,没有找到合适的盈利模式。目前早期建立的 SNS 网站大都处于死亡或半死亡状态。

第二阶段:2005—2007 年,市场培育期

MySpace.com、Facebook 的火热掀起中国 SNS 网站的新一波热潮,51.com、校内网等模仿者大量涌现。该阶段的 SNS 网站以城市和校园网站为主,推崇诚信交友模式,实名制开始出现,用户数量持续攀升,出现广告、会员、虚拟物品等盈利模式。

第三阶段:2008—2012 年,快速增长阶段

自从 2006 年 9 月 11 日 Facebook 面向所有互联网用户开放后,国内的 SNS 网站也开始逐渐走出校园,变得更加开放。面向不同受众、提供不同服务的 SNS 遍地开花,以娱乐为主的 SNS 网站更是大放异彩。该阶段的 SNS 网站主要特征是用户量实现飞速增长,平台开放成为趋势,盈利模式日趋广泛,大量竞争者蜂拥而至,市场竞争日益激烈。该阶段最具代表性的网站要数面向白领受众的开心网(kaixin001.com)。

第四阶段:2012 年至今,走向衰退阶段

中国 SNS 市场发展前期,厂商吸引用户的方式主要是通过游戏应用短时间内聚集大量用户、扩大网站用户基数,符合中国 SNS 市场前期发展的客观规律。但是,用户会对游戏产生厌倦,导致 SNS 沉睡用户增多的情况发生。SNS 网站将面临洗牌的局面,出现强者更强,弱者被淘汰的两极分化现象,模

式陈旧,缺乏创新,用户增长放缓。同时多数厂商主要通过广告方式获得收入,以此支撑企业运营。如果达不到一定的用户黏性,SNS网站很难博得广告主的信任从而拿到收益。行业整体混乱,缺乏稳定有效的盈利模式,同质化严重,由于早期的新奇感消失,用户也开始流失了。

案例4-2 开心网(域名 Http://www.kaixin001.com/)

由新浪网前高管程炳皓创建于2008年3月。网站主要功能服务是日志、音乐、照片分享、网络存储、互动游戏等。开心网上线初期,利用病毒式传播及其开发的好友买卖和争车位游戏,短时间内快速吸引了人气,尤其受到都市白领的青睐。截至2009年11月5日,开心网注册用户达4000余万,每日登录用户达1200万人,页面浏览量超过10亿人,每日新增注册用户20余万人。开心网不断地推出新的组件,吸引了大量的网民,其吸人速度让同行咋舌。

(1)网站定位

开心网目标用户定位在都市白领,其功能定位是娱乐、休闲、交友的在线社区服务平台,为互联网用户提供彼此联系交流及各种实用需求的解决方案,网站的目的就是尽力做到让每一个用户开心,这也是网站取名的初衷。

开心网网站设计简单,除了个人基本信息、照片、日志等,最重要的就是其组件设计。组件由开心网公司自行开发,网友可以从中选择自己喜欢的并添加到组件应用当中。开心网根据用户喜好开发各种组件,如买房子、抢车位、好友买卖等游戏,吸引了大量的用户。而且开心网每隔一段时间就会推出新的组件,总能让对原先游戏厌倦的用户找到新的乐趣,这就极大地提高了用户的忠诚度。另一方面,在组件中添加植入式广告也是开心网的主要盈利方式,所以组件在开心网的发展中起着关键作用。

(2)核心功能

① 基础工具类应用:主要提供信息分享方面的服务,包括照片、日记、记录、转帖等丰富的应用。开心网好友之间的沟通、问候以及发表对好友日志的看法,都是这部分信息交流的功能,主要是增加网站的活跃度。其中的"转贴"组件,通过与著名视频网站的合作,将网站的视频超链接过来,形成"一传十,十传百"的大规模转贴,在增加互动和娱乐的同时,实现超链接,提高点击率,也为像优酷网、土豆网、激动网这样的视频网站进行品牌推广。

② 社交游戏类应用：主要提供了一个通过游戏与好友互动的平台，包括从最初的争车位、买房子送花园，到现在的热门游戏"开心庄园""开心城市"在内的多款游戏。除了在开心网的第三方组件页面右侧和其他某些组件的页面上通过自助广告盈利之外，还有广告与社交游戏组件的植入，在实现精准营销的同时，增加植入性广告与用户的互动性。

③ 其他应用：主要包括意在帮助用户获取实际生活价值的，包括网络硬盘、记账、天气预报等简单易用的各项应用。通过第三方佣金、名人机构用户的形式和虚拟货币方式盈利。目前开心网所承载的广告形式基本划分为：嵌入式广告、与其他行业合作和增值服务这三类。简单来说，嵌入式广告指被嵌入在某些游戏或功能组件中的广告，像开心网在"种菜"组件中植入的悦活果汁广告，在"争车位"组件中免费领取的各类广告型"车位背景卡"等等。与其他行业合作这方面我们可以看到，开心网开通了手机上开心网的业务，移动运营商则可以收取相应的移动互联网流量费用。至于"转贴"组件中的内容大多是来自"优酷网""土豆网""六间房"等知名播客网站的视频，他们之间也会存在着非常多的合作机会。所谓的增值服务，就是向用户收取费用，使之享受或获得普通用户（未付费用户）无法获得的"特殊礼遇"，例如付费应用，购买游戏中的道具，甚至是开通某些专属服务功能等。

（3）发展趋势

开心网在最初的发展阶段，偷菜、抢车位等在线小游戏迅速在上班族之间流行起来。偷菜、抢车位等应用的成功，加上用户量的疯长，不但振奋了开心网的团队，连业界都将开心网当作中国的 Facebook。与定位于学生的校内网相比，以开心网为代表的 SNS 网络一开始就定位于白领上班族，这一群体更成熟、更具有消费力。但是开心网没有坚持实名制，不注重用户身份的真实性，忽视了社交本质必须建立在信任的基础上，开发平台不足，引入第三方平台过缓，广告植入过急以及微博等社交应用的兴起导致开心网在 2011 年左右走向衰落，而人人网等网站迅速占领高地，后来者居上。

案例 4-3 人人网（域名 Http://www.renren.com/）

人人网是人人公司旗下社交网站，人人公司由千橡互动集团于 2010 年 12 月更名而来。人人网通过发布分享日记、新鲜事、相册、音乐和视频等站内外资源，形成一个用户互动交流平台，而这个平台的商业价值在于其作为用户流量导入的入口。2002 年陈一舟以 SP（无线增值业务）为基础创立千橡互动,而人人网始于2005年王兴所创立的校内网,陈一舟随后也推出校园社区5Q,5Q和校内网展开了激烈的竞争,而后校内网资金链出现问题,2006年校内网被千橡收购并与5Q整合。2009年8月,"校内网"正式更名为"人人网",由校园SNS向白领及其他市场扩张。人人网的logo由两个抽象的"人"字变形,"人"字成圆形寓意每个人的人际圈,同时两个人字中间发生交集。由图形和域名共同组合成的新标志,象征着人人网是一个人与人的沟通、分享平台,分享真实,沟通快乐。在2011年5月,以人人网为业务主体的人人公司登陆纳斯达克,成为第一家以SNS概念上市的中国公司。

(1) 网站定位

①目标用户定位。原校内网模仿Facebook从高校开始发展,目标用户定位于高校学生这一庞大人群。但随着后来校内网逐渐对白领及高中学生的开放以及将校内网更名为"人人网",将不再局限于学生,其目标用户将扩展到每一个人。

②功能定位。打开人人网首页可以看到一句话:"人人网,中国最真实、最有效的社交平台,加入人人网,找回老朋友,结交新朋友。"可以看出,人人网将其功能定位在互动沟通平台。

(2) 核心功能

①个人主页。个人主页类似于QQ空间,提供日志、相册上传功能。用户可申请VIP主页。个人主页装扮一方面满足年轻用户追求个性化的需求,另一方面也为人人网带来盈利。

②校内通(IM)。校内通是人人网推出的即时通信工具,方便人人网好友之间的即时交流。校内通的开发是中国社交网站首创。它使得人人网用户交流更加方便快捷,更大地满足了用户对社交功能的需要。

③关注明星。关注明星让人人网用户直接与在人人网注册的明星沟通交流。这一功能主要是满足广大学生追星的需求,受到广大学生朋友的欢迎。关注明星与新浪网利用明星博客吸引用户的做法有异曲同工之处。

④第三方开放平台。2008年7月8日,人人网正式推出第三方开放平台(API),是国内首个推出开放平台的社交网站。第三方平台的开放让人人网的应用与日俱增,极大地丰富了网站功能,从而吸引更多的用户。同年10月,人人网正式发布"校内豆"支付系统对接第三方开放平台,为第三方应用开发者提供新的盈利渠道。同时,人人网也获得部分提成。

(3) 发展趋势。人人网相比于其他迅速衰落的社交网站在竞争激烈的市场上仍然占有一席之地,但是一开始人人网所针对的就是学生人群,

> 当这群人走向社会之后,对于人人网的黏性就会降低。人人网在推出移动客户端方面的动作也导致一部分用户的抱怨,微博恰逢兴起,也给人人网造成大量的用户流失,诸多原因,使得人人网如今不再繁荣。

(三)网络社区的圈子属性

不管是早期的传统网络社区,还是后来逐渐发展的 SNS 网络社区,网络社区目前都进入了一个较为稳定的发展阶段,不可否认,一些网络社区逐渐消亡,这主要是由于用户之间的更新少、互动少、原创内容少,大量广告植入以及激烈的市场竞争,许多网络社区用户流失,网络社区不再似刚开始出现时的火热,但是仍然有一批做得很好的网站,它们拥有大量的用户,且保持不断更新。

在传统的网络社区中,用户之间一般是陌生人的社交,天涯、猫扑等论坛是完全匿名化的社区。网站用户多半是因为某个共同的兴趣爱好聚集到一起或者在网络社区中对某个话题进行讨论,这些陌生人所形成的圈子,因为不涉及现实生活中的利益,用户能够各抒己见,圈子气氛平等,但因为是陌生人形成的圈子,故也脆弱。在这些圈子成员中,非常容易出现由于自身原因言辞较为激烈的人,这种人或由于自身素质不高,或由于现实生活压力太大,过激的言行可能会对圈子氛围造成一定的破坏。而 SNS 社区主打的是熟人社交,通过熟人去认识另外的人,这样形成的圈子则是另一种特点。SNS 社区圈子因为真实所以更加紧密,圈子中的人或多或少在现实生活中会有一定的联系,在这个圈子中,成员的自律性较强,圈子氛围也是团结和谐,同时又避免了传统网络社区中破坏圈子氛围的人的存在。

第四节 博客与微博

一、博客简介

博客是继 E-mail、BBS、ICQ 之后出现的第四种网络交流方式。这种传播方式为个体提供了信息生产、积累、共享、传播的独立空间,可以从事面向多数人的、内容兼具私密性和公开性的信息传播,因此又被称为"自媒体"或"个人媒体"。"博客"一词是中国人对 Blog 或 Blogger 的翻译,既指代写博客的人,但更多的是指经常更新的简短帖子所构成的网络日志。博客作为 Web 2.0 时代的产物,形态和功能处于不断地变化和发展中,主要的特点是:更新频繁、信息即时流动,"逆时序"排列文章,优先呈现最新信息。博客的主体内容由简洁明了、个性化的"帖子"组成,各个"帖子"的内容以"超链接"的形式表现,并与其他网页或者博客实现超链接,同时具有即时回应机制,任何人都可以发表评论,同博主进行互动。

博客自2002年正式登陆中国内地以来,一直保持快速增长的势头,截至2014年12月,中国博客用户规模为1.09亿人,较2013年年底增加2126万人,增长率为24.2%。网民中的使用率为16.8%,比2013年年底增长了2.6个百分点。博客是一个内容发布平台,它的兴起源自人们自我表达的需求。从社会传播的角度来看,它是一个社会化的草根媒体,让网民从信息的接受者变成信息的发布者和评选者。早期的博客,兼具自媒体属性和交互属性,是公众交流信息、展示自我的重要平台。随着社交媒体和社交网络的兴起,博客的交互属性逐渐被替代。如今博客的创作者主要是精英人群,创造的内容也趋于专业化,博客的阅读者则主要把博客当成获取信息的渠道来源。

时至今日,博客早已不是一个新兴的事物,已成为网民每天都要使用或者浏览的一种网络服务形态。

二、微博简介

微博,即微博客,源自于英文单词 microblog,又被称为"围脖"。作为 Web 2.0 的产物,微博属于博客的一种形式,但单篇的文本内容通常限制在一定范围内(国内通常为 140 个汉字),使用户能够通过微博融合的多种渠道(包括网页、手机、即时通信、博客、SNS 社区、论坛等)发布文字、图片、视频、音频等形式的信息,具有内容碎片化、使用方式便捷、传播迅速、交互性强等特点。

2010年被称为中国微博元年,微博以迅雷不及掩耳之势火速蔓延,"碎片化"的信息渗透到社会生活的众多领域,掀起了中国社会信息传播的"微博热"。国内处于行业领先地位的新浪微博和腾讯微博,注册用户数均已超过1亿。作为一种新兴的传播载体,微博不仅在中国社交网络中占据领先地位,更成为中国最具影响力的主流媒体之一。

(一) 微博在中国发展的主要阶段

与中国众多互联网产品一样,微博是从国外互联网传播到中国的"舶来品"。总体看来,中国微博的发展大致经历了以下阶段。

第一阶段:微博进入中国内地(2007年)

纵观微博在世界范围内的发展,其诞生背景可以追溯到信息全球化浪潮中 Web 2.0 概念的兴起。随着 Web 2.0 产品在全球互联网的升温,微博作为一种"迷你博客"应运而生。微博在诞生的早期并未被推广开来,直到 Obvious 公司正式推出 Twitter,微博才开始显现其网络价值,成为世界范围内微博发展的里程碑。Twitter 诞生于 2006 年,作为当时最具影响力的微博,

Twitter 的迅速走红带动了国内微博的发展。

2007年,中国本土的微博服务商开始出现,微博进入中国内地。2007年5月,中国内地第一个微博产品——饭否(fanfou.com)诞生,创始人王兴。饭否的推出,成为微博进入中国的标志。

第二阶段:微博初步发展(2007—2009年7月)

饭否的开通,开启了微博在中国的发展历程。同年,微博网站叽歪也开通了,创始人为李卓桓。饭否、叽歪成为中国最早的微博产品。2007年8月,腾讯公司推出了微博滔滔的公测,可以算作中国第一家尝试微博产品的门户网站。随后,微博网站数量有所增加,如做啥网、嘀咕网。2009年7月8日,饭否服务器被关闭,叽歪等中国市场最早的微博产品也相继停止运营。这一阶段,中国的微博处于初始、缓慢发展阶段,在探索中举步维艰。数量和规模上,主要是为数不多的几家小网站,并且缺乏经验,在服务和功能上仿效国外微博产品,尚不成熟,用户相对较少,关注度相对偏低,微博的价值尚未得到充分体现。

第三阶段:微博快速崛起(2009年8月—2011年)

得益于互联网的快速发展和普及,微博开始在中国崛起。2009年,相继涌现出一批新的微博网站,包括9911微博客、同学网、Follow 5、新浪微博、搜狐微博、百度i贴吧等,并在中国微博市场呈现出竞争态势。其中尤为值得一提的是2009年8月开始公测的新浪微博,它发展最快,并随后在中国微博领域居于领先地位。2010年,微博出现了井喷式的发展,国内微博产品达到20余种。不仅搜狐、腾讯、网易等门户网站相继推出微博,新华网、人民网、凤凰网以及和讯财经等多家媒体网站也推出微博。

2011年伊始,微博保持快速发展的态势,"两会"带来了微博问政的升温。这一阶段最为明显的特征是,微博取得了突飞猛进的发展,并且对中国社会产生了巨大的影响。随着微博逐渐渗透到社会的众多领域,它逐渐改变着人们的信息获取方式、社会交往方式和生活方式,并在众多公共事件中影响了公共舆论。随着门户网站微博的异军突起,微博作为一种互联网产品,在快速发展中开始走向成熟。

第四阶段:成熟平稳阶段(2012年至今)

与火热的微信相比,微博在2014年的发展较为稳定,呈现以下几个特点。

①随着微信等微传播新形态的发展,微博"这边风景独好"的热度已过,但是作为一种具有较强媒体属性和舆论表达功能并具有一定商业价值的社交化媒体,微博仍然属于微传播格局中的常规形态。②在中国微博格局中,随着腾讯在整体发展战略上将重心转向微信,新浪微博不仅在用户数量超越腾讯微博,在用户黏度、活跃度等方面更是遥遥领先于其他微博,中国微博格局出现

新浪微博一极独大的局面。③中国微博整体用户规模全年在基本稳定中有所下降,整体特征与中国网民特征极为贴近。④由于政务微博和媒体微博的社会媒体属性持续增强,并趋于稳定,其社交媒体属性进一步弱化。⑤从舆论影响看,微博"大V"活跃度降低,舆论环境得到一定改善,舆论走向总体良好。

(二) 中国微博活跃用户状况

传统媒体时代,信息内容的传播通过阅读、收看、收听之类的订阅方式,多是个人从少数信息源获得信息。在微博这样的社会化媒体出现之后,信息内容的传播是通过人与人之间的"关注""被关注"网络,一层层传播开来。这种传播方式覆盖面广、速度快,同时有信任关系的存在,信息的被接受程度比较高。微博天生就是一个传播和媒体的工具。微博消息发布后,会经历一个相对较慢的传播过程,而当用户转发积累到某个点的时候,会出现一个非常快速的增长的过程。这是典型的"蒲公英式"传播,尤其是凭借"大V"的号召力,可以完成非常广泛的传播,它又同时影响到其他微博并帮助传播,而这些微博都拥有一定数量的粉丝量,其本身就有很大的传播率,迅速形成信息洪流,快速传播。

微博用户之所以选择微博来关注新闻、热点话题,主要原因是微博的快速响应速度和话题的高关注度。从对微博功能的使用情况来看,新浪微博用户对微博主要功能的使用率较高,与整体相比,新浪微博用户活跃度更高。对于新浪微博用户来说,这两个因素的提及率都在60%以上。在传播速度和传播深度上,微博都比传统的新闻媒体有天然的优势,而新浪微博一直都是各类重大新闻事件的首发源头。每逢遇到社会重大事件,新浪微博上的内容发送量都会出现显著上涨。

微博作为新兴媒体,除了其社交媒体的属性外,还有很大的服务价值。很多政府机关、名人、新闻媒体纷纷开通微博,与网民展开互动。政府方面主要利用微博征求民众意见,让民众自由发表观点建议,尽力在民众心中树立亲民民主形象,名人们通过微博发表自己正面积极有趣的信息以获得更多支持,新闻媒体则利用微博发表简短新闻消息以扩大知名度。

(三) 目前微博发展态势

1. 活跃微博用户整体增长态势良好

虽然2013年的网络谣言治理行动,在遏制网络诽谤、谣言传播、非法营销的同时,降低了"大V"的活跃度,但新浪2014年财报显示,该年度是新浪微博活跃用户增幅最快的一年,截至2014年年底,微博月活跃用户达到1.76亿人次,全年净增4700万个,为推出以来的最高纪录,月活跃用户中来自移动端的比例高达80%。此外,2014年第四季度,新浪微博首次实现单季度盈利,净赚940万美元。新浪微博活跃用户的增长和微博本身的上市与阿里巴巴进行合作的商业化探索有关。

2. "大V"群体活跃度下降

"大V"用户指身份经过认证,粉丝数量较多、影响较大、活跃度较高的微博账号。中国传媒大学互联网信息研究院发布的《2014中国网络舆论生态环境分析报告》中称,2014年,微博上"意见领袖"即"大V"群体的活跃度明显下降,整体发博量减少四成,部分出现向微信公号迁移的现象。

3. 媒体微博在微博舆论场中最为活跃

人民网舆情监测室对1000个具有较大舆论影响力的微博账户的分析结果显示,媒体微博是新浪微博活跃度最高的账户,高于意见领袖、政务微博和企业微博,尤其是主流媒体微博由于建立了团队运作机制,保持7×24小时的不间断更新,活跃度明显高于市场化媒体,例如"@人民日报""@央视新闻"的粉丝和影响力遥遥领先于其他媒体微博。

4. 微博成为中国最大的政务信息公开平台

新浪微博是中国最大的政务信息公开平台。截至2014年年底,经过新浪微博平台认证的政务微博数量已经达到13万个,形成了从中央到地方,覆盖不同级别、不同职能部门的政务微博矩阵。值得关注的是,新浪微博活跃用户中有80%来自移动端,这使其成为移动政务的重要平台。在发布政务信息的同时,2014年以来,各级政务微博也陆续推出在线咨询、服务预约和业务办理等职能,积极探索移动政务服务的新趋势。

新华网发布的《全国政务新媒体发展报告》显示,截至2014年11月底,中国政务微博认证账号(含新浪微博、腾讯两大平台)达到27.7万个,累计覆盖43.9亿人次,中央国家机关政务微博认证账号达到219个,累计覆盖2.7亿人次,省级及以下各级单位政务微博认证账号超过19.4万个,累计覆盖20.8亿人次。截至2014年12月,中国政务微博年发布量达到1782.3万余条,同比增长20.1%,转发评论量达2.3亿条,同比增长17.5%。在发布量明显增长的同时,评论转发比、原创微博量方面也有明显提升。

(四)发展建议

自2007年以来的8年,中国微博走过了萌芽期、发展期、热兴期,目前已经进入成熟。在祛除"虚热"之后,微博已经成为中国微传播格局中的熟媒体。微博的功能将在凸显社会性的基础上进一步融合加强。微博的社会化属性持续增强,在此基础上,随着新媒体技术和新传播形态的出现,微博也在与时俱进,不断开发新的功能。微博仍然是重要的舆论空间。尽管微博意见领袖的活跃度有所下降,但2014年,网络诸多热点话题以及"冰桶挑战"等公益行动仍由微博引发,具有强媒体属性的微博仍然是中国最重要和活跃的舆论场。进入成熟期的微博,应该针对其活跃用户群体打造更加成熟的应用。微博应进一步发挥社交平台的入口和链接功能,与社会服务性应用充分对接,充分发挥其社区服务和社会治理作用。

> **案例 4-4　Twitter 简介**
>
> Twitter(非官方中文惯称:推特)是一家美国社交网络(Social Network Service)及微博客服务的网站,是全球互联网上访问量最大的十个网站之一,是微型博客的典型应用。从英文的意思来说,该词的原意是鸟儿的叫声。它可以让用户更新不超过140个字符的消息,这些消息也被称作"推文(Tweet)"。2006年3月,博客技术先锋Evan Williams创建的新兴公司Obvious开始隆重地推出了微博的相关内容。在最原始的环节,该项服务只是局限于好友之间的互动,它允许用户将自己的最新动态和想法以短信形式发送给手机和个性化网站群,而不仅仅是发送给个人。Twitter的横空出世,将世人关注的焦点转移到微博上。Twitter被Alexa网页流量选评为最受喜爱的实用型网络媒体工具之一。

第五节　即时通信

一、何为即时通信

即时通信(Instant Messaging),简称IM,是指能够即时交流沟通,进行互联网信息的发送与接收等的业务。自1998年问世以来,即时通信得到了迅速发展,其功能日益丰富,集各种功能如搜索、博客、E-mail、音乐、游戏等于一身。除了最初的聊天工具的角色,如今即时通信已经发展成一种综合化信息平台,集成了交流沟通、新闻资讯、娱乐、电子商务、搜索、办公协作与企业客户服务等各种服务信息。E-mail作为一种通信工具,存在延时性的缺陷,而即时通信恰恰弥补了其不足,实现了终端联网的即时通信服务,并且可以随时查看联系人的状态信息。

IM的创始人是三个以色列青年,最早的IM应用程序是他们在1996年研发出来的,取名为ICQ。当ICQ注册用户数达1200万人时,被AOL(美国在线 American Online)看中,以2.87亿美元的天价买走。在1998年时,ICQ注册用户数已经达到了1200万人,2008年,ICQ当时主要的用户群体在美洲和欧洲俨然已经成为世界上最大的即时通信系统。

根据中国互联网信息中心(CNNIC)2014年7月发布的《2014年中国社交类应用用户行为研究报告》,即时通信(IM)在整体网民中的覆盖率达到了

89.3%,即时通信工具一直是网民重要的互联网应用之一,传统的聊天工具QQ、阿里旺旺等是网民互联网交流沟通的重要工具,近年来伴随移动互联网的快速发展,针对移动设备而推出的移动即时通信工具(Mobile Instant Messaging,简称 MIM)也迅速普及,微信、易信、来往等工具纷纷出现。

二、即时通信分类

根据即时通信所使用终端的不同,我们大致可以将即时通信分为 PC 终端和移动终端。所谓 PC 终端,即通常我们所说的计算机服务终端,PC 终端代表性即时通信工具有:ICQ、MSN、QQ(当然这些即时通信也有移动版,但是最初这些软件是诞生于 PC 终端)。与 PC 终端相对的是移动终端,指平板移动通信终端,当然它的外延是非常广阔的,包括手机、笔记本、平板电脑、POS 机甚至包括车载电脑等,但大部分情况下是指手机(尤其是具有多种应用功能的智能手机)以及平板电脑。这种狭义上的移动终端正是本书所指,代表工具有飞信、微信、易信、米聊。

三、即时通信工具

(一)QQ

1996 年夏天,以色列的三个年轻人维斯格、瓦迪和高得芬格为了他们彼此能在网上联系和交流,决定开发一种软件,充分利用互联网即时交流的特点,来实现人与人之间快速直接的交流,由此产生了 ICQ 的设计思想。这在当时是一种近乎个人的玩具,他们成立了一家名为 Mirabilis 的小公司,向所有注册用户提供 ICQ 服务。后来美国在线以 2.8 亿美元收购了 ICQ,用户数量庞大。1999 年,国内冒出一大批模仿 ICQ 的在线即时通信软件,如最早的 PICQ、QICQ、OMMO 等。新浪、网易、搜狐也开发了类似的软件。1997 年,马化腾接触到 ICQ 并成为它的用户,他亲身感受到它的魅力,也看到了它的局限性:一是英文界面,二是在使用操作上有相当大的难度,这使得 ICQ 在国内虽然使用比较广,但始终不是特别普及,大多限于"网虫"级高手。1998 年 11 月马化腾与张志东正式注册成立深圳市腾讯计算机系统有限公司,开发一个中文 ICQ 的软件,推出中文网络寻呼机。后来他们决定干脆自己做 OICQ。QQ 的前身 OICQ(Open ICQ 的意思,ICQ 就是 I seek you 的音译)是在 1999 年 2 月第一次推出的。2000 年 4 月,由于 AOL 状告侵权,腾讯被迫更改网站域名,产品也同时更名为腾讯 QQ,并把形象改造成一只胖乎乎、系着红围巾的企鹅,2004 年 6 月腾讯在香港联交所主板上市(股票代号 700)。腾讯公司开发的 QQ 因为其界面设计合理、用户操作简单而力压群芳,几乎垄断了中国的在线即时通信软件市场,其用户群也成为中国最大的互联网注册用户群。

腾讯QQ不仅占领了中文即时通信市场95%以上的市场份额,同时也是目前亚洲最大、全球第三大的即时通信网络,仅次于AOL ICQ和AOL AIM。2010年,腾讯QQ同时在线用户数突破1亿人,这在中国互联网发展史上是一个里程碑,也是人类进入互联网时代以来,全世界首次单一应用同时在线人数突破1亿人。腾讯的发展深刻地影响和改变了数以亿计网民的沟通方式和生活习惯,并为中国互联网行业开创了更加广阔的应用前景。

腾讯QQ不仅仅是一款即时聊天工具,在聊天工具成功被接受之后,腾讯相继推出了QQ空间、QQ校友、QQ音乐、QQLive、QQ微博、QQ电脑管家、QQ宠物、QQ输入法等附加功能,,因为用户基数大,所以新推出的功能也很容易被接受。

(二) 微信

即时通信软件微信,英文名WeChat,是由腾讯公司在2011年1月正式推出的一款为智能手机提供即时通信服务的免费应用程序,这款软件支持以移动网络为渠道,快速发送文字、实时语音信息、图片视频,并支持多人在线群聊等功能的手机通信软件,微信是传统通信手段和移动互联网技术的有机融合,它构建了一个集邮件、短信、Email、SNS、微博、IM等应用于一身的个性化立体式通信服务平台,让异步沟通更加轻快便捷。2012年3月,微信活跃用户数突破1亿人大关,两个月后,其用户数倍增至2亿人。

据悉,微信的用户数在2013年7月就已破5亿大关,这是一个令人震惊的数字。微信从2011年1月推出主要面向iPhone使用者的1.0测试版到今天,短短三年多的时间里,用户数从0到5亿人,数字的惊人突破,表明越来越多的人已经离不开微信这个便捷、实时的聊天工具。随着微信5.0版本推出游戏中心、语音输入、升级的扫一扫、我的收藏等版块,再加上前一版本已经存在的摇一摇、查找附近的人等版块,微信已经改变了我们大多数人的聊天、交友、娱乐、支付等生活方式,为我们的生活带来了极大的便捷。

面临着诸多类似通信社交类产品的激烈竞争,微信有其强大的优势:一是对比移动的手机短信,它除具有短信即时推送的功能外,推送内容的类型呈现多媒体的特征,且在费用上较手机短信具有比较优势。二是腾讯强大的技术和资金支持,腾讯公司是中国最大的互联网综合服务提供商之一,有行业最先进的技术和雄厚的资金来开发产品,三是它以QQ用户为基础,开发了手机号码注册与交友功能,明确了微信的强关系属性。iOS、Android和Symbian、Windows iPhone、BlackBerry等多手机机型平台的开发也促进了微信的发展贬义。微信除了有强大的背景依托外,其自身的不断完善也得到了用户的广泛肯定。语音对讲功能中的感应设置LBS(基于位置的社交)与漂流瓶交友元素的融入、二维码名片的创新、实时对讲功能的开启等都在终端应用一次次的改进与升级中得到拓展,带给用户不一样的社交体验。可以说,微信在拓展社交功能的同时,更进一步渗透到人们的生活中。

(三) 微信的"圈子"传播特点

1. "一对一"传播,主体精确稳定

微信的好友是从熟人——即QQ好友、手机通信录好友发展起来的,对于微信用户来说,微信是基于"现实生活中相对成熟的社交关系"。微信不同于微博,发布一条信息,即是面向"所有人"的公开传播行为,在这个过程中,用户更强调的是"个体散播信息的意愿",而不是与"精确的对象"进行"互动交流"的意愿。微信中的传受双方通过"对象性鲜明"的私密交流,进一步增强了彼此感情的黏性,从而形成了更为稳定、成熟的熟人交际圈。

2. 传受双方信息内容私密,人际关系亲密

微信用户之间的互动关系是基于本身具有的熟人关系,在熟人间沟通交流的话题是更贴近于生活的私密内容,不同于微博向外扩散信息的功能,微信的信息内容停留在微信互动的用户之间,因此,信息也只有微信用户之间彼此知晓,其他用户则无法获知。此外,微信的朋友圈功能以及群聊功能,则以"分享个人生活""交流共同兴趣"为主题,在"圈子"中,传播的内容与每位成员都具有高度的相关性。因此,成员也愿意通过语音聊天、分享评论等方式参与到互动中。

微信圈子从社交关系上来说,是用户通信录的延展,即是用户现实社交圈在网络上的"立体化"呈现。其中信息交换的个体可能是用户的同学、朋友、同事、父母、老师,但个体之间都具有较为深厚的感情联系,且地位平等,不存在绝对意义上的"精英"与"草根",彼此的信息交换也没有"舆论导向"的意义,更不存在"权力"与"阶层"的划分,或者"情境服从"。此外,微信打通了陌生人和熟人圈的交际界限,在微信的群聊中,往往能够聚集一大群本不是好友关系的用户,通过话题的交流和观点的沟通,合拍的用户可以彼此添加账号成为固定的好友,这就拓展了用户微信的熟人圈的限制。在好友添加的过程中,需要进行彼此间身份的验证,在认可的前提下,才能建立稳定的"朋友关系"。

3. 微信的"强关系链接网"

微信使得人们的社交网络从原有的"弱关系链接网"向基于手机通信录的"强关系链接网"转变,从而实现了基于通信录的全新互动。QQ软件已经是用户在互联网上和任何一个人进行即时通信的首选工具,不论是同学、商业合作伙伴、同事和亲戚,乃至互联网上的陌生人。基本上打开任何一个人的QQ,好友数量都在不断增加,从陌生到熟悉,全都能收纳到好友名单里,但是,QQ无法取代基于手机通信录的"强关系链接网",这并不是软件的功能问题,而是因为社交圈的隐私问题,QQ与微信的本质区别在于,其好友处于两个不同级别的社交圈子。微信产品上的好友,都互相持有对方的手机号码,是被用户许可可以在任何时间把他想发出的信息送抵用户的手机上,这群人的人数是有限的,只有最亲密的人才被许可。

本章小结

在社交网站、即时通信工具、微博三大类社交应用中,整体网民覆盖率最高的项目为即时通信,其次为社交网站,最后为微博。社交网站、微博、即时通信这三类应用既有社交类应用的基本属性,又有其各自的特点。

社交网站、微博、微信虽然同属于社交类应用,但满足的是用户不同层次的需要,用户在使用不同产品时,使用的功能也完全不一样。以 QQ 空间为代表的社交类网站,用户主要用它来上传照片、发布更新状态、发布日志/评论,以微信为代表的即时通信工具,用户主要用它来聊天或者是关注朋友圈,这两类应用主要是用来沟通、交流,维系当前的熟人关系,而对微博的使用主要是关注新闻热点话题和关注感兴趣的人,凸显微博社交媒体的属性。

从社交关系的强弱来看,微信、社交网站的联系人更倾向于强关系。社交关系较强,彼此之间有现实感情维系,信任度高、影响深,美中不足的是传播速度慢。微博的联系人更倾向于弱关系。社交关系弱,信息的传播呈现点对面的趋势,传播速度快,加之微博平台有效的监督机制,明星大 V 和垂直行业的大 V 用户一起充分发挥"意见领袖"的作用,实现传播速度和质量的双重保证。

思考与练习

1. SNS 网站在中国迅速发展的原因是什么?
2. 面对其他类型网络沟通工具的压力,传统的社交网站应该怎么样在市场上继续站稳脚跟?
3. 微信能在激烈的市场竞争中迅速成长的原因是什么?
4. 即时通信给我们的生活带来了怎样的变化?
5. 畅想未来可能出现哪些新的社交媒体形式。

参考文献

[1] CNNIC(中国互联网信息中心)2014 年 7 月发布的《2014 年中国社交类应用用户行为研究报告》.
[2] 李忠存.SNS 社交网站热昙花一现——行业洗牌谁是最后的赢家[J].IT 时代周刊,2008

(22),44－45.

[3] 石玉、任薇.中国社交网用户群洞悉[J].现代广告互动网络专刊,2009(3):99.

[4] CNNIC(中国互联网信息中心)2014年7月发布的《第34次中国互联网络发展状况统计报告》.

[5] 熊澄宇.整合传媒:新媒体进行时[J].国际新闻界,2006(7).

[6] 熊澄宇.从大众传播到分众传播[J].瞭望,2004(1).

[7] 崔保国.2009:中国传媒产业发展报告[M].北京:社会科学文献出版社,2009.

[8] 喻国明.传媒变革力——传媒转型的行动路线图[M].广州:广东南方日报出版社,2009.

[9] 伍利华.即时通信,零距离沟通[J].中国电子商务,2005(6):46－48.

[10] 曹斌.小企鹅能斗赢巨人微软吗?[J].通信产业,2005(7):34.

[11] 黄勇.即时通信:差异与融合才能开拓生存之道[J].IT时代周刊,2005(13):34－35.

[12] 刘宏.传播的圈子[J].青年记者,2008(8):24－25.

[13] 郝锦.浅析微博在电视栏目中的应用[J].电影评介,2011(19).

[14] CIC,新浪.微博引领的中国社会化商业发展与变革[R].CIC-新浪合作微博白皮书,2011:2.

[15] 史亚光,袁毅.基于社交网络的信息传播模式微探[J].图书馆论坛,2009(12):220－223.

[16] 陈然.网络论坛活跃群体社交网络研究——从"关注"行为的视角[J].新闻界,2012(9):51－55.

[17] 胡瑶迪.微博传播对传统媒体的影响[J].新闻世界,2010(6):25.

[18] 喻国明.微博影响力的产生机制与作用空间[J].中关村,2010(4):91.

[19] Howard Rheingold. Virtual Community:Home steading on the electronic Frontier[M]. Addison-Wesley, 1993.

第五章　新媒体传播

> **学习目的**
> 1. 通过对新媒体新闻概念和特点的学习,掌握新媒体未来发展的趋势。
> 2. 通过学习新媒体舆论,了解新媒体舆论的定义和特点、作用。
> 3. 通过对新媒体文化知识的掌握,了解新媒体文化发展历程。
> 4. 通过学习网络谣言产生的机制和特点,掌握减少网络谣言的方法。

第一节　新媒体新闻

新媒体语境下,新媒体的影响是方方面面的,它影响着社会的经济、政治以及文化,本书主要是从新媒体对信息传播产生的影响、新媒体在其中所扮演的角色以及起到的正面和负面的作用来分析新媒体对传统媒体的传播内容和形式产生的深刻影响。以互联网技术、移动终端为代表的新媒体,解构了传统的线型信息传播模式,传者和受者之间的信息渠道变得更加多元化、多样化、多屏化,传播者和受众之间的界限也逐渐消解。在这个"人人都是麦克风"的新媒体时代,众声喧嚣的话语平台加剧了传播的娱乐趣旨,实现了话语权的下移和转移。

一、新媒体新闻的定义及特点

(一) 新媒体新闻的定义

进入21世纪,依托数字化技术、计算机技术、网络技术和移动通信技术的迅猛发展,新媒体作为一个新的传播载体,挑战着传统媒体的地位,同时也给传统媒体的发展带来转型的机遇。传统的新闻媒体借助新媒体进行数字化转型,以网络媒体和手机媒体为代表的新媒体正在向主流化媒体方向发展。

新媒体新闻的定义有狭义和广义之分,从狭义上来说,新媒体新闻指专业的新闻媒体通过新闻网站等新媒体媒介发布的新闻,例如传统新闻的新闻网站、综合门户网站等媒介在网络和手机上发布的新闻。广义上的新媒体新闻泛指所有通过新媒体介质传播的新闻,传播者不仅包括专业新闻机构,也可以是非媒介组织或个人,传播载体也不仅局限于比较成熟的新闻网站或手机报,任何新兴的媒介形态都可以用来传播新闻。

（二）新媒体新闻的特点

传统媒体新闻即报纸新闻、广播新闻、电视新闻，它与新媒体新闻的主要区别在于传播方式的不同，新媒体新闻传播方式更加多样化。"硬件"和"软件"组成媒介的传播方式，硬件主要指媒介传播的物质基础即传输系统，而软件主要指媒介传播的符号系统。

传统媒体在口语传播时代、文字传播时代、电子传播时代中，传播符号依赖于语言和文字、声音，三大传统媒体本身皆有无法逾越的缺陷。报纸对受众的文化水平要求高，并且报道无法要做到形象生动。广播受频率限制传播范围窄，不易保存，稍纵即逝。电视拥有声音、图像、文字、声音等传播符号，但与受众的互动性差。依托技术的发展，媒介传播符号越来越丰富，新媒体实现了文字、声音、图像、视频在数字化环境中的集合和传播。因此，新媒体新闻与传统新闻相比独树一帜的特点有如下几项。

1. 内容丰富

早期的大众传播论"魔弹论"和后期的"议程设置理论""沉默的螺旋"都向人们昭示着大众传播媒介的巨大力量，"魔弹论"的受众是被动接受的"应声而倒"的靶子。传播者位于至高无上的地位，充当着"把关人"，掌握着传播的内容和权力。在新媒体新闻时代，"去中心化"产生，受众既是信息的传播者也是信息的接受者，信息的来源大大增加。比如微博的兴起和发展，冲击着传统的"把关人"的地位。公民只需注册一个微博号，就可以充当"发言人"，扮演着"记者"和"编辑"的角色，直接过滤掉"把关人"，随时随地发布新闻，不受时空限制。

受众在新媒体时代拥有着传播主动权和接近信息源的便利性，受众自我传播着大量的新闻，即"公民新闻"，成为新闻事件的"第一传播者"，为传统媒体的报道提供了新闻资源，同时也为新闻资源的丰富提供了可能。

传统大众媒体是新闻传播的主要渠道，有权决定哪些信息被报道、怎样报道，对于不符合价值标准和报道方针的信息，完全可以少报、缓报或者不报。传统媒体必须选择性报道，潜移默化中减少了报道的信息量。同时，传统媒体受自身的时段或报道版面的限制，传输的渠道容量是一定的。渠道的容量不是指一个渠道能传送的符号的数量，而是指渠道的信息表达能力。传统的平面媒体报纸、杂志和电子媒体如电视、广播，在一定的传播周期中，版面、渠道、时段、采编人员等传播资源都是既定的，无法实现拓展。但新媒体新闻中，除却个人发布的新闻，组织和网络新闻机构发布的新闻主要是通过超链接的方式展现给受众，即运用超链接的方式把新闻的相关内容组合联系成一个有机整体，受众通过电脑或客户端直接进行阅读，即通常我们在网络上阅读到的相关新闻。无形中扩大了新闻资源的来源，实现资源利用的最大化。超链接在较大意义上改变了读者的阅读方式,发展了人类的思维活动的多向性,整合多种传播形式,提高了受众的阅读体验。新媒体技术打破了不同媒介形式的界限,新闻信息中融合了文本、声音、图片等,感官效果好。

2. 传播范围广

在人类漫长的传播历史长河中,我们不难发现这一特点,每一种新的传播媒介相比较于之前的"旧"媒介,传播范围都得到了进一步扩展。传统报纸发行量和覆盖面由于受其物理特性和地域限制,传播范围有限。广播的出现,利用声波的传输,传播范围扩大,之后出现的电视随着卫星的上天,传播的范围得到大大提升。而新媒体利用连通全球的国际互联网和移动通信网络完全打破了传统地理区域对于信息传输的限制。只要有能连接到网络的终端设备就能够在世界各地接收到新媒体传播的信息。就如尼葛洛蒂所说,"互联网改写距离的意义",在"数字化的世界里,距离的意义越来越小。"① 重新回到麦克卢汉所说的"重新部落化时代",我们居住在"地球村"。

因此,新媒体新闻传播不受时间、空间、地理、频道、版面的影响,世界各地的人们都可以随时随地接收到远距离超时空的信息,传播范围得到空前的扩大。

3. 内容个性化

大众传播时代,传统媒体的传播方式是点对面,试图满足大部分受众的需求。报纸、广播、电视有定制的版面、特定的时段、不同类型的节目方式迎合受众的个性化兴趣,向"窄播"的方向发展。但每个公民都是独立、特别的个体,兴趣各有不同,有着不同的信息需求。以报纸、广播、电视为代表的传统媒体的点到面的传播是遵循"大多数原则",大规模的组织向大范围的受众传递大量的信息。根据有限的、不精确的反馈信息和传播者对受众需要的估测以及不同社会、政治背景下传播政策的要求,传送出被认为是迎合大多数受众需求的信息。传统媒体无法实现对单独的个体推送个性化信息,其结果就是当受众阅读报纸、听广播、看电视时,经常会接收到自己本不需要的信息。这一方面造成媒体资源的浪费,另一方面浪费了受众的注意力资源,耗费了受众的时间和金钱。

在新媒体环境下,新媒体对受众推送个性化信息成为可能。结合大数据分析,新媒体可以根据受众浏览的网页进行整合分析,及时为受众推送受众感兴趣的个性化的信息。比如现在的电商营销,淘宝、京东商城、天猫、唯品会等。人们在上网中会发现网页的广告投放主要是自己曾观看过的电商的页面。新媒体新闻可以做到这一点,后台的大数据运行,推送个性化信息,使点

---

① [美]尼葛洛庞帝.数字化生存[M].海口:海南出版社,1996:179.

对点的传播成为可能。某些新闻网站如新浪,受众可以根据自己的喜好选择自我阅读新闻的板块,用户自己随意定制自己的个性化新闻,省去信息海洋中筛选信息的步骤,节省时间和精力,大大提高阅读新闻的效率。在新媒体新闻中,任何人都可以主动地寻求并拉出(pull)"自己想要的信息",结束了大众传播时代被动接受(push)传统媒体的新闻信息。这也验证了尼葛洛蒂的说法,"在后信息时代,大众传播的受众往往只是单独一个人,信息变得极端个人化。个人化是窄播的延伸,其受众从大众到较小和更小的群体,最后终于只针对个人。"①

4. 交互性强

传统媒体的传播模式是单向传播,即使借助新传播技术能实现自我数字化转型,开创数字化阅读方式,开通微博、微信平台,提高用户反馈及时性,但与新媒体新闻相比,仍存在着不足。人们从传统媒体获取的新闻基本上是被动的,处于"给什么,看什么"的状态,而新媒体新闻极大地体现互动性,并不是单向地传播给受众,而是提供了一个双向传输的渠道。这主要体现在以下两个方面。

第一,参与性,受众不再是被动的信息接收者,整个信息的传播过程是交互式的信息互动过程。用户可以对阅读的新闻实现实时评论,及时对新闻做出反馈,参与到新闻的传播过程,扩大了新闻传播的意义,同时也为新闻的后续报道提供了基础,完善了新闻的素材来源,也为新闻的真伪性提供了保障。

第二,互动性,新媒体时代,新闻媒体"去中心化",实现点到点的传播,每个节点同时也可以实现相互的传播。受众在评论新闻的同时也可以与其他的受众实现在线交流和互动,了解到其他受众的看法,完善自我认知。可以说新媒体新闻的互动和反馈是公民的"集体智慧",媒体可以根据评论了解网络舆情的发展。

二、新媒体新闻的传播模式的特点

新媒体新闻传播有别于传统媒体的新闻传播,传播模式有所区别。在分析新闻传播模式之前,先简单介绍一下新媒体新闻信息流通的几种方式。

(一)新媒体新闻信息流通的方式

新媒体新闻结合多种传播方式,形成了大众传播、人际传播、组织传播等多种传播模式并存的态势,并且使人际传播、组织传播突破了时间、空间等的局限,扩展了传播的深度,扩大了传播的广度。从传播方式上来看,新媒体信息交流主要有以下几种。

---

① [美]尼葛洛庞帝.数字化生存[M].海口:海南出版社,1996:180.

(1) 个人对个人的异步传播(One-to-one Asynchronous Communication)，如电子邮件。

(2) 个人对多人的异步传播(One-to-many Asynchronous Communication)，如百度贴吧、猫扑社区、天涯社区等。

(3) 个人对个人，或个人对不确定的多人的同步传播(One-one,One-to-few,One-to-many Synchronous Communication)，如微博、微信、QQ。

(4) 多人(包括团队)对个人、个人对个人、个人对多人的异步传播(Many-to-One/one-to-one/One-to-many/Asynchronous Communication)，如新浪、搜狐等。

第四种传播方式属于之前狭义的新媒体新闻的定义，前三种属于对新媒体新闻的广泛定义，属于不同时态下的交互式传播，受众既是信息的接受者也是信息的传播者。但事实上，新媒体新闻传播打破了传统的传播模式，呈现出更为复杂、互动性更强的特征。

(二) 新媒体新闻的传播模式的特点

1. 新闻传播互动及时化

新闻传播的互动性是新媒体新闻传播模式的重要特点。在传统的单向传播时代，大众传播媒体凭借自我强大资本做后盾和悠长传播历史控制着新闻信息的传播，接受者得到的是经过选择和加工的信息。[①] 但在新媒体信息环境中，受众不用依赖大众媒体发表自我的看法和意见，互动性得到极大的增强。受众可以借助新媒体如微博、微信发出"声音"，传播信息，发布新闻。同时，中国大的新闻网站如新浪、网易、搜狐、门户网站都设有投票环节，受众可以跟帖发表自我的看法，也可以在网页上投赞同或反对票。新媒体新闻传播的互动性为受众发表看法提供了渠道，可以及时互动反馈。更重要的是，受众通过跟帖或评论，或自己在新媒体上发布信息，一定程度上可以快速还原新闻事件的真相，一定程度上维持了社会和谐，保持了新闻的真实性。

2. 新闻传播介质全媒体化

自媒体自身的互动性和传播主体的多样性决定了自媒体将成为新闻传播的重要阵地，新闻传播不再单纯依赖传统媒体。在传统的新闻传播中，传播的介质是报纸、杂志、广播、电视等，主要依赖的传播方式是文字、图片和声音。但是，随着传播方式全媒体化的新媒体新闻的流行，文字、图片、动画、声音和影像等多方位介质取代传统的文字、图片和声音。更重要的是，随着新媒体技术的发展，传播介质逐渐全方位、多元化。如移动终端得到极大丰富，我们日常使用的手机、电脑、平板和移动阅读设备等都是新闻传播的介质。全媒体时

---

① 刘九洲,付金华.以媒体为支点的三个舆论场整合探讨[J].新闻界,2007(01):36-37.

代的微博、微信成为人们发布即时信息的重要渠道。例如，国庆比较火的"青岛天价虾"事件最初是由微博发声，引发对青岛整个旅游业黑幕的质问。

3. 新闻传播主体多样化

在传统媒体时代，受众只是信息的"靶子"，处于不平等的传播地位。在新媒体新闻传播模式中，传播者既可以是传统媒体，也可以是个人。受众不仅仅是信息的接受者，也是信息的传播者。个人可以通过微博发出声音，传播新闻，成为传统媒体和新闻网站的素材来源。例如：震惊世界的法国巴黎11·13系列恐怖袭击事件，最先由微博直播即时情况，之后大范围转发，传播范围逐渐扩大。每个公民都可以通过自己的手机、平板、电脑或是其他设备报道新闻。新闻由传统的单一环境走向多传播主体环境。同时，不可忽视的是，新闻传播主体的多样性也具有一定的优势，受众会对报道的信息产生一定程度的认同，增强新闻真实性。因此，新媒体环境中，在对有价值的新闻进行核实之后，新闻媒体可以对新闻第一发布者进行适当的鼓励，以鼓励更多的人以认真负责的态度加入新闻媒体报道之中，鼓励自媒体的蓬勃发展。[①]

4. 新闻传播信息定制化

新媒体信息传播中，公民可以对新闻信息进行筛选，选择和接受自己感兴趣的信息，而不再是全盘接受。如尼古拉斯·尼葛洛庞帝（Nicholas Negroponte）所言，"在数字化生存的情况下，我就是'我'，不再是人口统计学上的一个子集。"[②]某些新闻网站如新浪，受众可以根据自己的喜好选择自己阅读新闻的板块，用户可以按照个人的兴趣爱好定制个性化信息。在"信息海洋"中可以快速定位到自己需要的信息。因此，在新媒体的大数据时代，新媒体越来越主动地运用大数据推送用户需要的内容。未来，大规模的个体信息定制将成为可能，媒体将变得更加智慧，更能满足人们个性化、情景化的需求，成为人们获取特定信息的"阿拉丁神灯"。例如"猜你喜欢""今日头条"都是根据受众在特定的情境下的需求在不同的时间、不同的地点准确地推送不同的内容。

三、新媒体新闻的发展趋势

（一）新闻信息的信息化

个人对信息资源的广泛、自由使用，使得信息资源丰富化，但不可避免的是，人们在传播有价值的信息的同时也在制造着垃圾信息。缺少了以往大众媒介对新闻信息的"把关"，大量垃圾信息汇入信息海洋，迷惑着受众对信息的

---

① 彭兰. 网络新闻学原理与应用[M]. 北京：新华出版社，2003：45.
② [美]尼古拉斯·尼葛洛庞帝. 数字化生存[M]. 海口：海南出版社，1996：38.

选择和接受,迷失于"资料太多而知识太少的嘈杂世界",陷入"一头驴站在等距离的两大捆干草之间"的困境。正如阿尔夫·托夫勒在《未来的震荡》中所言:"有时候选择不但不能使人摆脱某种束缚,反而使人感到事情更复杂,更棘手,更昂贵,以至于走向反面,成了无法选择的选择。一句话,有朝一日,选择将是超选择的选择,自由将成为太自由的不自由。"①新媒体新闻总体上来说是鱼龙混杂,处于无序状态,人们面对的是资源富饶的贫困。"知识沟"和"数字沟"的存在使得受众的媒介素养并未整体得到提高,受众在信息的汪洋中找到的有价值、自己真正需要的信息,是一件耗费精力和时间的工程,需要"把关人"的筛选。因此,在新媒体环境中,新媒体新闻的传播者,不论是职业化的亦是非职业化的,他们的职业内涵和工作重心将由传统上的信息采集者变为信息的整理者和思考者,以为人们提供真实、可靠、高效的新闻信息。

从本质上来看,新媒体新闻的受众与传统媒体的受众相比,受众对新闻信息的接受心理、接受习惯是不同的。在社会环境因素与新闻传播技术因素的综合作用下,受众接受新媒体新闻信息传播的心理预期呈现出快速获取最新消息、主动选择有效信息、精确接近深度信息的特征。形成一种新的受众阅读新媒体新闻方式,往往是按照搜索引擎直接获取精准信息,快速扫描新闻信息,利用"碎片化"时间进行"快餐式"阅读。因此,未来的信息"管理者"角色应予以重视,帮助受众精确寻找到信息。

更重要的是,新媒体新闻传播者不仅仅应帮助人们整合信息,还应善于结合信息的背景及其所蕴涵的意义,做信息的"思考者",为用户提供"关于信息的信息",成为信息汪洋的导航者,指导用户在信息海洋中避免触礁沉底,不沉溺于垃圾信息。正如尼葛洛庞帝所说:"关于信息的信息,其价值可以高于信息本身。"新媒体新闻传播者要为受众传播"关于信息的信息"。因此,随着新媒体新闻的发展,未来新媒体新闻的发展对其传播者的媒介素养提出更高的要求,受众也应该不断提高自身的媒介素养水平。

(二)群体智慧的整合

近年来,微博在报道突发事件上的力量是不容小觑的。例如 2015 年 11 月 26 日下午 1 点 20 分左右,成都市区及郫县、双流、温江等网友纷纷发微博称听到了巨响,事发初期,一些诸如化工厂爆炸等猜测在自媒体平台上快速传播开来。从统计数据来看,截止到 11 月 27 日 16 时,微博平台上与"成都巨响"相关的信息量达到 149663 条,呈现出较高的舆情热度。从事件的传播路径来看,巨响发生伊始,认证网友@李伯清在下午 1 时 28 分发布了一条微博,内容是"天空传来一声巨响,啥子情况!"并标注了自己的地理位置。李伯清的

---

① [美]阿尔温·托夫勒.未来的震荡[M].成都:四川人民出版社,1985:136.

这条微博被转发、评论近5000次,成为事件传播初期最为重要的信息源。微博成为报道突发事件的重要途径。

同时,微博的存在是群体智慧的显示,微博使大多数人在网上自由发表自己的看法,对新闻事件做出独特的评论。同时,名人的微博空间不仅仅是个人媒体的存在,而是在RSS技术的基础上互相联结,形成了一股不可忽视的群体智慧的力量,影响着社会思想。例如维基新闻的兴起。维基新闻是维基技术在新闻领域的运用,受众对新闻有了更多的选择权和知情权,这是对传统新闻观念的一种突破。它具有国际性、快速编辑、公开、中立、自愿和自由的特点,是一种群体协作。

在新媒体语境中,新媒体的用户需求呈现出独立的个性化需求和社会化的双重需求。而个性化和社会化这二者并不矛盾,独立的个性化是社会化的前提。受众的个性化需求是新媒体用户的基本需求。新媒体技术的发展一方面降低了受众展现自我的成本,另一方面为受众提供了多元化表现自我的个性化平台。① 因此,未来的新媒体新闻将强调个体的个性化,更突出个体的存在。通过着重个体性来发挥个体的潜能,激发更多的受众参与到新媒体新闻的生产和传播。最终由个人媒体的大集合形成集体智慧,发挥群体效应,促进新媒体新闻的健康长远发展。

第二节 新媒体舆论

在新媒体语境中,出现一种新的舆论形式,即新媒体舆论,它是受众借助新媒体平台对某一公共事件所表现出的有一定影响力的、带倾向性的言论和意见。在新媒体舆论的发展中,了解其特点和形成过程可以有效地影响、引导新媒体舆论。

一、舆论和新媒体舆论

新媒体舆论属于舆论的范畴,认识和了解新媒体舆论,必须先理解舆论。卢梭在《社会契约论》中首次将拉丁文中的"公众"与"意见"两个词汇联系在一起,英文"舆论"概念(public opinion)从词根到含义与此一致,说明"舆论"就是公众的意见。美国报刊学家、舆论学创始人、专栏作家李普曼认为,舆论是"其他人头脑里的想象,他们自己的情况、他们的需要、意图和关系等都是他们的舆论"。② 当代,中国学术界关于舆论的定义亦为数不少,学者刘建明认为,

---

① [美]罗兰·德·沃尔克.网络新闻导论[M].北京:中国人民大学出版社,2003:169.
② 闵大洪.数字传媒概要[M].上海:复旦大学出版社,2003:79.

"舆论是一定范围内多数人的集合意识及共同意见""舆论通常是指参与公共事务的公众态度,凡人们每天诉说的思想和社会观念都是它要研究的内容""舆论是社会或社会群体中对近期发生的、为人们普遍关心的某一争议的社会问题的共同意见"[①]。

舆论作为公众发表的集合性意见,在古代社会主要通过口耳相传来表现,舆论的载体主要是人群自身,在现代社会,舆论和传媒的关系比较密切,大众传媒对舆论的形成、反映、引导发挥着巨大作用。近年来,新媒体舆论借助新媒体发展起来,开始进入人们的视野中,并逐渐成为舆论体系中举足轻重的一部分。互联网自1994年进入我们生活中以来,新媒体终端逐渐多样化,受众发表言论的平台也逐渐多元化,公众不再只是新闻的看客,反而能参与其中,影响舆论。

二、新媒体语境下舆论的特点

新媒体舆论属于舆论的范畴,自然具有舆论的公开性、即时性、自发性和评价性等特点。但由于其借助网络媒介,因此又具有传统舆论所不具备的特性。新媒体舆论的主体是网民,而不是一般意义上的大众,他们至少是一群具有文化背景和社会地位、对新鲜事物保持好奇心的群体。新媒体舆论的客体包罗万象、丰富多彩,自身表现形态多元,新媒体舆论程度强烈,非理性成分突出,[②]新媒体舆论具有以下几个特点。

(一)影响范围大

新媒体放大了舆论的功能,新媒体舆论有可能是微弱的声音,但网络媒介则像是扩音器般的存在,世界各地均可收听到其声音。各个角落的大众参与到对事件的讨论,发表自我的看法和解决方案,形成巨大声潮,扩大声音的影响范围,最终形成舆论效应。新媒体本身刺激了舆论的产生,每个受众在接触网络时是独立的个体,避免了人际关系所带来的压力,使新媒体舆论异常活跃,易形成网络张力,造成巨大广泛的影响。

(二)交互性强

新媒体舆论主要是借助于网络媒体,网络舆论与网络传播方式息息相关。网络传播的最大特点在于它是双向的交互式的传播渠道,受众不再是被动的信息的接受者,受众借助新媒体平台了解别人的看法,提出自己的见解,对事件做出评论和判断。传播者地位的主导性减弱,受众的地位得到提升,打破了传统媒体对舆论的控制,受众可以随时随地发表自己的看法,行使自己的知情

[①] 刘建明.当代舆论学(精装本)[M].西安:陕西人民教育出版社,1990:106.
[②] [日]小野秀雄.新闻学原理[M].北京:中国人民大学新闻系内部译本.1960:36.

权和言论自由权。同时,受众积极参与到新闻事件的讨论中,形成舆论。

(三) 意见多元化

人们的利益、意见、价值观呈现出多元化趋势,人们对同一事件的看法各有不同。社会舆论展现出明显的阶层差异性和多样性。传统媒体时代,国家对传统媒体传播的内容进行严格审查和控制,舆论主要是表现为较为稳定的"自觉舆论"。[①]而新媒体舆论因为产生于"娘胎"——网络,生长于一个相对较宽松和自由的环境,网络的匿名性给受众带来了较高的心理安全感,更倾向于积极大胆地发表自己的看法,处于一种自由的状态,更加无拘无束地发表自己的评论。这样,多种观点、多种视角、多种情感在网络中得以流露和表现,同时也使网络上的舆论多元化,并不是统一的观点。

(四) 反应迅速

新媒体舆论形成迅速,尽管大多数情况下,舆论呈现出发散、多元化的状况。但新媒体舆论对突发事件和重大灾难性事件会积极迅速形成强大的舆论场。

新媒体舆论的速成性主要有两方面的因素。一是新媒体的传播速度快。随着计算机技术和通信技术的发展,特别是在三网融合的背景下,新媒体信息的传播速度得到极大提升,信息传播几乎没有延时。一旦有重大新闻事件发生,特别是一些突发性、灾害性新闻事件,很快就会在网上传播、扩散,形成舆论。二是新媒体舆论强大的交互性,使得受众的交流变成一个动态系统,即时的互动使得新闻事件迅速升级,吸引更多受众关注和讨论,成为热门话题,一个新闻事件由此演变成舆论的焦点。

(五) 舆论引导难度大

由于网络技术的支持,舆情的观察变得更为直接和直观。但从严格意义上来说,舆论是不能准确量化的,因为舆论从何时开始到何时结束,其强度、一致性如何,这是很难统计甚至无法统计的。

一个帖子、一条微博,经反复转帖、众人附议和多人"围观",便能迅速发酵、急遽膨胀和大幅蔓延,从而形成舆论狂潮。一些地区性的小事端,瞬间便能引发舆论海啸,成为举国关注的重大事件。

网络舆论的主体具备隐蔽性,网络舆论的传播方式具备极强的裂变性,传播渠道也多种多样,这就导致网络舆论引导的难度比传统舆论更大。互联网世界中,虽然也存在着"把关人"的存在,但是网络世界是一个虚拟世界,人们可以轻易绕过把关人获取各种各样的信息,加入非理性化的网络舆论中去。同样,互联网世界的无序和随意也导致任何人的观点都可以随时发生变化,这

---

① 孙煜华.自觉增强舆论斗争意识[J].求是,2013(23).

就相当于网络舆论的风向可以在短时间内发生多次变化,使得网络舆论引导需要持续关注。

基于舆论引导的基本原则,新媒体舆论引导重在创新方式,主要有四个途径,即通过立法监督来引导网络舆论,运用自律意识和媒介素养引导网络舆论受众,通过传统媒体、主流媒体与新媒体同时发声来引导舆论传播方式,运用网络热点预测与预警来引导舆论信息内容。

三、网络舆论的形成过程

(一) 新媒体舆论形成的条件

舆论在网络上形成、发展与产生效应,离不开网络公众、网络意识环境和网络舆论场。考察这三个因素,有助于我们了解网络舆论的形成过程,更好地引导舆论。

1. 网络公众

网络舆论的主体是网络公众,了解网络公众总体的变化和基本特征,有助于我们深刻理解具体公众在具体问题上的情绪或意见变化。一般来说,公众总体的状况是舆论环境的质量和特征的决定性因素。

网络公众总体的变化较为直接地影响着网络舆论环境。网民群体规模的扩大和网民的文化背景、兴趣、素质等都会影响到网络舆论发展的走向。随着网民知识水平的提高,越来越多的"精英群体"在网络平台上发声,成为"意见领袖",直接引导着整个舆论走向,对提高舆论环境的质量发挥着不小的作用。

2. 网络意识环境

相比较于一般的社会意识环境,网络意识环境显得更自由开放、更多元、更活跃,这主要表现在三个方面。第一,网络信息的共享使网民能够获取更多更全面的信息,这是构造活跃的意识环境的前提。网络信息传播主体的多元化使许多在传统媒体上无法表达的观点得到展示的阵地,受众分散的观点使意识环境变得多元和活跃。第二,网络空间具有自由宽松的氛围。网络传播的特性使以往在传统媒体上无法实现的个人表达自由和言论自由得到空前的展现。网络的匿名又使得个体与个体之间的关系不存在私人或组织利益的冲突,不具有现实社会中摆脱不了的政治、经济、观念上的群体影响,交流的环境宽松而自由。[①] 没有压力与束缚使网民较少考虑种种社会心理以及可能带来的行为后果。第三,网络的虚拟使不同国家、地区和民族的网民可以自由地进行交流。网络实现了跨空间的自由交流,不同意识、观念之间的碰撞不断启发人们思考现实问题,多元化的意见在网络空间上实现思想火花的碰撞,舆论的

---

① 夏德元.新媒体时代舆论引导与舆论表达的良性互动[J].当代传播,2014(01):41-43.

空间空前活跃。

3. 网络舆论场

20世纪初,德国心理学家库尔特·卢因提出"心理场"的概念,首次将"场"的概念引入社会学科。卢因认为,"心理场"就是由一个人的过去、现在的生活实践经验和未来的思想愿望所构成的总和,即"心理场"包括一个人已有的生活的全部和对将来生活的预期。"舆论场"是指包含若干相互刺激因素、使许多人形成共同意见的时空环境,"场"不仅是舆论形成的条件和空间,而且是推动舆论发展的契机,甚至制约着它的正负方向。[①] 构成舆论场的三要素——同一空间人们较高的相邻密度与交往频率,较大的空间开放度,较强的空间感染力或空间诱惑程度,便可能在这一空间形成舆论场。无数个人的意见在"场"的作用下,经过多方面的交流、协调、组合、扬弃,会比一般环境更容易形成舆论场,并有加速蔓延的趋势。[②] 新媒体为公众舆论提供了新的平台。

(二) 新媒体舆论的形成过程

1. 议题出现期

舆论的形成是从个人意见流传开始的。个人意见并不是舆论,但是任何个人的意见都是发端于舆论。在新媒体环境中,新闻信息公开透明,传统的传受关系已经打破,每个受众既是信息的接受者也是信息的传播者。个人在新媒体上自由传播自己的信息,对重大的新闻事件和突发事件发表自己独特的意见。[③] 个人意见在网络上的传播是新媒体舆论产生的关键过程。新媒体传播的迅速性、开放性和匿名性等特点,使个人意见得以在网络上更加自由、更加公开地传播。当然并不是所有意见都会那么集中、迅速地得到传播和汇集。事实上,绝大多数个人意见处于少量状态,扩展不明显,最后就会完全消失,也就是说,大量个人意见并没有形成舆论,只是作为短期个体意识呈现。

一般说来,个人意见的议题与公众利益相关度越高,就越能引起公众的注意和讨论,议题越重要,人们对事态的期望值越大,舆论的规模、强度就越大,公共舆论的价值就越大。主要有四种议题引发舆论的可能性较大。一是触及各类社会矛盾的议题。目前,中国社会正处在政治、经济体制改革的转型期,经济体制的深刻变革、社会结构的深刻变动,以及由此引起的人们的思想观念的深刻变化,在带来改革活力的同时,也带来了许多社会矛盾和问题。二是涉及社会公平正义的议题。人们对权利和自身利益的维护意识在不断加强,人们对公平与正义的要求更为强烈,而正是网络给信息、意见提供的高度自由的

[①] 刘九洲,付金华.以媒体为支点的三个舆论场整合探讨[J].新闻界,2007(01):36-37.
[②] 刘建明.当代舆论学(精装本)[M].西安:陕西人民教育出版社,1990:106.
[③] 夏德元.电子媒介人的崛起——社会的媒介化及人与媒介关系的嬗变[M].上海:复旦大学出版社,2011:79.

交流空间为这种需求提供了现实的表达平台。三是涉及伦理道德的议题。由于当前中国传统文化出现断层,"礼崩乐坏""物欲横流"成为网民最为担忧的情形,因而他们对于一些有悖社会基本道德和伦理的事件往往深恶痛绝,从而大加挞伐。四是涉及公共安全、重大事故、自然灾害、环境污染等重大突发事件的议题。[①]

2. 议题存活期

一个议题能否在网络上存活,取决于相关事件是否能够受到论坛成员的持续关注,从发帖上便表现为持续出现相关事件的新帖或者跟帖。任何议题要想受到持续关注,必须积累足够的浏览量和回帖率,浏览量和回帖率越高,帖子越靠前,受关注度就越高。在议题的存活期,意见领袖也起到了非常重要的作用。"意见领袖"来源于拉扎斯菲尔德个人提出的"两级传播理论",是指活跃在人际网络中,能够对他人的意见、观点产生影响的人。我们认为衡量网络意见领袖影响力的指标主要有三个:一是主动发帖是否能得到大量网民的浏览和回复,这是帖子能够存活的必要条件,二是看帖子能否被置顶,推到网站或论坛的首页,这直接决定了一个帖子能否在论坛中存在并持续出现,三是帖子能否进一步被其他论坛或网站转载甚至被传统媒体报道,这保证了帖子的持续生命力和广泛的传播效果。近年来,新媒体舆论事件正好体现了以上三个指标。

3. 舆论的整合期

议题一旦存活下来,就好像龙卷风已经初步成了"气候",之后的发展,便取决于网民的态度和行为以及网络媒体环境的变化等一系列因素的制衡和相互博弈。大规模的新媒体舆论在媒体的持续报道、转载和大量网民讨论、跟帖、转帖的情况下,朝两个方向发展:一方面,舆论沿原有路径继续升级。此间,官方意见、网民观点、媒体报道相互交融,促使舆论影响进一步扩大。另一方面,由于受到官方的有意引导或关于事件最新信息的补充和媒体设置新议题的影响,舆论开始偏离事件本身。

4. 舆论的消散期

新媒体舆论经过了整合期的意见表达,随着时间的推移和事件处理过程的发展,网民参与讨论的次数逐渐减少,意见表达的强度也随之减弱,舆论进入消散期。从时间上说,新媒体舆论声势的消减往往伴随着事件的最终解决或阶段性的解决。经过前期的网民意见的集中表达,已经形成的新媒体舆论对事件的发展产生了意见压力,并对事件进程的发展造成了不同程度的影响。新媒体舆论声势的消减还表现为和事件相关的帖子浏览率不再大幅增长,回

[①] 相德宝.新媒体问题与管理:中国新媒体研究综述[J].新闻界,2012(02).

复跟帖的数量明显减少,转发事件进展的新帖数量也明显减少,帖子在论坛中的位置也在不断地下沉,位置越靠后,网民的关注度越少。随着帖子浏览率和回复率的下降,针对特定议题的帖子最终被新发表的帖子代替,网民就该议题的集中意见表达也相应减少,直至消失。

四、新媒体舆论的引导策略

在新媒体语境下,一个最大的改变是把公民的认知权利变成了发布新闻的权力。传统媒体不再是制造舆论的中心,而能够通过互联网发声的公民则成了舆论制造者,这是一个传统媒体制造舆论的"去中心化"过程,在这个过程中,舆论制造表现为"再中心化"的一个过程。所谓"再中心化",是指舆论在制造过程中,传统媒体所起的作用越来越小,而新媒体所起的作用则越来越大,主流媒体整合传统媒体和新媒体,实现媒体融合,在舆论引导方面占领制高点,再次成为中心。如何引导新媒体舆论显得尤为重要。

(一)及时公开所掌控的重要信息

在传统媒体时代,主流媒体直接掌握着重要信息的发布权,在很大程度上决定着新闻传媒对重要信息是否披露、何时披露和如何披露。在新媒体时代,如果不及时公开重要信息,流言、谣言就会乘虚而入,人心就会被迷惑,社会秩序就会失控,这从反面证明了提高舆论引导能力的重要性。最好的措施是及时公开重要信息,并针对信息公开后的复杂的舆论情况进行有效的引导。

(二)坚持正确的舆论引导原则

在新媒体语境下,尽管舆论形成方式发生变化,但是,从根本上来讲,新媒体舆论引导要坚持党和政府的领导,确保新媒体环境下正确的舆论导向,让新媒体成为党和政府的"喉舌",成为广大公民心声的"代言人"等没有变。主流媒体要充分利用新媒体来调动各种社会力量参与解决公共危机事件,保障公众参与和监督的权利。

(三)充分发挥意见领袖的作用

意见领袖是指实名认证的大V用户,他们在各自领域都有一定的影响力与话语权,针对社会热点话题有自己独特的见解,同时也担当着微博社交平台推动信息交流、人际传播的重要角色,其言论通常会受到一定范围群众的追捧与认同。

意见领袖往往是舆论推动者。网络舆论是指公众以网络为平台,通过网络语言或其他方式,对某些公共事务或焦点问题所表现出的意见的总和。由于意见领袖可对多数人施加个人影响,他们针对某一事件所发布的观点也会影响到他们的粉丝,多数粉丝有倾向性态度,会跟随意见领袖,致使意见领袖的观点推动舆论或创造出新的舆论。意见领袖对于事件的舆论引导起着推波助澜或是扭转乾坤的作用。

意见领袖应重视自身影响力,发表正当言论。微博大V们作为具有一定影响力的群体,应时刻明确自身的社会责任,针对热点话题,要更加客观、理性地发表言论,不要煽动某种极端言论或是恶意揣测事件,以免误导网民。意见领袖在认知层面、态度层面、行为层面对受众施加影响以达到引导舆论的目的。意见领袖作为受众当中的活跃型中坚力量,应当更加关注受众的情绪,为引导舆论的工作贡献出更加积极的力量。推动正当信息的传播、维护健康的网络言论环境。

社交媒体平台应加强对意见领袖言论的影响和疏导。社交网络每时每刻都有着针对各种话题的言论产生,作为一种新型的舆论场,社交媒体平台要随时注重舆论的走向,防止出现不当言论成为主流观点的现象。应在微博用户申请V认证时对其进行多方位考量;应当关注意见领袖,防止发布极端言论或不实言论。

主流媒体应巩固公信力,提高自身意见领袖的地位。近年来,主流媒体陆续进驻微博,以更加平民化、便利化的方式向公众传达信息。作为引导良好社会风气、营造和谐舆论环境的存在,主流媒体应该不断提升自身的公信力,在一些不当言论或煽动极端言论的情况出现时,及时陈述事件真相、发表正当观点,引导正确舆论导向。

如新浪辟谣微博联盟在平息金庸"被死亡"等网络谣言中起了重要作用。因此,可以通过公众人物网络实名认证的方式,促使意见领袖增强责任感、珍惜网络声誉,慎重发表言论,限制他们可能带来的负面影响。还可以通过及时向网络意见领袖通报焦点事件最新情况、提高其网络地位的方式与他们建立合作关系,利用他们的影响力对其他网民进行引导。

(四) 打通传统媒体和新媒体两个舆论场

发挥"全媒体"的优势,采取"报网互动""台网互动"的模式,打通传统媒体和新媒体两个舆论场,使传统媒体能够借助于新媒体的优势,发挥新媒体的作用。具体而言,就是政府通过议程设置,将网络上的信息通过传统媒体的传播平台及时传播出去,且不丢掉传统媒体的深度,从而起到良好的舆论引导的作用。议程设置要既充分体现民意又符合新闻传播规律和舆论运行规律,从而顺理成章地成为媒体的议程设置和公众的议程设置。[①] 如果议程设置本身与民意相去甚远,或违背新闻传播规律和舆论影响规律,则难以产生良好的舆论引导效果。

---

① 张国良.传播学原理(第1版)[M].上海:复旦大学出版社,2010:39.

(五）放大社会舆论中的积极因素

在新媒体的语境下，公众舆论（民间舆论）包含了较多的自在成分，而新闻舆论则是自为的舆论。领导者和管理者应当发现和感知自在公众舆论中的积极因素，并对此加以放大，使之成为主流舆论。主流舆论是在社会舆论场中占据主流地位和发挥主导作用的舆论。这里所说的放大并非无中生有，也不是加以夸大，更不是使之丧失原貌，而是使积极因素得以集中，居于比较突出的地位，并逐渐由自在转变为自为。

(六）加强网络主流舆论阵地建设

早期发现、早期介入引导是防止流言、谣言大规模流传的关键。互联网、手机等新媒体信息传播速度快的特点使其可以在舆论引导中发挥巨大作用。加强网上主流舆论阵地建设的关键：一是支持重点新闻网站建设，使其成为传递政府声音的权威平台。对人民网、新华网等一批重点新闻网站要加强建设，对在网民中有较大影响力的门户网站要给予资金支持和政策引导，使它们成为宣传党和国家的路线方针政策、传播新闻信息、反映社情民意的网络舆论中坚力量。二是加强政务微博、微信建设。鼓励承担公共管理、公共服务职能的机关单位，开通政务微博和微信公共平台，建立起向公众发布信息和相互沟通的平台。

第三节 新媒体文化

新媒体文化是伴随新媒体技术发展的文化，新媒体技术导致文化范式发生剧烈的转变，产生一种全新的文化。纵观现代的社会环境，"碎片化"的阅读方式已然成为社会快节奏发展的结果，现代人需要的是快餐式的、冲浪式的精神消费方式。一边吃饭一边玩手机的"低头族"已成为社会常态，迅速、便捷的新媒体技术已经侵袭了人们的生活，同时，其所构建的新媒体文化也融入现代的文化浪潮中，成为一种新的文化范式。正如加拿大传播学者哈罗德·英尼斯在其著作《传播的偏向》中曾说过："长期以来对媒体的使用在某种程度上决定了被传播的信息的特性，而且这种广泛的影响最终会建构起一种文明。在这种文明之中，难以保持生活的原样及其灵活性。因此，一种新媒体的诸多优势最终会导致一种新文化的产生。"[①]

一、新媒体文化的定义

所谓新媒体文化是指以新媒体为载体，以新媒体表达方式为基本表征的

---

① 高宣扬. 流行社会文化学[M]. 北京：中国人民大学出版社，2006：71.

现代社会特有的文化现象。它是一种依托国际互联网技术、卫星传播技术和相关高科技传播手段,借助电脑网络、移动电话、电子书籍等技术载体,反映大众日常生活实践、观念、经验、感受,在社会大众中广泛传播,为大众所广泛接受和参与的文化形式和内容。

二、新媒体文化的特点

(一) 新媒体文化的存在由人类文明发展决定

新媒体技术、移动通信技术、互联网技术的发展推动着文明的演进。伴随着环境的变化,人们有必要确立"多认知环境"(Multi-cognitive Environments)条件下自我存在的价值、目标和形式等。这本身就是一个人类自我存在方式不断演进和发展的过程。新媒体文化的存在是在人类适应社会环境、不断作出调整的情况下产生的。人们需要应对瞬息万变的新媒体环境。比如说"段子手""营销号"等都是人们对新兴群体的称呼。人类的行为模式和意识形态发生变化,新媒体文化也随之变化。在现今的新媒体语境下,公众需要不断寻求新的存在方式和生活方式,以获得新的意义建构和呈现的方法,为自我的发展提供充足的信息源和手段。新媒体文化是人类的意识和行为模式的变迁在新媒体上的体现,它的产生和发展反过来又影响了受众的意识和行为模式。人类通过新媒体这一载体相互交流文本,形成意义的建构,促进人类文化的发展。新媒体文化在复杂多变的社会语境中也得到了发展。因此,新媒体文化的存在是由人类文明发展所决定的,是随着新媒体技术的发展出现的。

(二) 新媒体文化的发展过程是动态的、实时的

新媒体语境所带来的信息获取方式和处理方式之间的不同,导致建构和呈现的"虚拟我"和"现实我"不同,这两个"亚自我"之间的相互协调才形成受众完整的"同一性自我"。而协调的过程形成了受众的生活方式,由此建构和呈现了新媒体文化,如网络流行语,最近比较流行的"小鲜肉""任性""白富美""高富帅""吃货""城会玩""然并卵"等,都是借助新媒体在受众中流行开来,组成新媒体文化的一部分。但新媒体文化不像代代口耳相传的文化那样源远流长,而更像是一种"快餐"文化,生命周期较短,无法形成主流文化,但其发展过程与我们身处的社会环境是紧密联系的,是动态的、实时的发展过程。

(三) 新媒体文化的创造主体是大众群体

21世纪以来,随着科学技术和电子媒介的发展,新媒体形式得到极大丰富,更加多样化,任何人都可以依托媒介找寻到知识。媒介的大众化飞速地消解着代表权威和经典的精英文化在文化话语权上的"霸主"地位。随着生活节奏的加快,新媒体文化越来越受到人们的青睐,以印刷传播为代表的精英文化

和以影音传播为代表的大众文化受到新媒体文化的强烈冲击。在当今"媒介即讯息"的"地球村"时代,精英文化和大众文化都要依赖新媒体文化的传播,二者在新媒体文化的大潮中出现了形式上的统一,两种文化及其传播已没有绝对的界限,而是"你中有我、我中有你"。新媒体时代,"话语权从社会的精英阶层转移到人民大众的手中,人们可以随时随心所欲地通过博客、微博、手机视频等现代传播手段表达自己的情感和思想。小事件一旦被加以关联、联想,或被无限度地放大,便可能在瞬间引起重大的社会舆情。"①新媒体文化的蓬勃发展和广泛流行已成为一股不可忽视的文化力量,从而对原有媒介文化状态产生强大的冲击力。精英文化逐步褪去了过去只有精英阶层才能赏玩的贵族光环,变得越来越大众化和平民化。精英文化的话语权逐渐转移到大众手中,大众依托新媒体技术,创造出属于自我的文化。如比较火的"和衣而睡""表哥"等网络热门词汇均是由大众群体创造的。二者在内容和形式上正在走向统一,彼此相互联系,相互交融。同时不可忽视的是,教育在这个过程中发挥着重要的作用。随着高等教育的普及和大学的扩招,人们的教育水平逐步提高,大众群体与社会精英群体的"知沟"逐步缩小,为新媒体文化的繁荣创造了重要条件,对原有的精英文化产生一定的冲击。因此,新媒体文化的发展融合了精英文化和大众文化,但究其根源,创造主体仍是大众群体。

(四)新媒体文化的发展趋势是草根化

"草根性"指新媒体文化的参与者具有平民性,其文化作品张扬平民价值取向。与新媒体文化相比,传统文化基本上属于精英文化,肩负传播重任的是官员、学者等社会精英,传播对象是受教育程度或文化素质较高的少数人群,传播内容是精英们和权势者的审美趣味、价值判断及社会责任,常常被赋予道义、理想和使命,是统治阶级"开启民智"的工具。而新媒体文化消解了社会大众群体对社会精英群体的崇拜。新媒体文化弘扬草根文化,渲染、弘扬娱乐消遣,追逐世俗的、物质的利益,与精英文化相悖。但是,传统文化与新媒体文化也并不等同于极端精英主义文化观和泛大众文化观。诚如前面所说,新媒体文化的创造主体是接受过高等教育的大众群体,已融入精英文化和大众文化。同时,手机媒体和网络媒体为草根阶层传播文化和信息提供了表演舞台。"新媒体技术为草根阶层搭建了话语表达的平台,建构了自由民主的舆论氛围,从而使平民文化、'草根'文化成为主流。"②特别是网络社会中,每个受众的身份都是网民,每个人的地位和权力是平等和公正的。摆脱了现实社会的权力、阶层、社会地位的羁绊,公众的情感,特别是处于社会底层的公众,其压抑的情绪

---

① 石义彬.单向度、超真实、内爆——批判事业中的当代西方传播思想研究[M].武汉:武汉大学出版社,2003:295.
② 孙默.影视文化学[M].北京:北京广播电视出版社,2001:17-25.

得到宣泄的空间。草根阶层是中国的巨大群体,草根阶级强大的力量构建和传播着新媒体文化,使得新媒体文化价值取向带着强烈的草根性,不再有大众文化和精英文化时代的高高在上感,新媒体文化的发展趋势逐渐草根化。

知识卡片

"草根"直译自英文的 grass roots。有人认为它有两层含义:一是指同政府或决策者相对的势力,一是指同主流、精英文化或精英阶层相对应的弱势阶层。陆谷孙主编的《英汉大辞典》把 grass roots 单列为一个词条,释义是"群众的,①基层的;②乡村地区的;③基础的;根本的"。如果把词目与释义互换,即把"草根×"或"草根××"中的"草根"换成这几个义项,有的换得成,有的换不成。

草根代表着这样一群人:他们知道自己很优秀,眼界比别人宽,舞台比别人大,但是他们简单,低调,热爱身边的每个人,不自大,快乐地骄傲着。所以"草根文化"也就是平民文化,大众文化。但从各种文章来看,实际应用中,"草根文化"的含义远比以上的解释来得丰富。

草根一说,始于19世纪美国,彼时美国正浸于淘金狂潮,当时盛传,山脉土壤表层草根生长茂盛的地方,下面就蕴藏着黄金。后来"草根"一说引入社会学领域,"草根"就被赋予了"基层民众"的内涵。

社会学家、民俗学家艾君在《改革开放30周年解读》中认为,每一次思想的解放、社会变革和科教的进步,都会派生和衍生出一些特殊的文化现象。而草根文化现象,正是伴随着改革开放、思想解放、意识观念革命、科学技术的进步、市场经济发展带来的一些社会大众道德观念、爱好趣味、价值审美等变化,出现的文化多样化的发展趋势,并由此在民间产生的大众平民文化现象。

它的出现体现出改革开放后出现的文化的多样性的特点,也可以从一定意义反映出以阳春白雪占主流的雅文化的格局已经在承受着社会文化中的"副文化、亚文化"的冲击。这种特殊的文化现象其实是社会民众的一种诉求表达,折射出社会民众的生活和消费需求,以及心理需求。

对草根文化,艾君这样界定:"草根文化,属于一种在一定时期内由一些特殊的群体、在生活中形成的一种特殊的文化潮流现象,它实际是一种'副文化、亚文化'现象。它具有平民文化的特质,属于一种没有特定规律和标准可循的社会文化现象,是一种动态的、可变的文化现象,它区别于阳春白雪的雅文化、上流文化、宫廷文化以及传统文化。"

(五)新媒体文化的精神特征是感性娱乐的

新媒体文化关注的是日常生活中的世俗性事件,不追究平常性事件背后的社会历史,不像精英文化那般追根溯源,发掘事件背后的社会历史根源,使社会主体在思考和精神震颤中得到升华。新媒体文化只是满足了当下人们的享乐主义精神生活方式,达到娱乐消遣的效果。新媒体中的言语文化所用语词符号极力突出形象色彩,充分调动人们的各种感官作用,其信息内容尽量融进娱乐元素,使人们充分地兴奋起来,最终获得全民狂欢的情绪体验。如2015年的"暴打女司机"案、2011年的最美妈妈吴菊萍、最年轻副县级干部焦三牛等人和事,先是网民在网络爆料,然后事件、人物被多侧面追踪,网络上呈现出一片哗然场面。在感性的围观中,网民们获得了人性化的、个性化的生命体验,释放了压抑、失衡的心理情绪。最后在被围观的事件、人物归于沉寂时,获得理性的深度思考。可以说,张扬感性是后现代语境下新媒体文化的一个显著精神特征。如"现象级"节目的娱乐化,满足了人们的娱乐心态,为人们充分提供良好的感官体验。

(六)新媒体文化的传播特点是互动性

在传统媒体时代,信息单向传递,发送主体和接受主体泾渭分明,发送过程与接收过程基本上互不联系。新媒体时代,信息是互动传播,信息接收者完全可以以发送者身份对信息做出反馈,使原信息发送者又成为信息接收者。信息影响力如何,不在于其内容,而在于别人是否跟从。受众面对海量的、多元化的内容,会倾向于选择自己需要的、感兴趣的内容。诚如"选择性接触理论",受众在接触大众传播活动之际,并不是不加区别地对待任何媒介和内容,而是更加倾向于与自己既有立场、观点、态度一致或接近的媒介或内容加以接触,而有意无意地回避那些与自己既有倾向相左的媒介或内容。人们会接触到自我主观愿意接触的信息,并与其进行互动,单纯的被动的地位得到极大改善。例如微博,人们可以选择评论,发表自我的看法和意见,构建多元舆论,产生新媒体文化。"随手拍解救儿童",借助微博的互动性、传播的广泛性、消息的即时性,产生新媒体公益新形态——微公益,构成新媒体文化的一部分。

三、新媒体文化发展的条件

(一)新媒体文化硬件和软件发展较成熟

中国新媒体文化的成熟离不开技术硬件和文化软件的发展。从硬件上来看,相关新媒体技术已经非常成熟,计算机成为新媒体传播的中心环节,互联网成为其基本载体,光电传导、电子纸也已经日趋成熟。特别是在通信领域,技术上不但与国际发展水平相当,甚至有几十项技术能够领先于国外发达国家。硬件发展的成熟为人们创造新媒体文化提供了良好的条件。此外,新媒体依托自我的强大优势提供海量资源,传播丰富内容,人们享受新媒体带来的精神文化享受。同时,新媒体的终端设备已经相当普及。手机、iPad、电脑终端的便捷性为人们发展新媒体文化创造了良好的条件。例如,手机媒体,人们的生活基本上离不开手机,这就为手机媒体产业的发展提供了条件和市场。因此,一些通信公司逐步转向内容的生产与开发,手机报、微信内容、微博的"大V"都是内容的生产商,还有一些通信公司提供技术上的支持,为新媒体文化的发展提供了硬件上的支持。

(二) 消费者的阅读习惯有利于新媒体文化的发展

一方面,随着新媒体终端设备接入门槛的降低,使用新媒体的消费者呈逐年上升的趋势,年龄段也在不断扩大。另一方面,阅读传统出版物的人数在逐渐减少,电子阅读逐渐取代传统阅读方式。人们的时间和精力被大量"碎片化",人们崇尚"碎片化阅读"即"浅阅读",新媒体文化满足了现代消费者的"快餐式"阅读需求。手机媒体是创造新媒体文化的主要媒介,满足了人们对新媒体文化的需求。如自媒体人罗振宇的公众号"罗辑思维",每天60秒带你阅读一篇好文,分享独到的见解和看法,其传播信息的方式满足了现代人"懒人听书"的习惯,受到公众的极大欢迎。各大公众号凭借其短小精悍的深度好文传播信息,成为现代人获取信息的重要渠道。究其根源,新媒体文化的快速、即时、获取方便等特点赢得了听众、观众和读者们的喜爱,人们依赖于新媒体传播。人们接受信息的方式改变了文化的传播途径,同时也促进了新媒体文化的繁荣发展。

(三) 国家大力扶持新媒体文化产业

新媒体文化的繁荣离不开国家的大力支持。2014年8月18日,中央全面深化改革领导小组第四次会议审议通过了《关于推动传统媒体和新兴媒体融合发展的指导意见》。习近平强调,要着力打造一批形态多样、手段先进、具有竞争力的新型主流媒体,建成几家拥有强大实力和传播力、公信力、影响力的新型媒体集团。一方面,反映出新媒体文化产业对国家发展的重要性,另一方面,也反映出国家对媒体行业发展的重视和支持。

《国家"十二五"时期文化改革发展纲要》中明确指出加强互联网等新兴媒体建设,打造一批具有中国气派、体现时代精神的网络文化品牌,加强对社交网络和即时通信工具等的引导和管理,规范网上信息传播秩序,培育文明理性的网络环境。2016年3月18日,《中华人民共和国在经济和社会发展第十三个五年规范纲要》指出,加强主流媒体建设,提高理论引导水平,增强传播力、公信力、影响力。以先进技术为支撑、内容建设为根本,推动传统媒体和新兴媒体在内容、渠道、平台、经营、管理等方向深度融合,建设"内容+平台+终端"的新型传播体系,打造一批新型主流媒体和传播载体,优化媒体结构,规范传播秩序。

四、新媒体文化的作用

(一) 正面作用

新媒体文化以其特有的价值观念和意义体系,对社会的运作产生巨大影响。

1. 文化民生作用

新媒体文化所赖以存在的技术条件使普通大众得以拥有自由参与文化产品制作和消费的平台。人们既可以按自己的审美情趣去享用文化产品,并按自己的主张进行评价,也可以制作和传播文化产品,让别人成为自己的读者和观众。在此过程中,人们享有高度的自由性和自主性。新媒体文化打破了大众文化与精英文化、民间文化之间的界限,冲击了精英文化的霸主地位,使各种文化交织在一起,呈现出"你中有我,我中有你"的局面。一方面,新媒体文化具有草根性,为普通人实现明星梦创造了可能。如《中国好声音》学员的爆红;另一方面,新媒体文化价值取向的多元性、复杂性反而使人们的鉴赏力、甄别力在比较中得到了锻炼和提高。可以说,新媒体文化以其多种文化形态,如网络文化、手机文化等,改变着文化的生产和消费模式,也不断提升着文化民生的质量。

2. 政治民生作用

政治民生是一个国家民众享受民主,行使监督权、决策权的状况。新媒体文化对政治民生也会有很大的改善作用。在新媒体文化当中,文化信息的生产者已由精英扩大到普通民众。由于信息发布、反馈和政治意志表达的渠道更加畅通,所以几乎人人都可以成为信息的发布者和传播者,从而使信息渠道多源性、意志表达复杂性、利益诉求对抗性的问题无法回避。如"和衣而睡"局长事件,就是公众通过新媒体曝光行为,引发对政治作风问题的调查。因此,新媒体拓展了社会公共领域,公共领域发生的任何事件都可能成为国人关注的焦点、热点。新媒体文化在社会管理、社会监督、热点事件处理等方面的重要作用由此可见一斑。另一方面,新媒体文化在一定程度上改变了社会的政治运作模式。现在时兴的微博、微信文化已然形成较大的社会力量,微博的"热门话题",朋友圈的刷屏,都凝聚成一股强大的舆论,形成强大的聚合效应。这从2008年奥巴马的大选中就可见一斑,候选人奥巴马开通Twitter与选民交流,使得新媒体文化很快地与政治结合。在新媒体文化中,人人都可借助新媒体发表意见,参与政治,行使自己的监督权力,任何个人和政府都被置于社会监督的环境中,推动着社会政治的民主进程。

3. 经济作用

新媒体文化的发展,推动了新媒体产业的发展,带动了新媒体经济的发展。媒体产业的发展已成为国家收入的重要来源。例如：美国娱乐业在海外赚取的钱超过7010亿美元。在国内，个人可以通过淘宝开店赚钱。"双十一"已成为电商的狂欢节，成为"剁手党"的节日，这已成为新媒体文化的一部分，新媒体文化拉动着中国经济的发展。2015年的"天猫双十一购物节"以912亿元的成交额再次创造了新的纪录，按照阿里巴巴CEO张勇的说法，今年"双十一"，有坚果、牛奶、蜂蜜、汽车、手表、手机六种产品将申请吉尼斯世界纪录。吉尼斯世界纪录中国官网最终发布公告，2015"天猫双十一"共获得9项吉尼斯世界纪录荣誉。从此可以看出，新媒体文化可以很好地拉动经济的发展。

(二) 负面作用

从主流看，新媒体文化的精神是昂扬向上的，但负面作用仍有多方面的表现。

1. 新媒体文化的颓废价值取向降低了社会主义意识形态及核心价值体系的影响力

新媒体文化的草根性决定了其价值取向与社会主义核心价值体系不能完全吻合。基于草根性，新媒体文化当中便不可避免地出现了一些不稳定、不成形的价值态度，一些作品或言论所主张的实用至上、消费至上、享乐至上等颓废价值观使人们对社会主义核心价值体系的认同度降低，使社会主义意识形态的影响力减弱。[1]

2. 新媒体文化张扬感性的特质在一定程度上弱化了人的理性

新媒体文化注重信息内容的形象化包装，尽量让人们从形象感知切入，达到掌握信息的目的。"形象化倾向诱导人们用'看'去了解世界，而排斥'想'。"人们通过点击的方式来阅读那些以碎片化形式呈现出来的文化产品时，犹如吃快餐，很少进行细细的品味，缺少了对问题的反思过程，长久下去只会弱化人的思维能力，导致理智的部分丧失。

3. 新媒体文化在语言运用方面出现的非规范性损害了汉语的纯洁性和权威性

"语言不仅是思想交流的工具，还是特定文化的载体，是国家主权、民族尊严的象征。"新媒体文化中出现的偏离汉语使用规则的现象在BBS、网络聊天、手机短信中表现得更为突出。那些大行其道的"网络语言"一味追求新奇和出位，超越汉语语言符号系统，滥用英语词语、数字谐音词语及非文字性符号，在语义上增加解码难度。其结果不利于信息的传播，客观上也影响了汉语的国际形象。

---

[1] 刘建明.舆论学概论[M].北京：中国传媒大学出版社，2009：150.

五、新媒体文化的引导

（一）正确应对新媒体经济的发展

新媒体文化的发展为新媒体经济提供了良好的发展土壤，催生了一系列新媒体经济。例如：微博、微信的兴起，诞生了一批自媒体人。罗振宇的"罗辑思维"，消费者通过订阅公众号，每天收到60秒的语音消息，内容为推荐一本好书或者独到的见解，为其书店做宣传。此外，公众号"李叫兽"，通过分享自己对于新媒体营销的独特看法和见解，受到粉丝的"红包"打赏，管理者借助微信平台使自己的文化实现了价值。但同时，网上各种信息良莠不齐，人们收到消息诈骗的情况也不少见。微信也成为传销的传播方式之一，传销借助微信平台发布消息，许多群体不知真假，受其诱惑，走上传销的道路。因此，在新媒体文化的发展道路中，应对其进行正确的引导，剔除不良方面，促进新媒体经济的发展。

（二）培养公民的新媒体素养

美国媒介素养中心认为，"媒介素养是人们面对媒介各种信息时的选择能力、理解能力、质疑能力、评估能力、创造和制作能力、思辨的反应能力。"在纷繁复杂的数字化时代，受众的媒介素养能力处在越来越重要的位置。新媒体文化资源的极大丰富，使得人们可以随时随地获取信息。但受众的新媒体素养明显滞后于媒介发展速度。人们面对广阔的信息海洋，难以辨别其中的真假，从而迷失在新媒体文化中。例如2015年10月21日，一篇题为《男子谎称女友因救人被狗咬伤》的文章，竟骗得捐款逾80万元。男子谎称女友是救小孩才被狗咬伤的，事实的真相是女友在其养狗的狗场被咬伤，此事在新媒体平台上，一度成为人们的话题，它既欺骗了爱心人士的情感，同时也反映出人们对于不良信息，无法做出准确的判断。因此，中国应增设新媒介素养培养教程和社会讲座，帮助受众练就"火眼金睛"，使新媒体环境下的受众可以筛选出积极的新媒体文化，促进新媒体文化的健康发展。[①]

（三）鼓励新媒体文化的发展

新媒体文化产业应成为中国的支柱性产业，国家应出台一系列保障政策。《国家"十二五"文化改革发展纲要》中就明确指出"保证公共财政对文化建设投入的增长幅度高于财政经常性收入增长幅度，提高文化支出的财政支出比例。"国家应进一步完善支持文化产业发展的财税政策，鼓励发展新媒体和新的文化产业形态，为新媒体文化产业的发展创造良好的社会环境。

---

① 佚名.男人谎称女友救人被狗咬伤 Http://news.163.com/15/1022/02/B6GFD2B900014Q4P.html

总之，新媒体文化作为新生事物，具有不同于传统媒体文化的形态特征和功能表现。我们应重视新媒体文化在人民生活、政治监督、社会治理方面无法替代的作用，同时也不能回避其缺陷和负面影响。如何用社会主义核心价值观有效引导新媒体文化的发展方向，这应该是我们常抓不懈的重要工作。

第四节 网络谣言

网络谣言既具备谣言的基本特征，同时也具有很多自身的特点。网络谣言的内容基本都同那些引起社会广泛关注的事件有关，并且与人们的日常生活密切联系，处理不当则会引发比较严重的危害。因此，政府、大众媒体、网络媒体和网民应该各司其职、各尽所能，为消除网络谣言、净化网络环境努力。

一、网络谣言的内涵

谣言是人类社会从古至今一直存在的现象，最明显的例子是成语"三人成虎"，讲述了谣言的危害和易传播性。在信息封闭的古代环境里，滋生着各种谣言。在今天的网络时代，依然存在着谣言，基于其虚拟性、无限性、超时空性等各种特性，各种谣言在几乎零成本的环境下迅速传播着。

网络谣言作为谣言的一种新的特殊形式，由于其主要通过网络媒介进行发布和传播，所以有其自身的特点：一是其传播范围极为广泛，呈现出跨地域、跨语言和跨种族的传播现象，二是其传播速度更快，通常监管者还没来得及采取有效的应对措施就已泛滥成灾，三是其传播途径更多，如传统的综合门户网站、聊天室、百度贴吧、即时通信工具以及微博等新媒体，四是对其控制较难，造谣者身份的隐匿性和传谣者渠道的多样性均降低了网络谣言的可控性。同时，网络谣言产生之后，通过与人际传播的相互配合和交叉影响，还会导致谣言迅速向网下蔓延。

二、网络谣言的形成

虽然网络谣言是未经证实的信息，但是它的形成却借助于相关的事实。网络谣言在传播的过程中，实际上夹杂着人们对现存的生活环境和社会现实的不满情绪，传递着个人的情绪、愿景、希冀等。因此，谣言实际上是人们的情绪表达。在网络环境下，造谣者中有些人是本着娱乐到底的想法故意恶搞，这类谣言多以各界名人或有影响力的强势机构为恶搞对象，以求在谣言传播的过程中获得一种心理快感。另一部分人则是因为生活不如意而对特定的目标对象或整个生存环境感到不满，于是故意诋毁、诽谤他人，或者捏造一些能引起社会气氛紧张的谣言，以此来发泄自己的不满情绪。而从传谣者的角度来看,当接触到的谣言与自身境遇相契合时,则会爆发出极大的传谣热情,使得谣言呈金字塔形不断向底层扩散,试图借助传播的力量实现自身利益的诉求。从受谣者的角度来看,其之所以接受谣言主要是由于信息甄别能力较差,因而对信息的评判能力较低,容易受到谣言的误导。

三、网络谣言的传播模式

网络谣言的传播是通过多个渠道进行的,通常以人际多向顺延的模式传播。就谣言的传播模式而言,一般分为以下三类:一是链状模式。链状模式是谣言传播的最基本模式,指的是谣言从一个人传递到另一个人,尽管每一个传播者可能会同时把信息传递给另外很多终端背后的受传者,但这种一环扣一环的传播过程是其根本所在。二是树状模式。树状模式是指谣言从一个人传到几个人,然后这几个人再传到一定数量的人群的传播模式,如在网络论坛和微博网络空间散布谣言基本上就属于此类模式。这种传播模式的突出特点是信息容量大且带有很强的互动性,信息覆盖面以几何级的速度向外不断扩散。三是旋涡型复式模式。它融口头传播、网络传播及传统媒体传播于一体,这种媒介的交叉组合容易形成谣言信息的旋涡型传播从而积聚更大的能量,因此渗透能力和影响人群的密度极高,其爆发出的舆论效力不可估量。①

四、网络谣言中新媒体的双重角色

《韦伯斯特英文大字典》认为,谣言是一种缺乏真凭实据的或未经证实的以及公众较难判别真伪的闲话、传闻或舆论。在网络谣言产生和覆灭的传播过程中,新媒体扮演着双重角色。

(一)新媒体成为谣言传播的新工具

随着新媒体如微博、微信的兴起,它们为人们带来便利的同时,也给谣言的滋生铺就了"温床"。微信的用户数已突破3亿,微信在人们的日常生活中扮演着不可缺少的角色。但是,微信上的不实言论往往借助朋友圈的病毒式传播造成极大的危害,成为谣言的"发源地"。在新媒体环境下,每个人都可以成为谣言的制造者,一旦传播了谣言,则贻害无穷。如2015年10月28日上午,歌手于文华在微博上发博文称,某著名艺术家因病去世,尽管于文华很快地删除微博,并称消息不实,同时致歉,但是信息已被大量转发,不少知名网络及客户端也被卷入这场乌龙事件中。

(二)新媒体成为辟谣的重要途径

1922年,美国著名政治家李普曼在其所著的《舆论学》一书中谈到了"拟态环境"的问题,他认为人们对于超出自己经验的东西,只能通过新闻媒体去

---

① 秦志希,饶德江.舆论学教程[M].武汉:武汉大学出版社,1994:27—28.

了解它们的真实状况,即根据大众媒体提供的"拟态环境"来做出自己的反应。因此,新媒体可以很好发挥"把关人"的角色。新媒体传播范围广、互动性强、具有即时性,受众可以根据新媒体的快速信息及时做出反应,应对谣言,新媒体为人们辟谣提供了重要的途径。如2014年8月,网上疯传"上海地铁出现老外晕倒车厢无一人相助,反而仓皇逃跑"的视频,在新媒体的快速查实下,确认此事为误传,谣言也就不攻自破,进入了衰退期,淡出了大众的视野。因此,新媒体为人们辟谣提供了重要的途径。

五、网络谣言的控制策略

网络谣言的滋生和传播具有相当复杂的社会背景,要想彻底根除谣言是不现实也是不可能的。因此,应采取防范为主和压打结合的策略,努力压缩网络谣言存在的空间,尽最大可能将各类谣言扼杀在摇篮里。

(一)健全相关法律法规

网络谣言治理的前提条件是完善相关的法律法规,给社会、媒体和公众提供网络行为的法律依据和行为指南,以消除网络谣言给网络环境带来的负面影响。中国制定了《关于维护互联网安全的决定》和《互联网新闻信息服务管理规定》等相关法律法规,对利用网络散布谣言作出了相应的处罚规定,2015年11月实施的刑法修正案(九)中新增了规定,故意在微信、微博等信息网络上传播虚假信息最高可判7年,中国在治理谣言传播的力度上也逐渐加大,相应的法律法规也在逐步完善。但是相比于国外,部分法律条文现在已有了明显的滞后性,适用性较差,需要不断改进。

(二)加强受众的自律意识

《中国新媒体发展报告2015》蓝皮书中指出,近六成假新闻首发于微博、微信,每周二是一周当中微信"谣言"传播的最高峰。微信平台用户基数大且具备较高的社交媒体属性,其平台信息封闭性高,倾向于熟人间的传播。其中,政治谣言、虚假新闻、拜金炫富等各种信息层出不穷。在新媒体环境下,受众既是信息的接受者也是信息的内容生产者,应当为自己原创、转发的内容负责,做到不造谣、不传谣,同时也应随时保持警惕,对接收到的信息应注意辨别真伪,以免成为传播谣言的"帮凶"。

(三)建立独立的辟谣中介网站

虽然新媒体会成为传播谣言的工具,但新媒体自身也是中止谣言的重要途径。例如微博自身具备辟谣机制,马航客机的"失联"事件,之所以能够在短时间内澄清事实的真相,离不开微博自带辟谣机制的支持。微博的互动性和公开性使任何进入公众视线的事件都是公开的,有人传谣就会有人辟谣。新媒体汇聚了大量新闻媒体,能够在第一时间还原事实的真相,把谣言扼杀在摇篮之中。因此,社会环境出现谣言,应合理发挥新媒体的特性,利用新媒体的辟谣功能,终止谣言的传播。

(四)建立互联网舆情监控管理系统

由于网络谣言在发布过程中逐步模糊了空间和时间的概念,其准确性难以判断,也无法对其影响范围进行精准的控制,因此建立互联网舆情监控管理系统有重要的意义。首先,该系统可对网民热衷进行网络信息交流和发布的几个重点区域进行监控,展开信息搜索和采集工作,其次,可对采集到的信息进行系统化分析,形成舆情简报,这样不但能及时预知和发现网络谣言的产生,也可为进一步控制网络谣言的蔓延提供帮助,同时对相关部门获取网民意见也有重要的辅助作用。

案例 5-1

谣传中玛雅人预言的"世界末日"曾成为网络焦点事件,从淘宝商家的"末日用品"到房地产业的"末日抵押",从无知者的恐慌抢购、无度挥霍到白领精英们的抵押捐赠等,这条荒诞不经的谣言全方位地渗透到人们的生活当中。谣言随着 2012 年 12 月 22 日清晨的第一缕阳光而不攻自破,从而成为历史上的一个笑谈,但这条谣言所带来的严重后果确实值得我们深思。谣言作为一种普遍存在的社会舆论现象,由于网络的虚拟性和便捷性等特点,其传播产生了明显的"蝴蝶效应",据国家互联网信息办的不完全统计,仅 2012 年 3 月份,有关职能部门清理的网络谣言信息就多达 21 万余条,这充分说明了网络谣言的普遍性和治理的紧迫性,虽然中国现今已采取了一系列防治措施,但仍面临着一些现实问题。

本章小结

本章主要介绍了新媒体传播对新闻、舆论、谣言等的影响,第一节为新媒体新闻,对新媒体新闻的定义及特点、发展历程进行了概述;第二节为新媒体舆论,通过介绍新媒体舆论的定义、形成过程,归纳新媒体环境下舆论的特点;第三节为新媒体文化,通过介绍新媒体对文化各方面产生的影响,比较新媒体文化与精英文化、大众文化的区别;第四节为网络谣言,通过介绍新媒体语境下谣言产生的机制,引导读者正确应对网络谣言。

思考与练习

1. 什么是新媒体新闻?新媒体新闻的特点有哪些?
2. 简述新媒体新闻传播的模式。
3. 新媒体文化的特点及影响。
4. 新媒体文化发展的条件是什么?
5. 如何更好地引导新媒体文化的大发展大繁荣?
6. 网络谣言形成的条件是什么?

7. 网络谣言中新媒体扮演了什么样的角色？
8. 简述新媒体谣言的形成过程。

参考文献

[1] 蔡名照.把互联网建设成为传播先进文化的重要阵地[J].信息网络安全,2007.
[2] 宫承波.新媒体概论[M].北京:中国广播影视出版社,2012.
[3] 蔡淇.大众传播中的粉丝现象研究[M].北京:新华出版社,2014.
[4] [美]尼古拉斯·尼葛洛庞帝(Nicholas Negroponte).数字化生存[M].海口:海南出版社,1996.
[5] 赖彩明,赖德亮.加强公民举报权的制度保障[J].法学,2006(07).
[6] 伊丽莎白·诺尔-诺依曼著.翁秀琪译.民意——沉默螺旋的发现之旅[M].台北:台湾远流出版公司,1994:76−121.
[7] 秦志希,饶德江编著.舆论学教程[M].武汉:武汉大学出版社,1994.
[8] 彭兰.网络新闻学原理与应用[M].北京:新华出版社,2003.
[9] [美]阿尔温·托夫勒.未来的震荡[M].成都:四川人民出版社,1985.
[10] [美]罗兰·德·沃尔克.网络新闻导论[M].北京:中国人民大学出版社,2003.
[11] 闵大洪.数字传媒概要[M].上海:复旦大学出版社,2003.
[12] 刘建明.当代舆论学(精装本)[M].西安:陕西人民教育出版社,1990.
[13] 夏德元.电子媒介人的崛起——社会的媒介化及人与媒介关系的嬗变[M].上海:复旦大学出版社,2011.
[14] 张国良.传播学原理(第1版)[M].上海:复旦大学出版社,2010.
[15] 高宣扬.流行社会文化学[M].北京:中国人民大学出版社,2006.
[16] 秦志希,饶德江编著.舆论学教程[M].武汉:武汉大学出版社,1994.

第六章 新媒体创意

学习目的

1. 了解新媒体内容创新面临的机遇和必须应对的挑战。
2. 了解新媒体时代下的媒介语言特性,掌握新媒体语言的时代需求。
3. 掌握新媒体运营的主要内容。

本章将重点介绍新媒体内容创新面临的机遇与挑战,并通过阐述新媒体时代下特有的语言现象,引发对新媒体语言应用和传播方面的思考,着重论述新媒体运营的相关内容,包括新媒体的项目定位、新媒体运营及推广等。

第一节 新媒体内容创新

创意时代的来临带来了文化创意产业的蓬勃发展。新媒体产业是文化创意产业的重要组成部分,也是各地大力发展文化创意产业的重点。新的传播渠道迅速扩张,为新媒体内容产业带来了巨大的发展空间,也对既有的内容生产模式提出了挑战。在新的传播环境下,传媒内容的生产与传播将会发生怎样的变化?新媒体的发展将给传统媒体既有的内容制作及传播带来怎样的冲击?这些问题成了新媒体产业健康快速发展必须面对的现实问题。

一、新媒体内容创新面临的机遇

新媒体的即时性、互动性与便携性颠覆了传统的内容生产与传播模式,深刻地改变着信息传播环境和传媒的经营业态,造就了新的媒介消费方式和媒介消费者。数字出版、影视制作、动漫、游戏、版权贸易、文化传媒、广告会展等数字内容需求日益高涨,"内容为王"在新媒体时代表现得更加突出。在新的媒介环境下,内容生产面临着一些新的变革,这些变革促使内容生产者必须具有整合资源的创意和想象力,创新数字产品形态,以开发潜在的内容资源,寻求新的发展空间。

(一)内容呈现的多终端化

新媒体时代,内容呈现终端的种类和数量快速膨胀,从机顶盒、个人电脑、互联网电视机、电子阅读器、掌上电脑到智能手机、平板电脑等,新型终端已经不单是向受众传达信息的工具,而是能够承载多种功能的在线媒体,它们将所有受众连接在一个巨大的网络中,并且让其在任何时间都能够保持在线状态。传统终端只是被动展现平面线性内容的工具,而多样化的新型终端具有多功能、全媒体的特质,用户可以点击、浏览、下载,甚至上传,使得内容生产集成方式向平台化的内容库结构变化,这将促成内容生产、内容集成和内容营销模式的根本性变化。电子阅读器、手机等移动终端的出现,使内容量有了无限扩展的可能,其内容集成也从平面的思维向着平台化的方向发展。由于机顶盒的推广和交互式网络电视用户的不断增加,视频内容被重新编辑成平台化的内容库,用点播、回看、推荐、评论等方式代替传统的线性播出方式,让用户自由选择。随着终端功能的不断增强,终端对用户的生活和媒体接触行为的影响也在不断深入,并不断催生出新的内容产业模式。终端从影响受众开始,向内容生产及产品建设拓展,带动了一场由原有媒体产业链下层向上层蔓延的变革。

案例 6-1　应对多终端化:传统媒体向全媒体转型,打造文化产业集群

（一）拓展多元终端、打造文化产业集群是传统媒介全媒体战略的发展思路

传统媒体数字化转型的关键是从内容服务商向全媒体信息服务商转变,不仅要重视内容的采集,而且还要高度重视传播终端的选择,实现新闻信息一次采集,多终端发布,实施跨媒介集成战略。新华社不满足于传统通讯社图文内容提供者的定位,构建起以新华网为代表的网络媒体群,以"新华手机报"和手机电视为代表的手机新媒体群以及以移动电视、户外电视和交互式网络电视等为代表的电视新媒体群,大力创办中国新华新闻电视网。新推出的"新华频媒电子阅读"将为国内新闻、出版单位提供数字阅读的传播平台,同时为个人提供互联网出版渠道的销售平台,传播终端将以类纸显示电子阅读器为主,同时涵盖手机、掌上电脑、台式电脑等多种个人电子媒介。中央电视台通过多元化的内容呈现方式,业务触角遍及数字电视、网络电视、手机电视、车载电视等众多融合新媒体领域,已经成为中国最大的视听全媒体平台。解放日报报业集团实施手机报(i-news)、数码杂志(i-mook)、电子报纸(i-paper)和公共视频(i-street)四位一体的"4i 工程",建设新闻搜索和分析平台、多通道复合数字出版平台、智能手机新闻互动服务平台三大运营平台,在网站、手机报、电子报、数码杂志、二维码等领域积极进行全媒体流程的探索,打造了一个全新的文化产业集群。

文化产业集群是指"一定时间内生存和坐落于特定区域或环境内的各种文化创意产业实体所形成的空间聚合体"。集群化对传统媒体来说，可以形成区域竞争优势，促进产业的升级和创新。在中国，文化创意产业园区是产业集群的重要载体。2011年1月11日，新华网产业园区开园。产业园区以新华网和中国政府网等国家级政府网站为主体，以新华社和中国移动合资建设的国家搜索为重点，以新一代智能搜索、多媒体技术和新媒体产品为突破口，集网络媒体、搜索引擎、移动互联网、网络视频、数字出版、电子商务等于一体，形成新媒体产业链和网站集群。

（二）终端引领传媒变革，传统媒体实施采编流程的再造

全媒体战略对新闻机构的内容生产提出了新的要求，原有的采编系统无法满足多终端共享内容资源各取所需的要求，无法实现与用户的深度互动。因此，许多传统媒体先后建立了多媒体数字技术平台，为内容生产提供强有力的支持。烟台日报传媒集团2008年3月研发了"全媒体数字复合出版系统"，率先成立全媒体新闻中心，从集团层面再造内容采编流程。全媒体记者采集各种介质的素材，传输到全媒体采编平台，再根据新闻特点和不同媒体终端的特点进行组合，向多个平台进行24小时滚动发布与播报，通过多次售卖内容产品等获取增值收益，推动从报纸生产商向内容供应商的转型。烟台日报将iPhone融入全媒体建设，2010年4月推出新闻客户端"银钮"，选择iPhone终端作为切入点，既可以作为信息采集的工具，又可以作为信息发布的终端。使用"银钮"无须安装远程办公系统，记者可随时随地将图文视频等传回全媒体采编系统，并且可直接实现"银钮"滚动发布。用户可通过"银钮"随时随地提供爆料，iPhone手机记者团队随时出发。烟台日报社郑强社长这样评价他们的全媒体转型："第一，报社不再是报纸社，而是'报道社'；第二，报业不是报纸产业而是内容产业；第三，新闻纸不只是纸，而是一种类似于手机、PC、阅读器的显示终端和存储介质。"

（二）内容产品的社区化

"媒介融合时代的产品革命，是以营造全新的传媒与用户的关系为起点和归宿。"①新媒体内容的生产，不仅包括新闻和其他信息产品的生产，还应包括其他多种产品，如社区、游戏、搜索、娱乐、通信、商务等产品的开发，也就是从纯内容产品的生产发展到"内容＋关系"产品的生产。人与人之间的关系、人

---

① 彭兰.媒介融合三部曲解析[J].新闻与写作,2010(2):18.

与媒介之间的关系等,常常是影响人们选择内容产品的重要依据。因此,在新媒体时代,社区成为聚集人气、生产内容,以及其他各种产品的聚合平台。因此,在经营内容产品的同时,应把内容、服务、社区有机结合起来,开拓有利于加强用户与媒介之间、用户与用户之间的关系的全方位创新产品。

新、旧媒体最重要的差别在于,一方面旧媒体以内容为中心导向,通过广告吸引受众并形成商机,另一方面,内容也可以打造媒体的品牌及定位。因此,媒体的首要任务就是创造具有吸引力的内容来服务受众。一旦受众群建立,市场也就随之出现。媒体既是意见领袖又是品位的塑造者,而品牌又变成交流的平台。新媒体的发展与旧媒体恰好相反,它以"交流平台"为中心。通过交流平台,让一群素昧平生的使用者集结为网络社区,在彼此信任的基础上,相互联结、相互分享,使人与人之间形成紧密的关系。平台汇集了多元想法及各式观点,形成一个信息交流中心,加入同一社区的网友越多,反映的意见越多元化,新媒体的价值也就愈大。有影响力的网友就是意见领袖,也是品位塑造者,所有的内容都经由网友讨论决定,社区的经营者会试图提供不同的内容而形成差异,这就形成了品牌。品牌所代表的是拥有共同生活方式、兴趣与偏好者的集合表现。

新媒体的发展呈现了以人为中心的社区化趋势,即在强调人与人关系的基础上,实现高度的沟通和高频率的人际互动,并形成各种特定主题下的用户聚集。因此,新媒体在强调自身内容质量的同时,必须为用户营造一个社会化的交流平台,以提高用户对新媒体业务的黏性。社区提供给阅听人(或消费者)一个虚拟的共同空间,让关心相同主题的阅听人之间实现彼此互动、交换信息与情感联系。维系社区的要素在于共享者的价值,由社区成员之间的讨论互动与回馈产生新的内容,吸引新的成员继续加入。新媒体的决胜点在于聚合"人"的动员能力,提供有价值的信息与吸引人的内容,让使用者愿意回到社区中来。社区化利于用户间进行互动并产生丰富内容,使新媒体服务的使用价值与吸引力大为增加。如小型网站"豆瓣网"可以让用户自由发表对各种书籍、音乐、电影内容的评论,并组成各种兴趣小组进行集体讨论。"豆瓣网"后台的数据挖掘系统会对每一名用户的兴趣爱好进行智能分析,并依据分析结果向用户有针对性地推荐其他的内容和更多的朋友。这种智能社区化的商业模式,使得"豆瓣网"形成了一个以高学历人群为主的市场,成功实现了赢利。

新媒体未来的发展必须超越"内容为王"的单一视野,因为今天的互联网已经从内容平台发展到社交平台,一直到今天的生活工作平台。在这样的背景下,新媒体经营的核心正在发生变化,"内容"的地位正在被动摇,而关系"平台"的经营成了新的着力点。Web 2.0的指向就是试图把人与内容的关系深化为人与人的关系。用户生成内容（UGC）的目的，是以内容为纽带，编织自己的社会关系网络。论坛、即时通信、博客、SNS、微博客等新媒体之所以成为网络应用热点，是因为它们都是网民建造与发展关系的手段。特别是微博成了影响很大的一种社交性媒介，就是将关系和内容结合起来，营造了一个个人的社交圈子，提供了一个个人生产与传播信息的平台，也就是"个人门户"平台。因此，新媒体的内容生产必须调整产品策略，首要的是要经营好平台，以关系建设为出发点，构建内容、社区和服务的产品链。而经营好关系平台，需要发挥从业人员的创意能力。比如，一个媒介产品如何通过多次售卖使其增值，如何对内容进行整合，针对不同用户、面对不同终端，分发什么样的产品和服务，如何与用户交流互动并聚合用户创造的内容等。

（三）内容生产主体的多元化

新媒体提供了社会公众参与内容生产的可能性，任何人都可以借助手机、博客、播客、BBS、微博、网络社区等在任何时间任何地点对任何人发布多媒体内容。Web 2.0 的发展使得内容生产出现了革命性的变化：网民参与内容制作的程度增强，传统的记者编辑撰写内容将会被具有互动性的用户自创内容超越。新媒体内容由机构性生产转变为机构性生产和个体性生产两种模式。机构性生产的主体是大型内容生产商，而个体性生产的主体则是社会公众。个体性生产主要指个人通过"上传功能"实现内容产品的提供。随着传播终端技术的发展，拥有内容生产能力的个体数量会大幅度增加，使得个体性生产成为新媒体内容的重要来源。

创意时代是一个全民参与的时代。英国广播公司（BBC）全球新闻部主管理查德·塞姆布鲁克用 5 个字来形容今天的传播变革："观众进场了。"所谓的"观众进场"，是指传播者和受众对新闻现场的共同参与。当受众手持智能手机使用微博报道着现场的一切时，这种即时表达、即时互动的微内容真正产生了推动社会变革与进步的"微动力"，也成了新媒体内容创新的有力支撑。对于"微内容"的聚合、呈现和利用有可能成就互联网的未来。

1. 用户原创内容（User Generated Content，UGC）走上前台，其商业价值正在被发掘

来自 DCCI 调研机构的数据显示，到 2010 年 6 月，以论坛为主的各种社区的 UGC 已超过网站专业内容的流量，占整个互联网的比例达 50.7%。这些由草根用户自己生产的微内容激发了全民智慧，正在成为极具商业价值的新媒体内容。2011 年 1 月 5 日，百度悄然上线一款新 UGC 产品"大全"。[①]

---

① 网易科技.百度测试 UGC 产品"大全"[EB/OL].[2011-01-15]. Http://ted.163.com/11/0105/13/6PLOCA42000915BF.html

"大全"是由用户团队将某一特定主题下的资源进行人工整理,帮助浏览者迅速获得精选信息的产品。如人气漫画"柯南"吧,新推出的"大全"像是有关"柯南"的一个导航门户,整合精品讨论帖、视频、相册、漫迷原创等诸多资源。新媒体的内容将由单一的编辑模式向"UGC+编辑模式"发展。

针对 UGC 内容质量、专业度等方面和专业机构的差距,未来 UGC 的发展趋势之一即是精品化、优质化策略。有网友推出了"吧刊",走的就是 UGC 精品化路线。2010 年 11 月 3 日在女星林青霞生日之际,林青霞贴吧的网友推选出的 17 人编辑团队为偶像制作了生日礼物,集图、文、声、色、玩于一体的电子杂志——"吧刊"。虽然出自草根之手,但毫不逊色于专业电子杂志。据统计,"吧刊"到目前为止出版超过 2000 期。"吧刊"的素材来源于贴吧网友的原创,制作由专门的"吧刊"编辑完成,团队协作成为其重要特点之一。原创、精品化、团队协作被业内人士认为是 UGC 完成第二次革命的主要推动力。

2. 新闻能够在线生产,新闻报道成了记者和公众互动参与的过程

路透社全球总编辑 David Schlesinger 认为,在竞争日趋激烈的新闻报道领域,仅报道有趣的新闻故事是远远不够的,"给你的读者讲述和呈现一个新闻故事仅仅是你工作的开始,事实上,关于新闻故事的探讨、交流已经像新闻报道工作本身一样重要"。[1]

传统媒体的全媒体转型不仅包括传播终端的多样化和采编流程的再造,而且包括新闻生产模式的创新。新媒体环境下的新闻生产由职业新闻工作者的独家垄断转变为与社会公众共享。通过新闻的在线生产过程,媒介和公众可以依托网络进行互动,新闻报道方式也发生了转变,由单线性的平面化方式转变为非线性、立体化的方式。在网络平台上,媒介和受众可以投入几近无限的空间去探究某一新闻事件,新闻生产没有"产品",只有"过程",因为互联网的特点就是不断完善。

美国学者保罗·布拉德肖(Paul Bradshaw)设计出一个能够体现速度和深度的新闻报道模式即钻石模型(The News Diamond)。他把以融合报道为核心的新闻编辑部的新闻报道过程分为七步:快讯—草稿—报道—背景—分析/反思—互动—定制。记者一旦意识到新闻事件正在发生,就可以通过移动互联网发出快讯,那些订阅用户就能在第一时间获知消息。发出快讯之后,记者可以在网上贴出一篇相对详细的草稿,这是非常好的博客文章,用户可以补充细节,或提供新的新闻线索以完善记者的报道。在报道阶段,融合编辑部可以决定用什么样的媒介形态来发布,网络、广播电视、报纸等终端都可以选择。

---

[1] 新浪财经. David Schlesinger 发言实录[EB/OL]. [2011-09-15]. Http://finance.sina.com.a/g/20110915/172610486768.html

然后依靠网络的超文本结构,提供广泛的背景资料。进一步的报道就是对事件的分析和反思,记者可以从博客、论坛、SNS和微博上获知一些知情者、利益相关者的反应,把他们的一些讨论写进深度报道中。在互动阶段,可以为用户提供一个可以长期访问的"长尾"资源——Flash互动可提供超文本、视频、音频、动画与数据库的组合,论坛可提供一个收集和发布信息的地方,聊天室可以让用户和新闻人物、记者和专家对话。最后是用户可以订阅特定报道的电子邮件或RSS更新,还可以采取数据库驱动的新闻,允许用户补充和反馈信息进去。

新闻的在线生产使得新闻不再以一篇新闻报道作为基本报道单元,在网络平台上,新闻报道以"新闻流"的动态形式存在:在一个新闻报道主题中,各种报道、评论、网民跟帖、数据库共同组成一个基本报道单元。公众可以通过发表评论、跟帖等多种形式提供新闻线索,寻找知情人士,揭露事实真相,和记者一起共同完成新闻报道。

二、新媒体内容创新应对的挑战

众所周知,文化创意产业将是21世纪拉动各国经济增长的主要动力之一,新媒体产业是文化事业的一部分,是对国家的经济产生带动作用的强大产业链,中国理所应当积极突破各种障碍,努力为新媒体产业的发展提供一个良好的环境。

(一)内容形成信息源的不确定性加大,带来媒介公信力下降

借助科技和社会性媒介的敞开式发展,信息通过"比特流"传递,实现了"知识链"的扩散与爆发。新媒体中大面积内容的"波式多次传播",实现了内容知识的多次利用与不断攀升的注意力回报。在具有开放编辑权力的社会性媒介中,由于知识的更新与传播需要,内容永远是以一个"半成品"的状态存在,不断添加的、变动的持续过程使内容表现出动态、散乱与遗漏,这种持续性的编辑也加剧了知识的不确定性。随着媒介化时代的到来,不确定性已成为知识经济时代信息内容传播的典型特点,科学知识的不确定性从根本上决定了知识价值的不确定性,决定了以知识的生产、分配、交换和消费为基础的知识经济或知识时代或知识社会的不确定性。新媒体语境下,社会性媒介知识的不确定主要表现在用户对由传统知识所建构的价值、利益、权力的质疑与反思,以及对传统社会规则的挑战。近年来,一系列新媒体事件中不确定性知识的传播已在某种程度上开始解构传统权威,并塑造了基于新媒体情况下的认知新秩序。这种具有解构意向与颠覆快感的知识传播,无疑激发了更多的用户投入到知识的建构中,由此导致的知识零散化与碎片化也将产生重要影响。

未来传媒业竞争实质上是信息源的竞争。这些信息源来自一切生产活动

中所产生的成果和各种原始记录,也存在于将这些成果和原始记录加工整理后得到的半成品中。内容上游信息源的安全性决定了内容后续加工的有效性。从信源采集来看,新媒体信息源的采集具有广域范围,而新媒体对信源的把控却并不理想。新媒体把关机制弱,使虚假性、情绪性的内容超载。在技术条件的催生下,新媒体对内容的整合与加工远远超过原创内容,拼凑与嫁接的媒介内容板块并不能有效地形成知识的系统性与逻辑性,很难维持内容的理性与公共性。比如在群体性事件中,"微博的弱连带暗合了突发群体性事件中的民众心理和信息传播所需环境,成为弥散信息、感染情绪、激化和升级矛盾的推动器。"[①]新媒体中的社会性媒介内容生产已经呈现出失衡趋势。媒介作为社会交流系统,在社会功能承担方面有着不可替代的作用,内容失衡导致媒介信息、媒介知识风险的产生,又引发媒介公信力下降与信任赤字,这会对社会运行产生许多负面影响。

(二) 内容知识侵权现象严重

传媒的生存能力取决于内容的创新与消费。然而从当前的内容生产模式上看,其运作模式本质是以内容生产为辅,大规模内容加工为主,即一次生产,多次利用,甚至可以"无须对原始内容进行再加工和处理"。在这个过程中,新媒介扮演"剪刀＋糨糊"的内容分发角色,缺乏内容产业链条上各环节的整体创新生产。版权私有性与知识共享性之间的冲突则越来越成为内容生产矛盾升级的焦点,新媒体内容知识侵权的现象愈加烦琐与隐蔽,这对正常的知识产权保护秩序是一个较大的冲击。在媒介内容生产领域内,版权法实施秩序首当其冲,大量内容产品开始出现严重的盗版、翻版等现象,《哈利·波特》作品发行过程中出现的问题就是例证。社会性媒介中的用户自内容也容易发生知识侵权,尤其体现在视频、博文等常见的内容分享中。由于用户上传侵权视频一般不以营利为目的,而是为了网络共享,吸引他人的注意力或点击,提高自己的网络地位和声望,戏谑和嘲讽他人作品等,所以其侵权责任难以认定,经济赔偿也难以兑现。姑且不论当下知识产权保护制度与新媒体的相适应度,新媒体对内容无规则地传播与利用,已经严重影响原创知识的持续性发展,这对依靠创新为原动力的社会进步来说将产生毁灭性的影响。随着互联网技术渐趋成熟,内容免费使用和加工的时代已经成为历史,"内容真正为王"时代的来临必须要解决的问题就是对原创性内容本身给予充分尊重和保护,只有这样才能有效地激发个体的创造性,并最终释放数字内容产业的创新生产力。

---

① 李春雷,刘又嘉,杨莹.突发群体性事件中微博主体媒介素养研究——基于"乌坎事件"事发地的实证调研[J].新闻与传播研究,2013(11):50.

（三）产业链的不完整，内容增值有限

内容产业链存在着体现上下游关系的结构属性和上下游产品与服务交换的价值属性。以内容产品为基点，可以构建有效的媒介组织价值链，并实现内容产品的价值增值过程。内容价值本质上是信息资源所具有的信息属性的体现，是信息资源产品价值中最为核心的价值，是信息资源能够成为商品的基础，但内容价值实现的程度大小则依赖于具体的利用方式。现行的媒介内容生产中，对内容价值的利用大多仅仅局限于内容最原始的信息价值，即作为信息一般的传播功能，这不仅导致内容传播的同质化，也影响传播效果并切断了用户潜在的持续关注，从而断裂内容价值链的延续。在各种媒介内容产业链上，处于低端和高端位置上的虽然都是内容产品，但内容的质量和数量却会因为链条结构上的反馈机制性能的差异而体现出巨大的差异性。因此，使内容产品在内容价值链的每一个环节节点上加入原创性内容，实现每一个链环内容的层级性提升，也是当前媒介内容价值链升级的关键所在。同时，加强对内容产业链上各个环节内容的深度挖掘以及再创造，以内容产品为价值链基点带动整个产业价值链的活络，给受众带来连续、一体化的用户体验，将是新媒体内容生产不得不逾越的关卡。

（四）信息监管缺失，信息过滤难度加大

新媒体时代下，新闻和事实几乎同步发生，信息即时传播缩短了信息更新的周期。信息监管缺失，信息控制权被进一步分散到了网民个人手里，同时，即时网络又使管理者试图依靠切断信息的流向来阻止传播更加困难。这些问题都可能导致传统的监管模式在信息监管的时效性上大打折扣。发布信息的即时性和信息源选择的个性化大大增加了信息过滤的难度，从而使那些即兴的、非理性化的、情绪化的言论得到传播的机会大大增多。新媒体表面看似免费的自内容平台，实则在与社会互动过程中隐藏着较大现实考量，尤其在言论表达制度还不完善的情况下，如果不能理性地平衡权利与义务，将产生诸多言论失范的现象。这直接体现在当下信息传播中，敏感性内容因承担较大潜在风险，在事件关键时刻较少得到传播；日常琐碎的信息，因为接近零成本而大量充斥于网络并导致信息的泛滥。这种现实矛盾助推了媒介信息风险的建构，在不断增长的无用信息汪洋中，我们逐渐沉浸在各种琐碎日常信息构成的包围圈中。由于信息超负荷导致的各种生理疾病与心理隐患，如，在风险社会和媒介化社会交织下，社会困难群体的塔西佗陷阱式的条件反射，这些用来协助鉴别和控制风险的工具则在某种程度上反把我们给控制了。

知识卡片

新媒体为内容的生产与传播提供了新的空间和新的途径。新媒体的内容生产已经成为一个重要的产业,拥有强大的发展动力和广阔的市场前景。但新媒体在给内容产业带来机遇的同时,也给政府管理带来了冲击。

一是管理法规的冲击。中国现行媒体的管理法规是以载体划分管辖范畴,在"内容"的管理办法中,也是以载体为区分方式进行管理的。这种管理模式与数字融合的趋势背道而驰。

二是传统媒体转型的冲击。传统媒体产业在享受新媒体产生的巨大商机之前,势必要经历转型的阵痛。业界普遍存在着"数字焦虑",因为旧媒体产业的转型除了要了解各种创新应用技术的趋势、新的商业模式外,更要更新传播内容和节目形式等。

三是数字版权保护的冲击。在所有数字内容创作及数字内容再利用(含公开传输、公开播送)过程中,版权是保障创作者权益的最后防线,也是交易流通的根本。以网络为传输途径的新媒体,由于传播快速、容易分享,导致侵权行为加速扩散。

四是全民媒体的冲击。随着新媒体时代的来临,主流媒体的采访供稿方式将发生根本性的变化。但是在网络这个低成本、高互动、容易建构内容的大众传播工具中,环境提供的选择越多元、互动性愈强,反而越让阅听人无所适从。当人人都可以成为公民记者时,新闻的严谨度与正确性将受到影响。如何善用新媒体的传播力量,也是对政府管理方式的考验。

总之,不管信息技术如何发展,传播手段如何改变,媒介形态再复杂,受众接触媒介、使用媒介的初衷——获取信息,是不会改变的。不管受众需求是最原始的求知,或是娱乐,还是今天被广为使用的人际社交,内容才是受众接触媒介的根本,也是所有媒介信息发布活动的出发点和最终目的。因此,不管是新媒体还是传统媒体,无论信息在怎样的平台上以怎样的形式传播,"内容为王"在过去、现在或是将来都应是媒介活动发展的核心基础。

第二节 新媒体语言艺术

新媒体时代是一个媒介融合时代,自新媒体时代到来以后,不仅媒介的样式发生了变化,其传递的媒体语言也发生了新的变化。

一、新媒体时代的媒体语言特性

在自媒体的平台下,不仅传播方式的时效性与互动性强于传统媒体,在内容传播上,语言的使用也更加自然、更加亲民。当然其语言的规范性是与传统专业媒体无法比拟的。媒体的语言也呈现出这个时代的特性。

1. 随意性

这是新媒体语言突破传统媒体专业垄断的首要体现,尤其在自媒体的开放平台下,大众可以通过微博、微信等移动媒体平台自由发布言论,并且能够在极短的时间内达到信息广泛传播的目的。以往需要通过传统媒体仔细斟酌、严格校对的语言信息呈现出了它最自然的一面,也是来自大众的最不加修饰的言语。

2. 即时性

曾几何时,媒体被我们认作为极其权威和专业的信息传播渠道,它的严谨和正确也意味着它需要更多的时间和流程来呈现。而在近年来,无论是东南亚海啸发生的第一时间,或是伦敦地铁相撞惨案的现场,都传来了来自现场的、第一时间的、普通大众带来的第一手信息。这种即时性是以往任何一个传统媒体所无法企及的,哪怕是电视媒体的直播依然会错过这些突发事件的第一现场,而自媒体的平台为"人人都是传播者"提供了可能性。与此同时,自媒体语言也随这些事件即时发布出去,它似乎成为以最快方式面对大众的媒体语言。

3. 广泛性

网络的力量比以往任何一种传播方式的影响力都大,这也正是基于其极高的传播速度和网络普及的覆盖能力。在网络中传播的词汇、语句能流传为广为人知的热门语言,甚至影响传统媒体对语言的运用,其中比较典型的例子就是一些迅速走红的网络用语会一时间成为城中热议的话题,各大媒介也争相采用。

这些新媒体时代特有的语言现象背后,不仅是一派欣欣向荣的媒体语言发展盛况,更为我们提出了新时代的新要求。

知识卡片

新媒体艺术在技术形式上经历了由简单到复杂的过程,中间新技术的不断介入又进一步强化了它的语言形式,这种由技术带来的对新的实验范围的拓宽,在一段时间内使新媒体艺术的发展超出了理论研究的常规步伐。我们可以从影像装置教父级人物比尔·维奥拉的作品中感受到成熟的新媒体艺术的魅力。

"维奥拉的作品中是能让人感受到一种拯救的发生,作品风格表现为缓慢的移动、刺耳的噪声、丰富的色彩、宏大的规模以及人沉浸于本质的电影性经验。"[①]维奥拉的一件三屏影像装置《南特三联幅》中,其三个屏幕显示的内容分别是一位临产女人、一位一息尚存的老人和一位不断落于水中的男子,他使用高端的影像技术将这三幅画面并置于一个幽暗的空间,三

---

① 朱其. 20世纪后期以来的新媒介艺术[J]. 文艺理论与批评, 2005(06): 75.

> 幅画面分别从三个地方传来关于生与死的声音,这种脱离叙事的对动态影像的深度强化,在神秘主义的状态下强烈地吸引住了观众的精神,在感受生与死的状态中,观众的自我意识模糊在了视觉影像和仪式化的声音中。比尔·维奥拉将作品看作视觉诗,他的作品也一贯地呈现出视觉叙事和语言表达的诗意。

二、新媒体时代的语言需求

不论是新媒体时代还是传统媒体时代,媒体语言所面对的都是大众传播,因此就要认识把握新媒体环境下的传播规律,做好媒体语言规划。尤其是在自由开放的新媒体时代,更要体现出对媒体语言的一定诉求。

(一) 对规范性的诉求

新媒体时代不仅使传播平台的自由大幅度提升,对于其内容的随意性也有所凸显。但无论是新媒体还是传统媒体,不论传播平台的监管审查流畅与否,只要是面向大众传播的内容就要有一定的规范性,不能被新媒体所谓的"新"掩盖了其传播的本质。媒体语言向来具有引导作用,并在传播领域中发挥重大的影响力,不能被新媒体即时性强、自主化程度高的表象所迷惑,媒体语言更应有规范性的诉求。

(二) 对语言的正确选择

新媒体时代的语言比传统媒体更新更快、影响范围更广、传播速度更快。新词新句的产生都有一个检验和流传的过程,有些词语极具夺人眼球的吸引力,但并不意味着这些词句在一时的爆热之后会继续使用下去,它可能一闪而过,消失在急速翻新的媒体语言之中。而有些词语却能经过实践的检验,并适应时代的用语需求,不仅留在新媒体发挥作用,也贡献到了传统媒体中,增添媒体语言的时代感。这就需要加强新媒体背景下的语言研究,弄清这些新词新语产生、发展的规律,以顺应媒体语言的发展趋势和需要。

对于不同类型的媒体,语言使用应遵循各自特点找到合适的位置。全媒体时代的媒介融合互通是不可避免的,也是大势所趋。在历史进程中,几大媒介各领风骚数十载,它们的语言相互渗透、相互交流、相互补充,在媒介并存的当下,它们的作用还是有所区别的。传统媒体依旧占据着一席之地,尤其是电视又有主流媒体的作用,新媒体拥有自己新型的特点,让语言在大众传播中走向丰富、活跃、多元的方向。在日常传播中语言的形式、表达的方式都应各呈特色,以更好地发挥各自媒体平台的作用。

三、对当前媒体语言的思考

随着中国新媒体迅速发展、影响扩大,使得媒体语言呈现出鲜明的时代特色,同时,也引发了对于媒体语言应用、传播等方面的一些思考。

媒体的出现大大提高了语言传播的速度,扩大了语言传播的范围,新媒体更是丰富了语言传播的内容和形式。语言是思想的体现,新媒体时代的媒体语言体现了人们思维方式和思想内容的改变,同时也营造了崭新的信息交流和言论沟通的语境。新媒体语言是当下特有的语言现象,它也正在网络传播特性的影响下日趋走向简单易读、直抒胸臆而富有个性化的方向,使得以往必须通过权威部门发布的信息能以最简易最直白的方式传递开来。而一些流行的新兴语言的泛化使用就存在着一些问题,一些本义单纯的字句经过媒体的连番传播和多义解读使内涵变得无限丰富,并被大众普遍使用于各种语境中,导致语言表达上的模式化甚至含糊性。比如热门词语"囧""给力",一时间人们已经忘记要表达的情绪和意义究竟是什么,只是习惯性地运用这样的词语一以概括。尽管这是新媒体特性最敏锐的反映,为语言表达增加了活力,但它也在一定程度上造成语言使用的困扰,本该准确传达意图的语言却不能让沟通交流更准确、细腻地完成传情达意的作用,久而久之可能会造成语言沟通上的障碍。包括目前在主持人中比较流行的"港台腔"问题,也是盲目追求、用语不规范的典型例子。在国家大力推广普通话传播的背景下,模仿港台腔是反其道而行之,看似时尚,却影响了信息的顺畅传播,也影响了语言文字的规范性,并会直接导致青少年在潜移默化中受到不良的语言影响。任何语言的使用都应与对应的语境相联系,发挥语言应有的作用,树立正确的价值观和价值导向。无论哪一种媒介中的语言,其使用的科学准确都是大众传媒应该坚持的基本原则之一。

当今社会正处于媒介变革与生活方式变革交互作用的时代,社会变革对语言文字工作提出了挑战和新的要求,新媒体的运用推进了整个社会进入"人人都有话语权"的微时代。在自媒体平台下,网络带来海量丰富信息资源的同时,也存在着谣言、炒作、恶意攻击、语言暴力等问题,并以迅疾传统媒体几倍的速度广泛传播开来。这就需要在传统媒体与新媒体融合的过程中保持警醒,保持专业性和客观性,并提高自身的语言能力,避免网络语言暴力,净化网络语言环境。在全新的互动化复合媒体中,语言的健康发展和演变要适应社会大语境,更要发挥其重要的引领和示范作用,建构和谐健康的社会语言环境。

第三节 新媒体运营

新媒体运营是一个很大的范畴,并不是简单地发发微博、微信,不只是"我要什么内容",而要考虑"受众想要看什么内容"。新媒体运营涉及的内容是多方面的,其中有数据、心理博弈、热点借势、大号资源利用、媒介合作、话题引爆,它承载着这个时代的更多公关、广告的职能。

一、新媒体项目定位

在一个项目上线之前,可以从三个维度思考定位。一是用户定位。搞清楚目标用户是谁,目标用户的特征是什么,做用户画像。二是服务定位。也就是说产品提供什么样的服务,是否具有差异化。三是平台定位。结合用户定位与服务定位决定平台的基调,究竟是学术型,还是恶搞型。平台的基调将决定内容运营与用户运营的策略。以微信为例,平台定位还涉及自定义菜单的规划。其实自定义菜单的规划有点像 App 底部的功能规划,规划的思考维度需要从目标用户、使用场景、需求、平台特性几个方面来考量。

> **知识卡片**
>
> 从 1991 年万维网的发明开始,到 2011 年,互联网真正走向了一个新的里程碑,进入了"大数据时代"。2013 年以后,人们逐渐冷静下来,更加聚焦于如何利用大数据挖掘潜在的商业价值,如何在企业中实实在在地应用大数据技术。伴随着大数据应用的讨论、创新,个性化技术成为一个重要落地点。相比传统的线下会员管理、问卷调查、购物篮分析,大数据第一次使得企业能够通过互联网便利地获取用户更为广泛的反馈信息,为进一步精准、快速地分析用户行为习惯、消费习惯等重要商业信息提供了足够的数据基础。伴随着对人的了解逐步深入,"用户画像"的概念悄然而生,完美地抽象出一个用户的信息全貌,可以看作企业应用大数据的根基。
>
> 用户画像的核心工作是为用户打标签,打标签的重要目的之一,则是为了让人能够理解并且方便计算机处理,如,可以做分类统计:喜欢红酒的用户有多少? 喜欢红酒的人群中,男、女比例是多少? 也可以做数据挖掘工作:利用关联规则计算,喜欢红酒的人通常喜欢什么运动品牌? 利用聚类算法分析,喜欢红酒的人的年龄段分布情况?
>
> 大数据处理,离不开计算机的运算,标签提供了一种便捷的方式,使得计算机能够程序化处理与人相关的信息,甚至通过算法、模型能够"理解"人。当计算机具备这样的能力后,无论是搜索引擎、推荐引擎、广告投放等各种应用领域,都能进一步提升精准度,提高信息获取的效率。

二、新媒体运营

(一)内容运营

内容运营是指通过创造、编辑、组织、呈现内容,从而提高项目或者产品的内容价值,制造出对用户的黏着、活跃产生一定促进作用的运营内容。一个新媒体项目或者产品一定是有内容进行填充的,而内容的来源、挖掘、组织、呈现、通知的方式和质量会对内容运营的效果产生巨大的影响。内容运营包含内容的采集与创造,内容的呈现与管理,内容的扩散与传导,内容的效果与评估。而不同阶段的内容运营策略也不尽相同。

1. 内容初始化,构建产品的价值观

内容初始化是在构建好的内容框架下,在用户进入之前,去填充一些内容,而这些内容是内容运营初期网站或者产品中的核心部分,代表着网站与产品的价值观。内容初始化,确定好内容供应链的架构,即通过系统去解决内容从哪儿来、到哪儿去的流程问题,确立初始化用户群,清楚用内容解决的问题,并进行内容准备,梳理关键路径。

2. 持续运营中的内容运营

(1)内容呈现。内容的呈现方式包括用户主动的发现及运营人员主动的推送。当网站或者产品内容逐渐充实,内容运营人员日常工作的重点就是进行内容推荐——内容整合。

(2)内容推荐。内容的推荐包括新近发生的话题、热点内容和优质内容。

(3)内容整合。整合的方式包括同一个话题的优质问答的整合、对优质用户原创内容的整合。

(4)持续推送机制的建立。推送渠道的选择上,优先考虑渠道是否覆盖推送对象,推送内容需要直截了当。好文案首先必须了解受众、产品和活动,明白产品的突出点、用户的需求满足核心点,贴近受众心理。还要对推送消息的分析形成结论,如渠道的质量如何?通过各个渠道下发的推送,有多少送达到了用户?用户对待推送的态度如何?有多少用户打开、阅读了推送的内容?在接收、查看的用户中,有多少人来到了网站或者产品中对应的登录页?最后又有多少用户完成了我们期望的转化?对待这些数据,我们有哪些经验和教训,后续应当如何改进、提高,并保持、落实到具体的事情中。推送过程中要避免用户打扰,保证推送频率及内容质量。

(5)实现自运营的路径与机制选择。所谓自运营是指通过建立一些机制和规则,用户通过遵守这些机制,利用这些规则,使得媒体的日常运营不再过多地依赖运营人员的引导,实现用户自主运营的手段和目标。自运营是一个网站或者产品运营的最高境界。

3. 公共平台的内容运营

首先进行平台定位,根据运营品牌自身的特点、受众、调性来定义公共平台所要进行运营的内容特点、受众和调性。其次是快速测试,取得反馈,快速测试主要是获取用户对内容的喜欢程度、兴趣程度等信息,再者,培养用户的习惯,通过固定时间发布内容让用户养成习惯,还应坚持长期的内容运营方针,以及与内容消费者保持互动、保持原创等。

(二) 用户运营

所谓用户运营,就是"拉人",因为产品的生命周期就是用户"来—玩—走"的循环。虽然用户会自然增长,但真正有价值的用户仍需要定向"引入"。"引入"这件事在用户类产品的运营中随处可见。如,美丽说的时尚潮人、知乎各领域的牛人、滴滴打车的司机、百度百科的权威编辑者、Keep 的健身达人、微博的名人、猫眼电影的影评人等。引入用户是用户运营的重要基本功,那么究竟如何引入用户呢?

1. 明确引入用户的类型

根据产品定位以及产品所处阶段来确定引入用户的类型。比如,美丽说初期定位是时尚导购网站,那么就应该引入在互联网上有贡献优质内容能力的、有时尚鉴赏能力的潮人。再比如,知乎初期是从互联网领域切入的,所以首先与李开复等互联网意见领袖型人物进行合作,后续再引入其他领域的大牛。当然,这里的"美丽说潮人"和"知乎意见领袖"都要有一个明确的定义,即满足某类具体条件的人群。有了这个定义,就明确了引入用户的类型,完成了第一步。

2. 找到目标用户的聚集区

寻找目标用户最高效的办法是找到一两个聚集区,列出目标用户名单,便于后续用同一种方式、在同一个平台引入。比如,做医疗领域,寻找优质医生的聚集区,就是三甲医院或好大夫网站;做法律领域希望引入律师,就应去几大法律网站上搜索律师列表;做教育领域就应和相关的教育机构合作;等等。

3. 设计"拉新"的方式

找到用户聚集区之后,就要设计具有可行性的方案来赢得这些用户了。首先给用户一个"进入的理由",其次通过恰当的方式传递给他们。所谓"进入的理由",就是这个产品的价值,比如微博对于名人的价值,就是提升个人影响力的媒体平台,有多少用户在这个平台上关注着;再比如滴滴打车对于出租车的价值,就是提升载客的效率,让司机在同样的时间内赚到更多的钱。这些价值都是很实在的,如果无法描述清楚平台价值,不仅会很难引入,甚至有可能是这个产品本身就具有一定的问题。至于传递出去的方式,一般使用做活动或官方推荐的手法。比如开微博会涨粉,再比如出租司机只要使用滴滴打车,公司方就有话费奖励,而且每单还有补贴。

4. 保证"拉新"后的留存

具体留存的手段,从表象上说,就是平台引入时许诺了用户什么,从本质上说,就是平台的价值是什么。微博引入名人,表象上用户的收益是涨粉,本质上用户的收益是建立个人品牌,所以要及时推荐并保证涨粉。平台一步步教名人如何发微博更吸引人,关注名人的整体满意度。总之,要对引入的用户有侧重性的运营,要么给经济收益,要么帮助建立个人品牌,关注用户的操作数据和情感感受,才可能让他留下。

(三) 活动运营

活动运营是一种目标导向的行为,不同的目标就要做针对性不同的活动。而策划一次活动不是件轻松的事,它跟策划一个 App 并无本质上的区别,而且正因为活动周期短、反馈快、目标简单、功能纯粹,所以在活动中更容易暴露出策划设计中的问题。究竟如何"正确"地策划一次活动呢?

1. 指导制订活动方案

在活动方案探讨过程中,常常会有新的奇思妙想,或者在原有基础上做进一步延伸,这其中有很大一部分都可能是非必要的、无关的内容,需要筛查剔除。以抽奖活动为例,说起来是非常简单的一个活动:"一个转盘上面放几个奖品,用户点击一下有可能中奖,然后领取奖品",但其实它的需求文档远远不止于此,并且之后还要再成倍数地扩散到交互、视觉、开发和测试,工作量大增。所以,在进行活动策划时,我们要剔除任何非必要需求。

2. 指导制定量化指标

一次活动能承担的使命是有限的,我们一直强调一次活动只有一个目的,只为达成一个指标,例如页面浏览量、参与人数、转化率、分享次数、新用户安装量,这些可能都是重要指标。以世界杯竞猜活动为例,它的目的是"促活",即促进用户活跃,那我们就该专注在参与人数上,把"拉新"这样的事情抛开。

3. 指导用户流程和交互页面设计

我们常常会陷入一种纠结:"对我们有利的事情一个都不想放弃",例如让用户多分享、让用户下载客户端、让用户每天都来参与等,如果真这样做下去,很可能设计出一个冗长的用户流程,一个眼花缭乱的界面,一个无法衡量的结果。活动页面的参与转化率一向是非常低的,想象一个普通用户被推广文字和图片吸引,下意识地点击来到活动页面上,如果不能在第一眼明白此活动的目的,不能在几次点击后感觉到乐趣或价值,这个用户很可能就会流失。理想的流程和界面,是不需要用户阅读和思考的,盲目地点击几下之后用户就能完成最重要的部分,然后他再来决定是否要继续,是否要分享。以活动主页面为例,我们容易把所有重要信息和功能入口放在主页面,使得页面变得令人眼花缭乱,但其实页面空间有限,往往只适合突出一个功能键,如果想在一个页面突出 2~3 个信息或功能入口,很可能会让用户迷失,这时候必须懂得取舍。

三、新媒体推广渠道

渠道几乎是整个运营体系里最依赖数据驱动的业务。对用户、产品、市场和行业趋势的理解往往可以凭天分,但是对渠道的选择与判断则不行,它繁杂零散地分布在各个流程环节中。由于没有产业标准,推广渠道的质量参差不齐,水平波动剧烈,它成为一个完全依赖数据运营的业务领域。

(一) 渠道推广

1. 线上渠道

(1) 基础上线。推广的第一步是要上线,这是最基础的。基础上线渠道包括各大下载市场,如机锋、应用汇、木蚂蚁等;应用商店,如谷歌商店、HTC商城、历趣、十字猫、开奇、爱米、我查查、联想开发者社区、oppo 应用商店等;大平台,如天翼空间、华为智汇云、腾讯应用中心等;下载站中覆盖 Android 版本的发布渠道,如豌豆荚手机精灵、91 手机助手、360 软件管家等。

(2) 运营商渠道推广,包括中国移动、中国电信、中国联通。运营商的用户基数较大,渠道推广人员可以通过与运营商沟通合作将产品预装到运营商商店,好的产品还可以得到运营商的补助和扶植。市场部门要有渠道专员负责与运营商沟通合作,出方案进行项目跟踪。

(3) 第三方商店。由于进入早,用户积累多,第三方商店成为很多 App 流量入口,全国有近百家第三方应用商店。渠道专员要准备大量素材、测试等与应用市场对接。各应用市场规则不一,如何与应用市场负责人沟通,积累经验与技巧至关重要。资金充足的情况下,可以投放一些广告位及推荐等。

(4) 手机厂商商店。大厂家都在自己品牌的手机里预装商店,如联想乐商店、魅族应用中心等。渠道部门需要较多运营专员来跟手机厂商商店接触。

(5) 积分墙推广。"积分墙"是在一个应用内展示各种积分任务(下载安装推荐的优质应用、注册、填表等)以供用户完成任务获得积分的页面。用户在嵌入积分墙的应用内完成任务,该应用的开发者就能得到相应的收入。积分墙起量快,效果显而易见,大部分是采用每次行动成本(Cost Per Action,CPA)计价方式,其价格一般 1~3 元不等。但以活跃用户等综合成本考量,成本偏高,用户留存率低。业内公司有微云、有米、万普等。积分墙适合大型、有资金、需要尽快发展用户的团队。

(6) 刷榜推广。这种推广是一种非正规手段,但是在国内非常受欢迎,绝大部分苹果手机用户都会用 App Store 下载 App。如果 App 排名靠前,当然可以快速获得用户的关注,同时获得较高的真实下载量。不过,刷榜的价格是比较高的,由于这种推广成本比较高,所以一般会配合新闻炒作,通过这种方式 App 等容易快速出名。

(7) 社交平台推广。目前主流的智能手机社交平台,潜在用户明确,能很快地推广产品。这类推广基本采用合作分成方式,合作方法多样。业内公司有微云、九城、腾讯、新浪等。如,2010 年 6 月,非诚勿扰的交友软件在微云社交平台上自传播自推广,上线第一个月用户达到32万人。

(8) 广告平台。起量快,效果显而易见,成本较高,以目前主流平台为例,每次点击付费广告(Cost Per Click,CPC)价格在0.3~0.8元,每次行动成本价格(CPS)在1~3元之间,不利于创业融资前的团队推广使用。业内公司有多盟、微云、有米、亿动等。

(9) 换量。换量主要有两种方式,一是应用内互相推荐。这种方式可以充分利用流量,增加曝光度和下载量,量级不大,但曝光度不错,有内置推荐位的应用可以相互进行换量,但这需要以一定的用户量作为基础。二是买量换量。如果自身无法给某一应用带量或者量很小,可以找网盟跑量,以换取应用商店优质的资源位或者折算成钱进行推广。这种方式也是比较实用的方式,包括应用宝、小米等在内的商店都可以换量,通过某些代理,还能跟360等进行换量,可能会比直接在360做试玩付费广告(Cost Per Try,CPT)有更好的效果,商店CP一般以2∶1的方式进行换量。

2. 线下渠道

(1) 手机厂商预装。这是一种出厂就存在、用户转化率高且最直接的发展用户的方式。用户起量周期长,从提交测试包测试—过测试—试产—量产—销售到用户手中需要3~5个月时间。推广成本:应用类产品预装量付费价格在0.5~1元不等,CPA方式价格在1.5~4元不等。游戏类产品,采取免费预装、后续分成模式,CPA价格在2~3元之间。操作难点包括品牌众多、人员层级多、产品项目多,需要有专业的团队进行有针对性的推荐与维护关系。

(2) 水货刷机。起量快,基本上2~4天就可以看到刷机用户,数量大,基本上一天可以刷几万台。重刷现象严重,基本上一部手机从总批到渠道到店面会被刷3~5次,推广成本剧增,用户质量差,不好监控。基本上刷机单一软件CPA在1~2元,包机一部机器价格在5~10元之间。

(3) 行货店面。用户质量高,黏度高,用户付费转化率高,见用户速度快。店面多,店员培训复杂,需要完善的考核及奖励机制。基本上CPA价格在1.5~3元之间,预装价格在0.5~1元之间。

(二) 新媒体推广

1. 内容策划

内容策划前需做好受众定位,分析得出核心用户特征。坚持原创内容的产出,坚持定时推出。抓住当周或当天的热点跟进,重在创意,让产品自己能够讲故事,使产品拟人化。

2. 品牌基础推广

百科类推广,在百度百科、360百科建立品牌词条;问答类推广,在百度知道、搜搜问答、新浪爱问、知乎等网站发布问答。

3. 论坛、贴吧推广

论坛、贴吧的推广建议以官方帖、用户帖两种方式发帖推广，同时可联系论坛管理员做一些活动推广。完成发帖后，应当定期维护好帖子，及时回答用户提出的问题，搜集用户反馈的信息，以便下个版本更新改进。

4. 微博推广

微博推广将产品拟人化，使它能讲故事，并结合其特性，坚持原创内容的产出。在微博上捕捉当周或当天的热点跟进，保持一定的持续创新力。这里可以参考同行业运营比较成功的微博大号，借鉴他们的经验。互动，关注业内相关微博账号，保持互动，提高品牌曝光率，必要时候可以策划活动，转发微博等。

5. 微信推广

微信公众号的运营推广需要一定时间沉淀，这里可以参考以下步骤。内容定位，结合产品做内容聚合推荐，内容不一定要多，但是一定要精，并且符合微信号的定位。种子用户积累，初期可以给定一个关键绩效（KPI）指标，500个粉丝一个门槛，种子用户可以通过同事好友、合作伙伴推荐、微博引流、官网引流等。小号积累，开通微信小号，每天导入目标客户群。小号导大号，通过小号的粉丝积累推荐微信公众号，将粉丝导入微信公众号。微信互推，当粉丝量达到一定预期后，可以加入一些微信互推群。

6. 公关（Public Relations，PR）传播

PR不是硬广告，学会在对的途径讲一个动人的故事非常重要。互联网时代人人都是传播源，无论是微博关键意见领袖、微信公众号还是媒体网站的专栏或各大社交网站，营销时都得去研究如何利用这些平台来讲述一个好的品牌故事，反之，这些平台也会是用户对品牌产生用户原创内容（UGC）的最好渠道。在公司初创时，作为公关人员，需要把公司每一个阶段的方向都了解透彻，然后学会向市场、投资人、用户传递一个有力的声音，这个声音并不是生硬的广而告之，而是抛出一个话题让大家对所讲故事感兴趣，并将大家的兴趣引到产品上，进而形成行业的热议话题。以下有几个策略。

第一，用日常内容保持稳定的曝光。营销者要定期做一张传播规划表，根据公司和产品的变化来决定该向外界传递什么声音，恰当的表达和持续的内容产出会让公司的曝光度及行业的关注度逐渐提高。

第二，维护好已有的媒体资源，积极扩展新资源。对熟识的记者和媒体，营销者仍应保持持续沟通和交流，告诉他们，这个团队在做怎样的一件事。只有反复地沟通，才会把故事的闪光点打磨得让人心动。而作为公关人员，更要能及时嗅到媒体关注的兴趣点，为下一次的报道梳理做好充分准备。在创业

公司给予公关人员的经费并不是非常充足的情况下，公关人员就需要仔细去分析，在什么样的发展阶段和进度，需要利用的什么样的途径和资源去支撑公司的发声和观点。所以，公关人员对自己的要求应当是每周都有计划地去拓展一些新的媒体资源，这样之后再做事件输出时就能有合适的渠道去进行支撑。

选择的渠道决定了传播的效果。说什么故事、用哪种方式呈现传播效果最佳，对渠道的选择尤为重要。比如，对公司创始人的一些采访，可能更倾向于行业及财经相关的权重高的纸媒，它有利于大面积地带动传播。对产品的发声，更倾向于科技类的新媒体，在行业内能引起更强的关注力。而对事件话题性的新闻，更青睐于选择大型门户类网站。自媒体领域，实力参差不齐，选择有中立观点和实力派的自媒体发声，不失为好的选择，但是它对创业公司来说并不是性价比最高的。而对电视媒体，选择与产品潜在用户相吻合的节目是一个快速让产品呈爆发式增长的途径。最后，要记得做好对营销传播效果的评估，它包括人群的覆盖率、点击量、阅读量、点赞量等。每一次的数据，都提示下一次的内容应该怎样才能做得更好。而公关人员作为连接内外的桥梁，最好也要藏身于用户中间，在深度沟通中突出品牌的个性。

7. 事件营销

事件营销需要体力和脑力的双重配合，这需要整个团队保持敏锐的市场嗅觉，此外还需要有强大的执行力，配合一定的媒体资源，事件才能以最快的速度推出去。事件营销的前提是团队成员每天接触大量新鲜的资讯，把这些信息整合，也需要养成随时记录下一些闪现的灵感创意并和成员们及时分享、碰撞。对于能贴上产品的创意点、结合点，要马上进行头脑风暴，对事件的始末进行推理，若确定方案可行，那么马上做出与之匹配的传播计划，开始做项目预算，并同时准备好渠道资源。

（三）线下推广

线下推广即利用宣传经费印制纸质宣传单和各种海报做宣传。介绍海报，在人流量多且可免费宣传的地方张贴海报宣传。宣传单，与合作商家商议，将宣传单曝光于商家跟用户接触的地方。地推卡传单，制作精美传单，在办公区域相对集中的地方或商场等地发放传单。

四、数据分析

认真分析每一条微博、微信、每一个渠道背后的数据，发现传播度高的内容背后的契合点和关联性，这样非常有利于官方微博、微信内容质量的提升，运营起来也更接地气。

1. 留存用户和留存率

留存用户和留存率通常反映了不同时期获得的用户流失的情况，分析这个结果往往是为了找到用户流失的具体原因。以 App 为例，刚开始用户会比较多，随着时间的推移会不断有用户流失，留存率随时间推移逐步下降，一般在 3~5 个月后达到稳定。其中阅读资讯、社交沟通、系统工具是留存率最高的三类应用，4 个月以后的留存率稳定在 10% 左右。留存率提高了，才会有更多的用户留下来，真正使用 App 的用户才会越来越多。

次日留存。对于新用户，要结合产品的新手引导设计和新用户转化路径来分析用户的流失原因，通过不断修改和调整来降低用户流失率，提升次日留存率，通常这个数字如果达到了 40%，就表示产品非常优秀了。

周留存。在这个时间段里，用户通常会经历一个完整的使用和体验周期，如果在这个阶段用户能够留下来，就有可能成为忠诚度较高的用户。

月留存。通常移动 App 的迭代周期为 2~4 周，所以月留存能够反映出一个版本的用户留存情况，一个版本的更新，总是会或多或少地影响用户的体验，所以通过比较月留存率能够判断出每个版本更新是否对用户有影响。

渠道留存。因为渠道来源不一，用户质量也会有差别，所以有必要针对渠道用户进行留存率分析。而且排除用户差别因素以后，再去比较次日、周留存，可以更准确地判断产品上的问题。

知识卡片

用户自某段时期开始使用应用，在一段时间之后，仍然还在使用应用的被认作是留存，这部分用户占当时新增用户的比例，即是留存率。

一定时期内的新增用户通常会随着时间增长而不断有人离开（留存不断下降），直至他们的生命期结束，从数据上看是一条下降趋势的曲线。对留存做分析时，不会只看一个总体留存率数据，这意义不大，而是要观测这条下降曲线的走势。

对留存进行分析的最常用方法是以日为单元，观察某日的新增用户在随后每日的留存情况。留存虽可能受到多种因素的影响，如：应用质量、用户素质、应用的运营等，但在推广渠道、应用版本既定的条件下，每天的留存曲线不会有很大差异，因此，即使只对一些典型日期做分析也非常有效。通常，用户随时间推移的留存会明显地出现三个时期。

流失期——用户新进入后的前几天是流失量最大的时期，留存率显著下降，是流失期。其中第一天的留存率被称为"首日留存率"。

蒸馏期——在经过几天大幅度流失后，用户留存会进入小幅度下降时期，这就如同蒸馏过程一般，因此称作蒸馏期。

> 稳定期——经过一段时间蒸馏后,用户留存会呈现出一种很稳定的态势,不会有明显的增减,可称为稳定期,这会保持较长时间。
>
> 在行业中,很多应用都很重视首日留存率这项指标,这是对应用质量的直接反映,这项指标还可以在一定程度上说明用户首次体验的满意度。若从总体来看应用的留存,应该看进入稳定期后的平均留存,这才是应用日留存率的真实水平。留存稳定期所保留下的用户,是最有价值的,他们提供了大量的流量,相对其他用户各项转化率也会更高。
>
> 另一个需要关注的问题是留存要经过多久进入稳定期。应用通常都会通过一些运营手段(如用户引导、每日奖励等)来减缓流失,如果留存曲线很快就进入了稳定期,留存也很低,就只能说明在运营方面做得实在太差了。

2. 活跃用户

用户每天既会不断新增,也会不断流失,如果单独只看每日活跃用户数,是很难发现问题的本质的,所以通常会结合活跃率和整个 App 的生命周期来看。活跃率是指活跃用户/总用户,通过这个比值可以了解用户的整体活跃度,但随着时间周期的加长,用户活跃率总是在逐渐下降的,所以经过一个长生命周期(3个月或半年)的沉淀,用户的活跃率还能稳定保持在 5%～10%,则是一个非常好的用户活跃的表现,当然也不能完全套用,得视产品特点来看。

总之,新媒体项目或产品运营是一个系统的过程,它包括项目开始前,对市场需求进行调研,设计产品,制定一系列完善的产品整体运营规划并执行;产品上线后,检测市场发展动态,进行数据跟踪分析,根据数据效果,推进产品的改进和营销策略的改变;顺利且有效地完成商务谈判,策划合作项目计划并有效执行之,为双方带来良好效益,且和合作伙伴维持长期友好的合作关系;对网络推广、渠道运营等情况跟踪、收集市场信息和竞争信息,提出推广运营思路,做出分析报告。结合产品推广或是品牌宣传,策划活动营销方案并有力执行,促使其达到提高产品和品牌知名度的目的。

本章小结

本章主要从新媒体内容创新、新媒体语言艺术创新以及新媒体运营创新三个角度论证了新媒体创意这样一个议题。对新媒体内容创新的论述,从机遇与挑战两方面展开来。面临的机遇包括内容呈现的多终端化、内容产品的社区化以及内容生产主体的多元化,应对的挑战则包括信息源的不确定性、侵权现象的严重性等。新媒体的出现,在创新新媒体内容的同时也提高了语言传播的速度,扩大了语言传播的范围,丰富了语言传播的形式和内容。将新媒体运营看成一个系统的过程,从新媒体项目定位、新媒体运营、新媒体的渠道推广以及新媒体的数据分析等方面对其进行理解。

思考与练习

1. 简要说明新媒体内容创新面临的机遇。
2. 结合实际谈谈新媒体内容创新必须应对的挑战。
3. 新媒体在给内容产业带来机遇的同时,给政府管理带来了哪些挑战?
4. 简述新媒体时代的语言需求表现在哪些方面。
5. 新媒体项目或产品运营是一个系统和过程,你如何看待这一点?
6. 简述一下你对于"拉新、留存、促活"的理解。

参考文献

[1] 赵子忠.内容产业论——数字新媒体的核心[M].北京:中国传媒大学出版社,2005.
[2] 田智辉.新媒体传播——基于用户制作内容的研究[M].北京:中国传媒大学出版社,2008.
[3] 白红义,张志安.平衡速度与深度的"钻石模型"——移动互联网时代的新闻生产策略[J].新闻实践,2012,(6):29—31.
[4] 王光文.论视频网站 UGC 经营者的版权侵权注意义务[J].国际新闻界,2012,(03):28—34.
[5] 吴国林.论知识的不确定性[J].学习与探索,2002(1):14—18.
[6] 任慧.内容联盟:报业内容产业创新路径探究[J].中国报业,2010(8):53—55.
[7] 彭兰.媒介融合三部曲解析[J].新闻与写作,2010(2):17—20.
[8] 宋培义,孙江华.媒体的数字内容资产与版权定价机制[J].重庆社会科学,2012(07):58—63.
[9] 曾培伦."报网交易":中国"报网互动"演进历程的新制度经济学分析[J].新闻大学,2012(04):85—91.
[10] 方雪琴.创意时代新媒体内容生产的变革与创新[J].河南社会科学,2012(05):166—170.

第七章　新媒体制作

> **学习目的**
>
> 1. 通过对数字媒体技术的基本概念的学习,掌握相关定义及内涵。
> 2. 通过对数字媒体技术的分类的学习,掌握数字媒体技术的内容。
> 3. 通过学习数字音频、图像、视频及动画等的使用情况,理清数字媒体技术的应用范围。
> 4. 通过对数字音频、图像、视频及特效的学习,了解相应的制作常识。

数字技术的发展,对人类的生存方式产生了极其重大的影响,网络购物、网络视频、网络游戏给人类带来了数字生活的方便与乐趣,借助于数字技术、计算机网络技术的产物如微博、论坛、QQ、MSN,人类进行彼此间的沟通交流与信息传递。

数字媒体技术主要涉及以下方面:摄影摄像技术、艺术设计基础、数字媒体技术概论、程序设计基础、数据库设计、网页设计与制作、交互式多媒体网站开发、数字信号处理、数据结构、算法设计与分析、面向对象程序设计、计算机图形图像处理、人机交互技术、多媒体数据库、动画设计与制作、3D造型、电视节目编导与制作、音视频信息处理、特效制作与非线性编辑等。[①]

第一节　数字媒体技术概述

一、数字媒体技术发展史及定义

(一)数字媒体技术发展史

数字媒体技术是一种新兴的专业,近年来发展迅速,专业覆盖面大,外延深远,边界模糊。一般认为,数字媒体技术,是艺术设计和计算机技术的跨学

---

① [美]托马斯·A.奥汉年,[美]迈克尔·E.菲利浦斯.数字化电影制片[M].施正宁译.北京:中国电影出版社,1998:6.

科结合。

数字媒体技术的发展是与计算机产业、通信产业和大众传播业的发展密切相关的。自20世纪50年代始,一系列技术的成熟预示了数字媒体技术开始走上历史舞台,90年代的互联网大潮,则正式宣告了数字媒体时代的来临。

随着通信产业从模拟信号向数字信号转变,其最终和计算机产业结合,形成数字宽带。以图书、报纸、广播、电视为主导的传统大众传播媒体分别以数字广播、数字电影、数字电视、数字出版物、在线网络媒体、移动网络媒体等形态形成了的新一代大众传媒系统。

(二)数字媒体技术的定义

数字媒体的技术范畴规划了数字媒体技术的研究领域,其主要研究方向包括9个方面,即数字声音处理、数字图像处理、数字视频处理、数字动画设计、数字游戏设计、数字媒体压缩、数字媒体存储、数字媒体管理与保护、数字媒体传输技术等。

多媒体技术是对文本、静态图像、动画、数字音频、数字视频综合交互处理的软件技术,是数字媒体技术的核心基础技术。数字媒体技术是通过现代计算和通信手段,综合处理文字、声音、图形、图像等信息,使抽象的信息变成可感知、可管理和可交互的一种技术。数字媒体内容是基于网络平台的、为用户提供的以视听为主的媒体信息。从信息类型上分为数字文本新闻、数字视频、数字音乐、计算机动画、数字图像、互动式游戏等,从信息载体上分为广电媒体、互联网媒体、手机媒体(无线移动网媒体)。[1]

除了以上的定义,也有学者认为,数字媒体技术应是一个涵盖数字媒体艺术的概念范畴,是一门包括了信息技术与艺术技术的综合性技术,而且数字媒体中的信息技术除了内容产品的创造技术之外,还包括数字媒体信息处理技术、数字媒介技术等其他方面。[2]

从学科范畴上讲,数字媒体技术是一个实践与理论并重的学科研究范畴,其研究对象是数字媒体产品及其应用服务,研究范畴包括对数字媒体产品的设计与开发、利用与管理、服务与评价等方面的理论与实践研究。由此,学者

---

[1] 杨亚萍.数字媒体及其传播模式研究[J].甘肃科技,2009(11):55—56.
[2] 陈迪,左明章,范炀.关于数字媒体技术学科体系的探讨[J].现代教育技术,2012(09):76.

又给出了数字媒体技术的学科定义,即数字媒体技术是研究数字媒体产品的设计、开发、利用、管理、评价及其服务的理论与实践。但是,这个定义使得数字媒体的传媒属性没那么明显,这对细化分析数字媒体技术的工作造成了阻碍,所以本书更倾向于第一个定义。

(三)数字媒体技术的内涵

由数字媒体、网络技术与文化产业相融合而产生的数字媒体产业,正在世界各地高速成长。数字媒体产业的迅猛发展得益于数字媒体技术不断突破产生的引领和支持。数字媒体技术,在本质上是融合了数字信息处理技术、计算机技术、数字通信和网络技术等的交叉学科和技术领域。数字媒体技术的研究内容如图7-1所示。

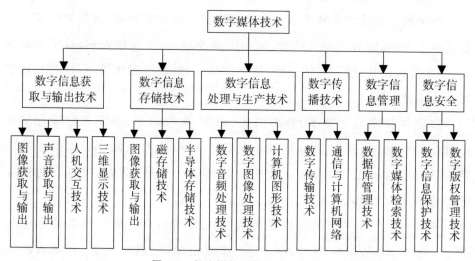

图7-1　数字媒体技术的研究内容

数字媒体技术主要研究与数字媒体信息的获取、处理、存储、管理、安全、输出、传播等相关的理论、方法、技术与系统。由此可见,数字媒体技术是包括计算机技术、通信技术和信息处理技术等各类信息技术的综合应用技术,其所涉及的关键技术及内容主要包括数字信息的获取与输出技术、数字信息存储技术、数字信息处理技术、数字传播技术、数字信息管理与安全等。

在技术层面,数字媒体技术的运用,硬件设备主要涉及传感设备和成像设备,而在软件技术方面,程序编码、音频技术、视频技术、图像技术以及通信技术和跟踪技术的协作,才能够完成一个优秀的新媒体展项,如表7-1所示。

表7-1 数字媒体技术的运用①

硬件设备方面	传感技术（输入设备）	触觉感应技术	是目前应用最广的一种形式，如各类电容、电阻触摸屏技术（手机触屏就是应用此类技术）	是数字媒体技术交互过程的第一环节，各类信息的输入
		声音感应技术	感应区域内捕捉到声音后识别出来的技术，如各种语音控制系统	
		光学感应技术	在一定距离内，通过红外线捕捉或者捕捉光遮挡产生反馈的技术	
		动态感应技术	在感应区内对运动的形体发生感应，可以感应客流的变化等	
		温度感应技术	感应器对设定的温度起作用，即达到一定温度它就自动工作	
		红外感应技术	通过热释或者微波多普勒对人体产生感应	
		各种识别技术	例如指纹、二维码、芯片等的识别技术	
	成像技术（输出设备）	投影技术	360度、180度环幕、球幕、雾幕、水幕与投影仪的配合	展示设计中表达的主要环节。近年来超大超尺寸的成像带来的无缝拼接技术也非常重要
		显示技术	液晶屏、LED、激光、全息、空间立体成像等	
计算机软件方面		程序编码（设定、控制、编码）	软件是数字媒体技术的核心和基础，包括信号的输入、处理以及反馈输出，控制程序和硬件设备的运行，直接影像展项的效果与功能	
		音频技术	音响音效的相关技术，主要涉及音频采样、压缩、合成处理等相关技术	
		视频技术	动态图像是由一系列图像帧组成，包括编码技术和视频剪辑制作技术	
		图像技术	包括图像变换、图像编码压缩技术、图像增强和复原技术、图像分类识别技术、图像分割技术等	
		通信技术	通过网络通信技术实现多个设备的无缝衔接，同步运行	
		跟踪技术	把各种传感器采集的信号传输给电脑进行复制的逻辑运算，得到运动轨迹，把运算结果传输给相关应用展示程序，是互动技术的基础	
		版权保护技术	是以一定的计算方法实现对数字内容的保护，包括加密技术、数字水印技术和权利描述语言	

---

① 张驰.数字媒体技术与展示设计[J].数位时尚(新视觉艺术),2011(06):119.

学习卡片

国家中长期科技发展规划纲要(2006—2020年)把"数字媒体的内容平台"列为重点领域,"数字媒体产业具有技术含量、高人力资本含量和高附加值"等特点,科技部通过国家"863计划"在动漫和网络游戏两个领域率先进行了布局,2005年5月13日以国科高发字(2005)150号文件批准在北京、上海、四川成都、湖南长沙组建四个"国家数字媒体技术产业化基地"。

二、数字媒体技术分类

从信息类型上,数字媒体技术分为数字文本、数字音频、数字图像、数字视频、计算机动画(数字动画)、互动式游戏(数字游戏)等。

(一)数字文本

在计算机中,文字和数值都是用二进制编码表示的,文字信息、数值信息、符号信息统称为文本信息。一般来说,文本信息主要由 ASCII[①] 码表所规定的字符集(由字母、数字、特殊符号等组成)和汉字信息交换码所规定的中文字符集中的字符组合而成,习惯上把前者称为西文字符,把后者称为中文字符。计算机处理文本信息主要包括输入、编辑、存储、输出等。

在数字媒体中,文本的输入也称文本信息的采集,采集方法有:

键盘输入。是主要的输入方法,通过键盘,英文信息可直接输入,中文信息则通过不同的中文输入编码来完成。

手写输入。一种非常人性化的中英文输入法,适合于不习惯键盘操作的人群和没有标准英文键盘的场合。

语音输入。语音输入是通过计算机中的音频处理系统(主要包括声卡和麦克风),采集处理人的语音信息,再经过语音识别处理,将说话内容转换成对应的文字完成输入。

OCR[②] 输入。是指用扫描仪将印刷文字以图像的方式扫描到计算机中,再用 OCR 文字识别软件将图像中的文字识别出来,并转换为文本格式的文件,完成文本信息的输入。

文本的元素可以是大而深刻的,也可以是小而精细的。根据应用程序的用途和面对的受众,文本是信息传送最常见的形式。此外,文本通常伴随着图

---

① ASCII:American Standard Code for Information Interchange,美国标准信息交换代码,是基于拉丁字母的一套电脑编程系统,主要用于显示现代英语和其他西欧语言。

② OCR 文字识别软件:提供图片文字识别服务,是一个带有 PDF 文件处理功能的 OCR 软件;具有识别正确率高,识别速度快的特点。

片、音频和视频的使用而出现。文本在计算机中是以数据文件的形式存储的，可以长时间保存，为应用程序所共享或者传送给别的计算机。

现如今，数字文本技术主要应用在对文本的获取、处理、传输、存储、分类和挖掘上，其中最主要的是文本的挖掘。

文本挖掘主要是对网络中信息内容、结构和用户的访问信息进行挖掘。Web 挖掘的分类如图 7-2 所示。

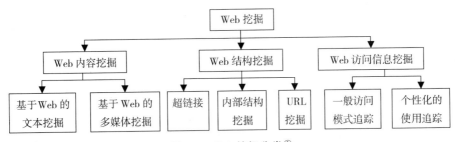

图 7-2　Web 挖掘分类①

文本挖掘在执行的过程中会对信息的数字、日期、名字、词性，以及文本的结构进行详细的分析处理，对句子进行有意义的拆分，并从中提取它们的特征等信息，这需要有自然语言理解的能力。自然语言的不确定性会给文本分析分类、聚类等带来非常大的挑战，因此特别是在中文中，基于词典、规则和统计的自动分词技术使计算机把中文句子分割成有意义的语音单元变为可能。图 7-3 展示的是文本挖掘的执行原理。

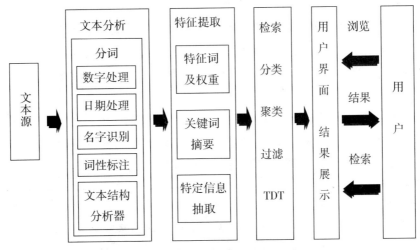

图 7-3　文本挖掘技术模型结构示意图

---

①　URL：统一资源定位符（Uniform Resource Locator），是对可以从互联网上得到的资源的位置和访问方法的一种简洁的表示，是互联网上标准资源的地址。互联网上的每个文件都有一个唯一的 URL，它包含文件的位置以及浏览器应该怎么处理它等信息。

文本挖掘在云媒体中占有非常重要的地位,正因为有文本挖掘,或者说Web挖掘的存在,才能让云媒体得以实现它精准定向、主动推送信息、渠道复合、多媒体同步,以及监播系统可控的特性。

(二) 数字音频

数字音频是指用一连串二进制数据来保存的声音信号,利用数字化手段对声音进行录制、存放、编辑、压缩或播放。它是随着数字信号处理技术、计算机技术、多媒体技术的发展而形成的一种全新的声音处理手段。这种声音信号在储存和电路传输及处理过程中,不再是连续的信号,而是离散的信号。它的主要应用领域是音乐后期制作和录音。

(三) 数字图像

数字图像,又称数码图像或数位图像,是以二维数字组形式表示的图像。其数字单元为像元,或称像素或像元点。由数组或矩阵表示,其光照位置和强度都是离散的。数字图像是由模拟图像数字化得到的、以像素为基本元素的、可以用数字计算机或数字电路存储和处理的图像。

(四) 数字视频

数字视频就是以数字形式记录的视频,区别于模拟视频。数字视频有不同的产生方式、存储方式和播出方式。比如通过数字摄像机直接产生数字视频信号,存储在数字带、蓝光盘或者磁盘等数字存储设备上,从而得到不同格式的数字视频,然后通过电脑或移动端中特定的播放器播放出来。

(五) 计算机动画(数字动画)

计算机动画是指采用图形与图像的处理技术,借助编程或动画制作软件生成一系列的景物画面,其中当前帧是前一帧的部分修改。计算机动画是采用连续播放静止图像的方法产生物体运动的效果。当动画和电影的画面刷新率为24帧/s,即每秒放映24幅画面时,人眼看到的则是连续的画面效果。

(六) 互动游戏

互动游戏的原理主要是通过感应系统感应玩家的动作,然后进行分析计算,从而执行相关的游戏命令。根据行业性质以及使用者习惯的不同,常见的互动游戏分为两类:家庭消费类互动游戏以及商业互动游戏。

学习卡片

2010年6月9日,中国数字媒体产学联盟在北京师范大学艺术学院宣告成立,这一事件不但对中国数字媒体发展具有重要意义,同时也标志着中国的专业人才培养战略收到了实质性效果。据了解,该联盟有八个核心成员,包括北京市高教学会动漫游教育研究分会、北京电影学院动画学院、北京师范大学北京京师文化创意产业研究院、联想、英伟达(NVIDIA)、

> 汉王科技以及欧特克(Autodesk)与Constant。该联盟成立之后，将担负起加速中国数字媒体技术的普及与应用、推动产业建设与培养专业人才的重要责任。

三、数字媒体技术与传统展示的区别

近30年来，计算机技术在各个领域的迅速发展，颠覆了传统的媒介与显示方式，引发了媒体的变革。在数字媒体时代，人与人之间信息传达的方式发生了变化，技术因素影响了人们的生活方式，也改变了艺术设计的表现手法。传统的展示设计，其表现力虽然很充分，但受到空间、时间、材料、加工工艺的限制，不能随心所欲地实现信息传递，其手段相对被动。而数字媒体技术的介入，使得展示设计的形态发生了转变，为展示空间提供互动体验，开拓了展示设计的传播性。

近年来，在展示设计领域，数字媒体技术的运用占据着越来越重要的地位，并在逐步替代以实物为主要载体、以图片或模型作辅助说明的传统展示形式。比较之下不难发现，数字媒体技术的展示与传统展示有着很大的区别。

(一) 从实物展示转为虚拟展示

各类数字图像和显示技术代替了大量的实物展品，展示设计正在从实物的设计转向虚拟展示的设计。相关的数字媒体技术可以弥补展示中无实物或者实物无法表达的问题，在节省空间、材料、资源的同时，也能在有限的面积中变化出不同的空间，从而丰富展示内容。

(二) 从静态展示转为动态展示

利用数字媒体技术，人们能够动态地看到道具和产品的所有方面，如利用三维虚拟空间技术能够对一辆轿车进行360度的展示，并能轻松显示从一个零件到整车的拆卸与拼装全过程，以及从创意、草图到成品的全部设计思路。在大大提高展示效率的同时，也为展览注入了一些娱乐性，将知识、教育、信息、娱乐融为一体，令枯燥的内容变得有趣。

(三) 从真实场景转为虚拟场景

在场景的营造方面，数字媒体技术突破了传统展示中的真实场景复原，通过图形、音频等技术多维立体地营造一个特定时空，让观众有身临其境之感，领略、体验虚拟现实所带来的真实性，甚至能带领观众进入另外一个世界，体验前所未有的感觉。这种沉浸感的营造也是展示设计的一个重点。

(四) 从单向传达转为双向交互

人机交互等技术的发展，令参观者与参观对象的角色发生了变化，展览不

再是过去单方向的视觉观赏,参观对象也不再是被动的观赏物,它可以变化为各种形态和方式与观众互动,使参观的过程成为一种时空体验及沟通交流,变得丰富多彩。①

为迎接这些新技术的挑战,教学目标中提出掌握特效电影创作技术,熟练运用最新计算机及媒体技术进行手机微电影的创作,能够建设挖掘视频用户趣味和个性的视频网站的专业能力要求。数字艺术领域的最新技术发展是三维数字视觉展示技术、建筑可视化技术、数字媒体宣传技术,为了跟上这些新技术的发展步伐,教学目标中提出了掌握三维数字视觉展示技术,熟练运用最新计算机及媒体技术进行建筑可视化的创作,具有数字媒体宣传的创意能力的专业能力要求。②

第二节 数字音频、图像处理

一、数字音频

声音制作技术在人类技术发展的历史长河中具有十分重要的地位,回顾人类对声音的认识以及声音传播、记录技术发展的历史,可以把握声音制作技术发展的脉络,有助于预测其未来的发展趋势。

(一)数字音频技术的含义

随着计算机技术的不断发展,数字技术凭借其在制作、容量、传播等各方面的优势,不断地渗透到音乐制作领域,为音乐的发展开拓出了新的道路,由此带来的便是数字音频技术。

那么,数字音频技术的概念是什么呢?简单地说,数字音频技术指的是将模拟声音经抽样、量化和编码后得到一个用来表示声音强弱的数据序列,也就是说,数字音频其实就是一组有意义的有序数据排列。当要听音乐时,再由解码器读取这些数据,经过编码、数模转换变成声波信号的逆向处理过程,美妙的音乐便传入人们耳朵。

数字音频是一种利用数字化手段对声音进行录制、存放、编辑、压缩或播放的技术,它是随着数字信号处理技术、计算机技术、多媒体技术的发展而形成的一种全新的声音处理手段。数字音频的主要应用领域是音乐后期制作和录音。

---

① 张驰.数字媒体技术与展示设计[J].数位时尚(新视觉艺术),2011(06):117.
② 冯康,陈磊.基于产业需求的数字媒体技术专业人才培养模式研究[N].淮南师范学院学报,2014(04):132.

由此可见,要想听到所保存的数字音乐,数字音频的编码方式,也就是数字音频格式的选择是一大关键因素,因为不同格式的音频文件一般对应着不同的音频编码器。比如我们熟知的 MP3,事实上它只是一种数字音频的编码方式,但是因为它太普遍,现在似乎已经成了数字音频的代名词。其实,还有着许多种类的音频格式,应用于不同的系统环境、有着不同的实际用途。

(二)数字音频的主要特征

模拟技术发展到了顶峰,由于其本身致命的缺陷,无法满足人们对高质量声音的需求。20世纪80年代以后,数字技术发展更为迅速,进入21世纪的头十年,数字化的声音制作时代已经到来,它主要有以下特征。

1. 制作设备大众化、普及化

今天,在人们的周围,声音制作设备日益普及,摆脱了专业化的束缚,计算机、手机、MP3等设备都具备了制作功能,操作也越来越简便,这使信息的交流更加方便、快捷。

2. 记录形式与存储设备数字化

数字立体声技术发展成熟,声音质量大为提高,数字环绕立体声技术从根本上改变了人们对声音的观念,大大增加了声音的真实感,人们在音乐制品、电影、电子游戏中获得了初级的沉浸感。存储设备有光盘、硬盘、MD、存储卡等数字介质。

3. 制作方式数字化

制作方式与过去相比发生了很大的变化,原来的手工操作现已被计算机代替,技术人员可以随心所欲地按照需要对声音进行编辑处理。计算机数字音频工作站是运用数字声音制作技术的集大成者,它能够通过各种软件采样、量化、编码声音信息,模拟各种硬件设备对声音进行录制、数字处理和非线性编辑,最后混音输出制作成CD唱片,大大提高采编和混音的工作效率。另外,MIDI制作技术的应用使作曲、配器、录音的全过程只需要一位音乐编导和一位录音师即可完成。

4. 互动化、网络化

无线电技术给声音的传播插上了翅膀,使神话中的"顺风耳"变成了现实。电话、无线广播与无线通信的出现,使人们能听到千里之外的声音。卫星技术更是将声音传到世界各地,互联网使交流传播做到实时互动,整个世界变成了"地球村",人们足不出户就可以通过收音机、电视机、录音机、移动电话、个人计算机等设备与世界各地的人们进行信息的交流。[①]

[①] 李松林.第三届全国科技哲学暨交叉学科研究生论坛文集:声音制作技术的发展与嬗变[C].北京:中国会议,2010:419.

数字音频的技术操作具体可以归纳为六点:数字录音、数字音乐创作、声音剪辑、声音合成、增加特效、文件操作。

(三) 数字音频的编辑制作

1. 制作系统的硬件组成

数字音频处理设备可以分为两类:一类是专用数字音频设备,另一类是非专为处理音频而设计的多媒体计算机。另外,也可以根据输入输出来分类,制作系统的硬件组成如下。

(1)声音输入部件:麦克风、录音机。输入部件将物理声波变换成音频模拟信号。

(2)音频处理部件:声卡。声卡是实现模拟声波信号与数字声波信号之间相互转换的硬件,声卡主要有两种:内置独立声卡和内置集成在主板上的声卡。

(3)声音输出部件:耳机、扬声器、扩音机、录音机等。输出部件是将音频电信号还原为声音的一种设备。

2. 声音的采集方法

(1)通过计算机中的声卡,从麦克风中采集语音生成音频文件。如制作课件中的解说词就可采用这种方法。

(2)利用一些软件光盘中提供的声音文件。在一些声卡产品的配套光盘中往往也提供许多 WAV、MIDI 或 VOL 格式的声音文件。

(3)用专门的软件抓取 CD 或 VCD 光盘中的音乐。抓取后生成声源素材,再利用声音编辑软件对声源素材进行剪辑、合成,最终生成所需的声音文件。

(4)利用录音软件录制。现在各大软件超市都推出了依附不同设备平台的种类繁多的录音软件,方便且快捷。这些软件都是借助调用设备上的麦克风进行声音的收录,然后对声音进行编辑。比如录音软件 ARWizard,就是一款可以实现混音的录音软件。

3. 数字音频处理方法及常用软件

计算机中广泛应用的数字化声音文件有两类:一类是采集各种原始声音,经过数字化处理后得到的数字文件(也称为波形文件),还有一类是专门用于记录乐器声音的 MIDI 文件。

(1) Gold Wave。Gold Wave 是一种相当棒的数码录音及编辑软件,除了附有许多的效果处理功能外,它还能将编辑好的文件存为 WAV、AU、SND、RAW 和 AFC 等格式。Gold Wave 是一款较新的、适合于一般教师进行音乐素材采集与制作的软件。它集音频录制和编辑于一体,功能强大,不仅是一个录音程序,可以很方便地制作 CAI 课件的背景音乐、音效,录制 CD,转换音乐格式等,而且还具有各种复杂的音乐编辑和特效处理功能。该软件不需要安装,只要运行程序文件夹中的可执行程序即可。可打开的音频文件相当多,包括 WAV、OGG、VOC、IFF、AIF、AFC、AU、SND、MP3、MAT、DWD、SMP、VOX、SDS、AVI、MOV、APE 等音频文件格式,也可以从 CD 或 VCD 或 DVD 或其他视频文件中提取声音。Gold Wave 由音频编辑器和播放器组成,音频编辑器用于声音编辑和处理,播放器用于聆听编辑效果。

(2) Easy CD-DA Extractor(乐灵通)。Easy CD-DA Extractor 是 CD 转录、音频编码和 CD 刻录的终极工具。Easy CD-DA Extractor 最早发布于 1997 年 12 月,是世界上第一个能将 CD 转录为 MP3 的 CD 转录软件。

Easy CD-DA Extractor 能转换音频文件格式,它具有先进的声音处理功能,能分割曲目清单并将它们编码为单独文件,支持 ID3、ID3V2 和其他格式的特定元数据。

Easy CD-DA Extractor 支持以下音频文件格式:MP1、MP2、MP3、Windows Media Audio 8、Windows Media Audio 9、Windows Media Audio 9.1、Ogg Vorbis、MP4、M4A、AAC、aacPlus v1、aacPlus v2、FLAC、Musepack、WAV、AIFF、Monkey's Audio、Shorten、CUE 和 M3U。

(3) Adobe Audition。Adobe Audition 是专门为音频和视频专业人员设计的,可提供先进的音频混音、编辑和效果处理服务。Adobe Audition 具有灵活的工作流程,使用非常简单,并配有绝佳的工具,可以制作出音质饱满、细致入微的最高品质音效。

Adobe Audition 3.0 能满足个人录制工作室的需求。它以前所未有的速度和控制能力录制、混合、编辑和控制音频。

(4) Sound Forge。Sound Forge 是 Sonic Foundry 公司开发的一款功能极其强大的专业化数字音频处理软件。它能够非常方便、直观地对音频文件(wav 文件)以及视频文件(avi 文件)中的声音部分进行各种处理,满足从最普通用户到最专业录音师的所有用户的各种要求,所以一直是多媒体开发人员首选的音频处理软件之一。

Sound Forge 是比较全面的音频处理软件,具有强大的工具和效果制作等功能,以整合性的程序来处理音频的编辑、录制、效果处理以及完成编码。

(四) 数字音频的应用

1. PC 机构造的 MIDI 系统

MIDI(musical instrument digital interface)的中文含义是电子乐器数字接口,它用于音乐合成器(music synthesizer)、乐器(musical instrument)和计

算机之间,把演奏信息转换为电子数据。在 MIDI 电缆上传送的不是声音,而是发给 MIDI 设备或其他装置让它产生声音或执行某个动作的指令。MIDI 接口通常包含 3 种不同的 MIDI 连接器,分别是 IN(输入)、OUT(输出)和 THRU(穿越)。按照 MIDI 标准生成的文件比较小,容易编辑,可以和其他媒体一起播放,以加强演示效果。

2. 文本—语音转换系统(TTS)

文本—语音转换系统是将文本形式的信息转换成自然语音的一种技术,其最终目标是使计算机输出清晰而又自然的声音。比如现在使用广泛的有声阅读器"氧气听书",使用的就是文本—语音转换系统(TTS)。

3. IP 电话

IP 电话、因特网电话、网络电话(Voice over Internet Protocol,VoIP)都是在 IP 网络,即信息包交换网络上进行的呼叫和通话,而不是在传统的公众交换电话网络上进行的呼叫和通话。像 QQ、微信等软件中的即时通话正是这一应用的经典案例。

来自麦克风的声音在声音输入装置中转换成数字信号,称为"编码声音样本"输出,这些输出样本以帧为单位组成声音样本块,并拷贝到缓冲存储器,IP 电话应用程序估算样本块的能量,选择一种算法进行压缩编码,在样本块中插入样本块头信息,封装到用户数据包协议套接接口成为信息包,信息包在物理网络上传送,通话的另一方接收到信息包之后,去掉样本块头信息,使用与编码算法相反的解码算法重构声音数据,再写入缓冲存储器,从缓冲存储器中把声音拷贝到声音输出设备转换成模拟声音,完成一个声音样本块的传送。[①]

二、数字图像处理

(一) 数字图像技术概述

1. 数字图像技术的含义

数字图像处理(Digital Image Processing)是指将图像信号转换成数字信号并利用计算机对图像进行去除噪声、增强、复原、分割、提取特征等处理的过程。[②] 数字图像处理的产生和迅速发展主要受三个因素的影响:一是计算机的发展;二是数学的发展(特别是离散数学理论的创立和完善);三是广泛的农牧业、林业、环境、军事、工业和医学等方面的应用需求的增长。

[①] QuitePig. 声音数字化[EB/OL]. [2013-05-09]. Http://blog.csdn.net/quitepig/article/details/8905948

[②] [美]冈萨雷斯,[美]伍兹. 数字图像处理[M]. 阮秋琦等译. 北京:电子工业出版社,2011(06):12.

2. 数字图像技术发展历程

数字图像处理最早出现于20世纪50年代,当时的电子计算机已经发展到一定水平,人们开始利用计算机来处理图形和图像信息。数字图像处理作为一门学科大约形成于20世纪60年代初期。早期图像处理的目的是改善图像的质量,并以人为对象,改善人的视觉效果。图像处理中,输入的是质量低的图像,输出的是改善质量后的图像,常用的图像处理方法有图像增强、复原、编码、压缩等。

首次获得实际成功应用的是美国喷气推进实验室(JPL)。他们对航天探测器"徘徊者7号"在1964年发回的几千张月球照片使用了图像处理技术,如几何校正、灰度变换、去除噪声等方法,并考虑了太阳位置和月球环境的影响,由计算机成功地绘制出月球表面地图,获得了巨大的成功。随后又对探测飞船发回的近十万张照片进行更为复杂的图像处理,获得了月球的地形图、彩色图及全景镶嵌图,取得了非凡的成果,为人类登月创举奠定了坚实的基础,也推动了数字图像处理这门学科的诞生。在以后的宇航空间技术,如对火星、土星等星球的探测研究中,数字图像处理技术都发挥了巨大的作用。

数字图像处理在医学上也取得了巨大的成就。

1972年英国EMI公司工程师豪斯菲尔德(Housfield)发明了用于头颅诊断的X射线计算机断层摄影装置,也就是我们通常所说的CT(Computer Tomograph)。CT根据人的头部截面的投影,经计算机处理来重建截面图像,称为图像重建。

1975年EMI公司又成功研制出全身用CT装置,获得了人体各个部位鲜明清晰的断层图像。1979年,这项无损伤诊断技术获得了诺贝尔奖,对人类作出了划时代的贡献。与此同时,图像处理技术在许多应用领域受到广泛重视并取得了重大的开拓性成就,包括航空航天、生物医学工程、工业检测、机器人视觉、公安司法、军事制导、文化艺术等,使图像处理成为一门引人注目、前景远大的新型学科。

从20世纪70年代中期开始,随着计算机技术、人工智能和思维科学研究的迅速发展,数字图像处理向更高、更深层次发展。人们已开始研究如何用计算机系统解释图像,实现类似人类视觉系统理解外部世界的效果,这被称为图像理解或计算机视觉。很多国家,特别是发达国家投入更多的人力、物力取得了不少重要的研究成果。其中有代表性的成果是70年代末麻省理工学院的马尔(Marr)提出的视觉计算理论,这一理论在发表后的十多年中成为计算机视觉领域的主导思想。图像理解虽然在理论方法研究上已取得不小的进展,但它本身是一个比较难的研究领域,存在不少困难,因人类本身对自己的视觉过程还了解甚少,因此计算机视觉仍是一个有待人们进一步探索的新领域。

数字图像处理技术在国内外发展十分迅速,应用也非常广泛,但是就其学科建设来说,还不成熟,还没有广泛适用的研究模型和齐全的质量评价体系指标,多数方法的适用性都随分析处理对象而异。因此,数字图像处理的研究方向是建立完整的理论体系。

3. 数字图像处理基本特点

(1) 处理信息量很大。数字图像处理的信息大多是二维信息,处理信息量很大。如一幅 256×256 低分辨率黑白图像,要求大约 64KB 的像素数据量,对高分辨率的彩色 512×512 图像,则要求 768KB 像素数据量,如果要处理 30 帧/秒的电视图像序列,则每秒要求 500KB~22.5MB 像素数据量。因此对计算机的计算速度、存储容量等要求较高。

(2) 占用频带较宽。数字图像处理占用的频带较宽。与语言信息相比,其占用的频带要大几个数量级。如电视图像的带宽约 5.6MHz,而语音带宽仅为 4KHz 左右。所以在成像、传输、存储、处理、显示等各个环节的实现上,技术难度较大,成本亦高,这就对频带压缩技术提出了更高的要求。

(3) 各像素相关性大。数字图像中各个像素是不独立的,其相关性大。在图像画面上,经常有很多像素有相同或接近的灰度。就电视画面而言,同一行中相邻两个像素或相邻两行间的像素,其相关系数可达 0.9 以上,而一般来说相邻两帧之间的相关性比帧内相关性还要大些。因此,图像处理中信息压缩的潜力很大。

(4) 无法复现全部信息。由于图像是三维景物的二维投影,一幅图像本身不具备复现三维景物的全部几何信息的能力,很显然,三维景物背后部分信息在二维图像画面上是反映不出来的。因此,要分析和理解三维景物,必须做合适的假定或附加新的测量,例如双目图像或多视点图像。在理解三维景物时需要知识导引,这也是人工智能研究中正在致力解决的知识工程问题。

(5) 受人的因素影响较大。数字图像处理后的图像一般是给人观察和评价的,因此受人的因素影响较大。由于人的视觉系统很复杂,受环境条件、视觉性能、人的情绪爱好以及知识状况的影响很大,作为图像质量的评价还有待进一步深入的研究。另外,计算机视觉是模仿人的视觉,人的感知机理必然影响着计算机视觉研究。例如,什么是感知的初始基元,基元是如何组成的,局部与全局感知的关系,优先敏感的结构、属性和时间特征等,这些都是心理学和神经心理学正在着力研究的课题。

(二) 数字图像制作

1. 图像的采集方法

图像的采集有很多种方法,用数码相机拍摄、使用扫描仪从印刷品和照片上获取等,这些都可以将原始的模拟图像进行数字化从而得到数字图像。根据实际的需要,可以灵活地运用各种方法采集我们所需要的图像素材。数字图像的格式有 BMP、GIF、JPEG、JPEG2000、TIFF、PSD、PNG、SWF、SVG 等。其他非主流图像格式有 PCX、DXF、WMF、EMF、LIC(FLI/FLC)、EPS、TGA 等。其中 GIF、JPEG 和 PNG 应该是最为大众所熟知的格式。

2. 数字图像处理的目的

数字图像处理是利用计算机的计算,实现与光学系统模拟处理相同效果的过程。一般来说,数字图像处理具有如下目的。

(1)提高图像的视觉质量,以达到赏心悦目的效果。例如,去除"噪点"等图像质量的退化因素,改变图像的亮度、颜色,增强图像中的某些成分、抑制某些成分,对图像进行几何变换等,从而改善图像的质量,达到各种想要的艺术效果。

(2)提取图像中所包含的某些特征或特殊信息,便于计算机分析。如用作模式识别,计算机视觉的预处理等。这些特征包括很多方面,如频域特性、纹理特性、灰度/颜色特性、边界/区域特性、形状/拓扑特性以及关系结构等。对图像数据进行变换、编码和压缩,以便于图像的存储和传输。

3. 数字图像处理的内容

要有效解决众多的图像处理应用问题,必须研究专门的图像处理方法,大致上可以将这些问题及其数字图像处理方式归纳为以下几类。

(1)图像获取、表示和表现。该过程主要是把模拟图像信号转化为计算机所能接受的数字形式,以及把数字图像显示和表现出来。

(2)图像变换。由于图像阵列很大,直接在空间域中进行处理,涉及计算量很大。因此,往往采用各种图像变换的方法,如傅立叶变换、沃尔什变换、离散余弦变换等间接处理技术,将空间域的处理转换为变换域处理,不仅可减少计算量,而且可获得更有效的处理(如傅立叶变换可在频域中进行数字滤波处理)。目前研究中新兴的小波变换在时域和频域中都具有良好的局部化特性,它在图像处理中也有着广泛而有效的应用。

(3)图像编码压缩。图像压缩的目的是降低代表数字图像所需要的数据量,这样做的好处是可以减少图像传输时间以及存储空间。图像编码的目的有三个:

- 减少数据存储量。

- 降低数据率以减少传输带宽。
- 压缩数据量,便于特征提取,为后续识别作准备。

图像编码压缩技术可减少描述图像的数据量(即比特数),以节省图像传输、处理时间和减少所占用的存储器容量。压缩可以在不失真的前提下获得,也可以在允许的失真条件下进行。编码是压缩技术中最重要的方法,它在图像处理技术中是发展最早且比较成熟的技术。

(4)图像增强和恢复。图像增强是用来强调图像的某些特征,以便于作进一步分析或显示的方法。图像恢复是指在图像退化(图像品质下降)的原因已知时,对图像进行校正,重新获得原始图像的过程。图像增强和恢复的目的是为了提高图像的质量,如去除噪点,提高图像的清晰度等。图像增强不考虑图像降质的原因,突出图像中所感兴趣的部分。如强化图像高频分量,可使图像中物体轮廓清晰,细节明显,强化低频分量可减少图像中噪点影响。

(5)图像分割。图像分割是数字图像处理中的关键技术之一。图像分割是将图像中有意义的特征部分提取出来,其有意义的特征有图像中的边缘、区域等,这是进一步进行图像识别、分析和理解的基础。虽然目前已研究出不少边缘提取、区域分割的方法,但还没有一种能普遍适用于各种图像的有效手段。因此,对图像分割的研究还在不断深入之中,是目前图像处理中研究的热点之一。

(6)图像描述。图像描述是图像识别和理解的必要前提。对最简单的二值图像可采用其几何特性描述物体的特性,一般图像的描述方法采用二维形状描述,它有边界描述和区域描述两类方法。对于特殊的纹理图像可采用二维纹理特征描述。随着图像处理研究的深入发展,对三维物体描述的研究已经开始,出现了体积描述、表面描述、广义圆柱体描述等方法。

(7)图像分类(识别)。图像分类(识别)属于模式识别的范畴,其主要内容是图像经过某些预处理(增强、复原、压缩)后,进行图像分割和特征提取,从而进行判决分类。

这些智能的特征包括:
- 从含有许多不相干细节的背景中找到所需的信息。
- 能从范例中学习并将所学知识应用推广到其他状况中。
- 能从不完整的资料中推断出完整的信息。

图像分类常采用经典的模式识别方法,有统计模式分类和句法(结构)模式分类,近年来新发展起来的模糊模式识别和人工神经网络模式分类在图像识别中也越来越受到重视。

案例 7-1　电商化妆品后期精修

基本思路：先把原素材图分解，分别抠出后放到新的图层，并填充固有颜色，然后根据各部分的材质构成，搜集相关的产品图作为参考，最后慢慢渲染。

第一步：材质分离抠图。

瓶身抠图、金属盖抠图、Logo 抠图。瓶身与金属盖抠图，用钢笔工具，记得保存路径，方便后期修改调整，Logo 用通道抠图。

　　瓶身抠图　　　　　　　金属盖抠图　　　　　　Logo抠图

第二步：常见圆柱光影表现。

圆形光影法。对称光在化妆品修图非常常见，它非常能突出产品的体积感与质感，比较适合圆柱形产品。嘴边上的小暗线与放光小亮线，一般不超过产品面积的 20%。

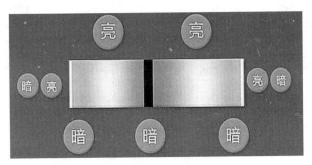

圆柱光影表现效果图

第三步：产品拆分图层区分命名。

单独把产品按材质区分开，每个拆分的结构都需要命名，命名一个用户能看懂的名字，因为后面图层越多会越难以区分。

第四步：填充固有色。

选择瓶身图层，锁定像素，执行：滤镜＞模糊＞高斯模糊，让瓶身均匀成一个色块。这里若能选定固有色，可以直接填充颜色。

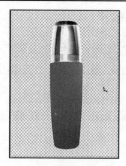

填充固有色效果图

第五步：中暗光影表现步骤。

    1. 新建选区，吸取产品暗部颜色填充。

    2. 按快捷键 Ctrl＋Alt＋G 嵌入瓶身图层（剪切蒙版）。

    3. 执行：滤镜＞模糊＞高斯模糊，数值不宜过小。

    4. 仅一条图不能丰富其明暗，所以复制几层，移动小位置，改变下透明度。

第六步：细节调整。

    1. 后期细节调整注意三个方法，第一个是看颜色是否统一，有没有饱和度是否一致、颜色倾向是否不同的情况。通常产品高光与暗面饱和度较中间调饱和度高。

    2. 光影变化是否融合：注意不要出现对比过强细节丢失、对比过弱偏灰和过渡不柔和等情况。这些都需要后期慢慢加光或减光让产品过渡均匀、光泽丰富统一。

    3. 细节突出：修产品的最后一步骤是加强产品的细节，选择 USM 锐化，数值不要太大，半径小增加细节，锐化过大反而会丢失很多细节。

    最后加上背景，完成最终效果图。

最终效果图　　　　　　　　　原照片

案例来源：QQ邮箱订阅PS使用教程2015年11月13日发布的《Photoshop详解电商化妆品产品后期精修过程》一文。

4. 常用图像处理软件

（1）Windows"画图"。Windows"画图"是指电脑自带的画图工具，打开操作：开始→程序→附件→画图。

在画图软件界面的左侧列有十六个功能按钮，将鼠标箭头指向任何一个功能按钮都会自动显示提示文字，告知每个按钮的基本功能。这些功能主要有"直线""矩形""椭圆""橡皮擦""文字"等。

（2）Photoshop。Photoshop是专业的图像处理软件。从功能上看，该软件可分为图像编辑、图像合成、校色调色及特效制作等。图像编辑是图像处理的基础，可以对图像做各种变换，如放大、缩小、旋转、倾斜、镜像、透视等，也可进行复制、去除斑点、修补、修饰图像的残损等。

图像合成则是将几幅图像通过图层操作、工具应用合成完整的、传达明确意义的图像，这是美术设计的必经之路。Photoshop提供的绘图工具让外来图像与创意很好地融合，使天衣无缝的图像合成成为可能。校色调色是Photoshop中深具威力的功能之一，可方便快捷地对图像的颜色进行明暗调整和色偏校正，也可在不同颜色之间进行切换，以满足图像在不同领域，如网页设计、印刷、多媒体等方面的应用。

特效制作在Photoshop中主要通过滤镜、通道及工具的综合应用来实现，包括图像的特效创意和特效字的制作，如油画、浮雕、石膏画、素描等常用的传统美术形式都可借由Photoshop特效完成，而各种特效字的制作更是很多美术设计师热衷于Photoshop研究的原因。

> **学习卡片**
>
>   1987年,Photoshop的主要设计师托马斯·诺尔买了一台苹果计算机(Mac Plus)用来帮助完成他的博士论文。与此同时,托马斯发现当时的苹果计算机无法显示带灰度的黑白图像,因此他自己写了一个程序Display。而他兄弟约翰·诺尔这时在导演乔治·卢卡斯的电影特殊效果制作公司Industry Light Magic工作,对托马斯的程序很感兴趣。两兄弟在此后的一年多把Display不断修改为功能更为强大的图像编辑程序,经过多次改名后,在一个展会上接受了一个参展观众的建议,把程序改名为Photoshop。此时的Display/Photoshop已经可以进行Level、色彩平衡、饱和度等方面的调整。

  (3) Corel Draw。Corel Draw Graphics Suite是加拿大Corel公司的平面设计软件。该软件是Corel公司出品的矢量图形制作工具软件,这个图形工具给设计师提供了矢量动画、页面设计、网站制作、位图编辑和网页动画等多种功能。

  该软件套装更为专业设计师及绘图爱好者提供简报、彩页、手册、产品包装、标识、网页及其他工具。Corel Draw提供的智慧型绘图工具以及新的动态向导可以充分降低用户的操控难度,允许用户更加容易精确地创建物体的尺寸和位置,减少点击步骤,节省设计时间。

  (4) Illustrator。Adobe Illustrator是Adobe系统公司推出的基于矢量的图形制作软件。作为一款非常好的图片处理工具,Adobe Illustrator广泛应用于印刷出版、海报书籍排版、专业插画、多媒体图像处理和互联网页面的制作等,也可以为线稿提供较高的精度和控制,适合生产小型设计甚至大型的复杂项目。

  此外,移动设备的专用图像处理软件也越来越受到大众的关注,它们功能相对简单,技术要求不高,容易上手且效果多样,深受一些用户的喜爱。

(三) 数字图像处理技术的应用

  随着计算机技术的发展,图像处理技术已经深入人们生活中的方方面面,其中,在娱乐休闲上的应用已经深入人心。图像处理技术在娱乐中的应用主要包括:电影特效制作、电脑电子游戏、数码相机、视频播放、数字电视等电影特效制作。

  1. 视频播放与数字电视

  家庭影院中的VCD、DVD播放器和数字电视中,大量使用了视频编码解码等图像处理技术,而视频编码解码等图像处理技术的发展也推动了视频播放与数字电视向高清晰、高画质发展。

2．计算机电子游戏

计算机电子游戏的画面是近年来电子游戏发展最快的部分之一。从1996年到现在,游戏画面的进步简直可以用"突飞猛进"来形容,随着图像处理技术的发展,众多在几年前无法想象的画面在今天已经成为平平常常的东西。

3．数码相机

所谓数码相机,是一种能够进行拍摄,并通过内部处理把拍摄到的景物转换成以数字格式存放图像的特殊照相机。与普通相机不同,数码相机并不使用胶片,而是使用固定的或者是可拆卸的半导体存储器来保存获取的图像。数码相机可以直接连接到计算机、电视机或者打印机上。

4．文化艺术方面

目前这类应用有电视画面的数字编辑、动画的制作、电子图像游戏、纺织工艺品设计、服装设计与制作、发型设计、文物资料照片的复制和修复、运动员动作分析和评分等,现已逐渐形成一门新的艺术——计算机美术。

5．机器人视觉

机器视觉作为智能机器人的重要感觉器官,主要进行三维景物理解和识别,是目前处于研究之中的开放课题。机器视觉主要用于军事侦察、危险环境的自主机器人,邮政、医院和家庭服务的智能机器人,装配线工件识别、定位和太空机器人的自动操作等。

6．电子商务

在当前呼声甚高的电子商务中,图像处理技术也大有可为,如身份认证、产品防伪、水印技术等。

此外,图像处理技术在航空航天、生物医学工程、通信工程、工业和工程与军事公安方面运用也非常广泛。总之,图像处理技术已在国家安全、经济发展、日常生活中充当越来越重要的角色,对民生的作用不可低估。

第三节 动画与网络游戏

一、数字动画、游戏概述

数字动画和游戏是数字媒体中非常重要、非常受欢迎的两种媒体内容,在文化传承领域的作用越来越重要。其实,中国也是世界上动漫创作及其作品问世最早的国家之一,然而,中国的动漫和游戏与国外的产品相比仍存在较大差距。

通常,人们把游戏与动漫当作是一种休闲的方式,而如今随着数字媒体技术的驱动,大众文艺娱乐日趋多元,以及数码特效技术的不断创新,出现了

Flash动画、三维动画、全息动画、网络游戏、手机游戏等崭新的形式,带来了动画王国和游戏世界中娱乐文化的多元化。① 此外,数字游戏和动画与教育结合也越来越被大众所接受和认可,二者在传承文化、整合学习内容与过程以及体现寓教于乐方面②呈现出了非常独特的优势。

(一)数字动画、游戏的定义

1. 数字动画的定义和特点

(1)数字动画的定义

动画,广义而言,是指把一些原先不活动的东西,经过影片的制作和放映,变成活动的影像。动画是一种综合艺术门类,是工业社会人类寻求精神解脱的产物,它是集绘画、漫画、电影、数字媒体、摄影、音乐、文学等众多艺术门类于一身的艺术表现形式。在国内,动画不仅仅是小孩子喜爱的东西,也是很多成年人的休闲娱乐项目。

伴随数字化浪潮的到来,属于数字艺术范畴的数字动画出现了。数字动画又叫计算机动画,是指采用计算机的图形与图像处理技术,借助于编程或动画制作软件生成一系列的静止图像,然后连续播放静止图像,从而产生物体运动的效果。计算机图形学的发展带来了数字动画的新变革,当代数字动画是艺术与高端科技联手创造的当代前沿艺术。当代数字动画的应用范围很广,可以通过华丽炫目的视听效果给人们带来新的视觉享受,同时这一技术还应用于真人电影的摄制中,成为电影中重要的组成部分,它在影视特技、电视片头、科学教育、游戏、虚拟现实以及军事等各个领域也发挥着越来越重要的作用。在不久的将来,数字动画会在更为广阔的领域不断地显示和发展它的潜能。

在当今社会动画创作领域中,数字的技术的应用已经变得越来越普遍,优势的独特性也变得越来越明显。

学习卡片

中国的计算机动画技术起步较晚。1990年的第11届亚洲运动会上,首次采用了计算机三维动画技术来制作有关的电视节目片头,从那时起,计算机动画技术在国内影视制作方面得到了迅速的发展,3D Studio 为代表的三维动画微机软件和以 Photostyler、Photoshop 等为代表的微机二维平面设计软件的普及,对中国计算机动画技术的应用起到了推动作用。2006年由环球数码制作了中国第一部3D动画电影《魔比斯环》。

---

① 谢雪晴.ACG文化中动漫与游戏互动关系研究[N].四川文理学院学报(自然科学),2008(09):50.
② 汪学均.教育数字游戏的设计研究[M].湖北:华中师范大学教育硕士论文,2007(05):20.

(2) 数字动画的基本特点

易用性：传统动画由专业人士或专业影视制作机构制作。由于 Flash 等软件简单实用，容易被众多动画爱好者熟练掌握和运用，因此数字动画制作队伍日趋庞大，很容易实现个体化制作。

跨媒介性：数字动画可以在网络、手机或其他终端得到广泛传播，便于用户存储和阅读，并向朋友圈转发。

虚拟性：数字动画有无限的表现力，凡是实拍技术能呈现的内容，皆能通过动画来复制，而实拍技术不能实现的凭空想象的影像，更是数字动画表现的强项。如虚拟的角色形象，虚拟的时间空间和虚拟的故事情节，借助虚拟技术得以完美再现。

艺术性：数字动画从形象到故事，在内容和艺术表现上却远远超越了现实世界。

2. 数字游戏的定义和特点

(1) 数字游戏的定义

数字游戏的关键，在于数字技术与游戏的结合，与数字游戏相关的概念有电子游戏、电脑游戏、网络游戏等。数字游戏最初被定义是在 2003 年的数字游戏研究协会（DGRA，Digital Game Research Association）上，它被描述为"以数字技术为手段、以数字化设备为载体进行设计开发、发行传播以及运行应用的游戏"。[①]

从所依附的数字平台类型的角度看，数字游戏涵盖了电脑游戏、网络游戏、电视游戏、街机游戏、掌上游戏等。这些游戏都有着类似的原理——即在基本层面均采用以信息运算为基础的数字化技术。

数字游戏作为目前综合性最强的一种互动艺术形式，具有鲜明的时代特征，它是在现代科技的发展下，逐步衍生出来的一种融合了数字技术、电影、文学、绘画、设计、心理学、传播学等多种学科的现代综合艺术形式。它不仅像传统电影、电视艺术那样给人们带来了视听感受，更重要的是玩家还需通过与游戏的充分互动才能得到对游戏作品的完整体验。在产业分类中，数字游戏也属于动漫业的一部分。

(2) 数字游戏的基本特点

仿真性：计算机游戏抽象于真实世界，它来源于对现实生活的抽象与艺术化加工后得到的一个具体化的社会模型。游戏的仿真性使得玩家对游戏的画面或是内容产生一种信任感，这种信任感能帮助玩家在游戏中实现各种任务，

[①] 徐凡. 数字游戏界面的设计元素及体验研究[D]. 杭州：中国美术学院设计艺术学专业硕士论文，2013(6)：4.

闯过层层关卡。

互动性:互动性包括选择与参与。是计算机游戏区别于其他艺术形式的最大特点。计算机游戏与电影可以有相同的剧本和相同的表现方式,甚至连一些模型都是通用的。但是互动性使得计算机游戏明确地区别于电影,也正是互动性给游戏带来了极强的生存空间。玩家进入游戏可以自主地对某些情况进行判断,做出决定。

目标性:所有的数字游戏都有一定目标。游戏总是用一定的目标来牵制游戏者的注意,游戏的目标有着严整的体系。在游戏的每个阶段,都有具体的目标,这种目标清楚,单一,有一定的难度。

趣味性:游戏最大的特点是具有趣味性,具有吸引力,一方面可能是游戏的内容有趣,另一方面可能是游戏进展过程充满悬念和新奇,数字游戏的组织形式往往灵活多样,不断激发游戏者猎奇的欲望。程序的控制使游戏可以实现非线性的跳转,游戏过程充满了不确定因素,往往能使游戏者欲罢不能。

相对于传统游戏,数字游戏具有跨媒介特性和历史发展性等优势,"数字游戏"这个称谓具有兼容性,是许多种不同媒介的集合。数字游戏在商业上的巨大成功和发展前景使得游戏行业本身受到越来越多的关注。①

(二) 数字动画、游戏的发展历程

1. 数字动画发展简史

动画从1831年发展至今已经有近百年的历史。动画制作方式也从传统方式进入了数字动画制作时代。传统的动画制作方式在发展过程中产生了很多问题,如生产效率低、动画质量差、艺术风格单一等。21世纪是数字化的时代,是建立在计算机和网络信息技术基础上的时代。数字技术的不断发展,给动画带来了一场前所未有的数字革命,产生了很多新的动画制作软件和制作方式。在当代,我们处处可以看到数字技术的神奇魅力,例如在数字电影中,有展现活灵活现恐龙众生相的《侏罗纪公园》,还有《阿凡达》的潘多拉世界,我们在这些似真似幻的视觉享受中意识到,动画的数字时代到来了。动画中数字技术的应用为人们创造了梦幻般的视听奇观,把观众带入了从未想象过的梦幻天堂。

日本拥有全世界最发达的动画产业。以SONY(索尼)和Toshiba(东芝)为代表的家电和传媒设备遍布全球,日本的数码相机、数字摄像机、电视台摄录及发射接收设备拥有全世界最大的市场占有率。日本的动画游戏产业每年能创造几百兆亿日元的产值。

日本素有"动漫王国"之美誉,是全球最大的动漫输出国,据称其动漫产品

---

① 汪学均.教育数字游戏的设计研究[D].武汉:华中师范大学教育硕士论文,2007(5):13.

的产量占世界产量的 60%,在电视节目中播出过日本动画片的国家超过 100 个。日本动漫产业体系完善,产业链各环节分工明确,可以共享产业庞大规模。

美国动画产业的发展缘于美国在信息技术领域的领先地位。在以硅谷为首的 IT 技术高度发展的近 20 年里,计算机图形(Computer Graphics,CG)与三维动画(3D Animation)软件及后期特效处理与制作软件的巨大发展给好莱坞电影产业带来了前所未有的生机,一大批软硬件及系统集成与开发的 IT 企业如雨后春笋般成长起来。

美国 SGI 公司是斯坦福大学一批研究人员在研制出具有很强的图形计算能力的计算机后,于硅谷成立的 IT 企业,该公司所生产的 SGI 图形工作站专门针对可视化计算、仿真与虚拟现实应用、三维动画制作等应用领域,是计算机图形领域具有最强处理能力的世界知名企业。在好莱坞电影公司的动画制作和视频特技领域,SGI 图形工作站几乎垄断性地占据着这些电影制作公司的制作车间,从 20 世纪 80 年代末期到 21 世纪初的十几年时间里,SGI 成了高端图形处理能力的代表,但昂贵的价格使一般的商业用户望而却步。

随着一批有影响力的特效制作和后期非线性编辑软件如 Discreet Combustion、Digital Fusion、Shaker、Autodesk Flame 等的问世,影视频编辑的后期特效也越来越精彩,从 2010 年最具震撼力的好莱坞大片《阿凡达》中,可以看到后期特效制作技术的先进性。[1]

中国国产动画的初创,是由万氏兄弟完成的。从 1926 年中国第一部动画片《大闹画室》诞生,到各种水墨动画、剪纸体裁、木偶体裁,再到现代数字动画,这构成了丰富多彩的中国动画发展史。但是,20 世纪 80 年代末,中国的动画开始走向衰落,"中国学派"逐渐在世界动画行业竞争中消亡,这一时期中国荧屏上几乎都是美国和日本的动画片。直到进入 21 世纪,中国动画开始逐渐苏醒,2003 年,"数字游戏"这一说法被"数字游戏研究协会"正式提出。但与发达国家相比,中国的数字动画业还处在刚刚起步的阶段。[2]

> **学习卡片**
>
> 2012 年 7 月,《"十二五"时期国家动漫产业发展规划》正式出台,继续鼓励动漫企业创作优秀原创作品。在"十二五"期间,中国大力促进国产影视动画生产,力争使国产动画的年产量达到 4000～5000 小时。扶持一批实力雄厚、竞争力强的国产动画企业,各地纷纷启动动漫园区等产业项目。

---

[1] 李自力,李逸.数字媒体产业的发展与数字媒体专业人才的培养[J].湖北第二师范学院学报,2011(08):127.

[2] 孙文慧.中国动画发展探究[J].艺术品鉴,2015(10):64.

经过努力,中国如今也拥有了一批相当出色的数字动画作品,比如《秦时明月》《侠岚》《伽蓝》《泡芙小姐》《魁拔》《画江湖系列》等。

案例7-2 侠岚

《侠岚》,是由北京若森数字科技有限公司制作,集热血、励志、神话题材、国际水准的3D技术于一身,并融入大量中国传统文化元素的大型三维动画连续剧。

在《侠岚》的制作过程中,运用了由"若森数字"自主研发的高效三维动画软件"曼陀罗三维动画制作系统",极大地提升了制作效率,同时重金聘请国学大师和顶尖导演、编剧以及大量高端技术人才参与制作,保障了整部动画的品质。

与以往大多数中国动画片不同,其恢宏绚烂的画面、刺激过瘾的打斗和生动的情节适合孩子,而大量的传统国学文化和缜密的逻辑思维又适合家长。所以,《侠岚》是真正意义上的"亲子动画"。

2. 数字游戏的发展历程

西方国家的计算机和信息高速公路的普及略早于中国,这导致了西方对数字游戏及教育数字游戏的设计研究也比中国先行一步。从游戏萌芽阶段的2D游戏、2.5D游戏到较成熟的3D游戏发展至今,游戏业界不断革新。

自1952年电子游戏被发明以来,电子游戏的内容和形式一直随着电子科技进步和社会审美观念变化而变化。不过,最初的电子游戏仅以人机对抗或人人对抗为主,并没有鲜明的地域特色。

20世纪60年代至70年代的十年中,计算机技术得到飞速发展。计算机开始向小型机发展,成为未来个人计算机普及的雏形。计算机软硬件技术的提高为数字游戏的出现提供了可能。1961年,第一款真正在计算机上运行的交互游戏诞生在第一台小型机DEC PDP-1上,这款游戏成为游戏史上第一款真正意义上的数字游戏——《太空大战》(Space War)。

整个 70 年代是计算机软硬件技术和电子游戏这种新兴的娱乐方式探索发展的年代。计算机图形图像技术也在 70 年代形成。对于数字游戏来说，70 年代是启蒙探索时期。街机游戏成为 70 年代的主导，推进了数字游戏在硬件界面应用方面的发展，1971 年第一款街机游戏《电脑空间》(Computer Space)开启了数字游戏商业化的大门。

20 世纪八九十年代是数字游戏界面的普及发展时期。经过近二十年的探索与研究，数字媒体技术已日趋成熟，且以极快的速度融入大众的生活中。数字游戏已经不仅仅是少数人的娱乐，而是完全走出实验室成为大众娱乐。

21 世纪是数字游戏界面的兴盛时期。数字媒体进入了跨媒体时期，各种媒介相互融合的趋势越来越明显。这一时期的数字游戏有两个特色："游戏类中的混血"和"真实与虚拟携手"。[①]

数字游戏的多元化、复杂化直接影响游戏的可玩性，玩家在如此庞大的游戏世界中依靠的就是手中的控制设备和游戏中的信息反馈，因此，数字游戏界面设计在这一时期显得尤为重要，也有了更为多元化的发展。

学习卡片

2015 年，文化部发布了《2014 中国网络游戏市场年度报告》，该报告回顾了 2014 年中国网络游戏市场发展与管理状况，预测了未来网络游戏的市场发展趋势。

2014 年，中国网络游戏市场继续保持较好的发展势头，行业经营环境明显改善，企业经营状况总体良好，新产品层出不穷，市场规模继续扩大，市场结构持续优化，移动游戏营收实现翻番，整体销售收入持续增长。2014 年，中国网络游戏市场整体销售收入为 1062.1 亿元，同比增长 29.1%，首次突破千亿大关。网络游戏规模扩大主要得益于移动游戏的高速增长，移动游戏市场销售收入 268.6 亿元人民币，比 2013 年增长了 109.1%，市场占有率达到 24%。

二、数字动画、游戏的制作

（一）数字动画的制作

数字动画制作是一项非常烦琐的工作，分工极为细致，通常分为前期制作、中期制作、后期制作。前期制作又包括了企划、作品设定、资金募集等，中期制作包括了分镜、原画、中间画、动画、上色、背景作画、摄影、配音、录音等，后期制作包括剪接、特效、字幕、合成、试映等。

[①] 徐凡.数字游戏界面的设计元素及体验研究[M].浙江:中国美术学院设计艺术学专业硕士论文，2013(6):9-12.

（二）数字游戏制作

数字游戏制作，也称数字游戏开发，是指利用计算机编程语言，如 C 编程语言、C++、Java、DirectX、Box2D、Cocos2d-x 等，编写计算机、手机或游戏机上的网络游戏。

一般来说，数字游戏制作者需要具有编程基础，门槛不低，这也导致了数字游戏人才的普遍不足。下面，我们将对数字游戏制作的主要部分进行简要的介绍。

1.游戏策划的准备

游戏策划根据工作内容一般分为创意策划、系统策划、文案与剧情、数值设计，大型的项目还会细分到关卡设计、道具设计以及角色设计等。根据不同的游戏类型策划的种类也可能有所不同。整个策划的过程中，需要游戏开发各方面人员紧密配合，共同商议。

2.游戏引擎的准备

在制作游戏之前，必须有一套经过长期测试并且适用的游戏引擎。数位红[①]用了两年的时间总结开发出一套基于移动设备的游戏引擎：Dragon Bone（龙骨）Game Engine for Mobile Phone，它可以支持目前大部分的高端移动设备，它不仅可以为程序开发人员及游戏项目节省大量的时间，还可以让美术人员最直观地看到其设计效果。引擎内包含了内存管理、2D 图形图像、对话框、声音和引擎增强等模块。

3.开发工具的准备

最常用的开发工具有 C 编程语言、C++、DirectX、Box2D、Cocos2d-x、Unity、VC++、J Builder 及 Codewarrior 等。有的设计人员更愿意使用二维设计工具 DP，也有人愿意用 3DMax、Maya 建模之后再进行二维修改，当然所有这些方法都要根据游戏的最终设定来决定。在制作掌上电脑等类似设备的游戏时，就会采用 3DMax 或者 Maya 建立模型，渲染后再修整。

4.确定游戏的各项参数及目标设备

在这一阶段，需要确定的参数非常多，比如图像刷新速度、文件未安装与安装完成大小、使用过程中游戏占用内存、游戏图形特效清单、游戏与操作系统兼容性等。由于数字游戏的制作受数据量的限制很大，所以要求程序人员能给出准确的图片限制大小，即所有图片允许美工占用多少空间。另外，需要准确了解客户端设备允许的色彩数、分辨率、整屏刷新率，其实这也是对游戏引擎的一种测试。

---

① 数位红：中国最大手机游戏开发商。数位红为盛大全资子公司。数位红成立于 2000 年年初，至今已在无线游戏领域近 13 个年头，是中国最早的手机游戏开发企业。

5. 游戏美术设计

游戏贴图设计、建立游戏模型与角色调整运行动作的时期。此阶段需要相关专业人士的参与,以便将游戏整合到最佳状态。专业人士主要为主美 2D 美术——UI、2D 美术——原画、3D 美术、动画特效和技术美术的工作人员。

6. Demo(样品)测试

对游戏制作过程中开发的早期版本进行封测[①]、内测[②]、技术测试和压力测试[③],目的是完善游戏品质。Demo 即样品,也就是试玩版,是在游戏即将发售之前推出的用来演示并进行最后调校的版本,一般只有正式版本的少部分功能。

最后就是将测试合格的数字游戏产品运营上市阶段了。

(三) 常见数字动画、游戏制作软件

1. 数字动画制作软件

早期的动画制作,基本都是采取手绘方式:制作者先把动画画在纸上,然后再描绘在透明的赛璐珞片上进行分层上色,最后用摄像机拍摄后合成,冲洗胶片制作而成。这种制作方法耗资巨大,要花费大量的人力物力。

目前,数字动画的前期制作软件主要有 Autodesk 3ds Max、Autodesk Maya、Flash、Harmony、Toon Boom Studio 等,建模辅助软件 Z Brush 等,中期制作软件有 Adobe Photoshop、CS、Boujou 等,后期合成软件有 Permier、AE、Combustion 等,音频制作软件有 Adobe Audition 等,动作流编辑软件有 Endorphin、Motion-Builder 等,建模辅助软件有 Poser,场景效果制作软件有 VUE,以及大量的视频、音频格式转换压缩软件。[④]

面对如此种类繁多的制作软件和制作方式,国内动画制造业一直在摸索前进,既有对国外先进技术的借鉴,也有对传统制作方式的反思。

2. 数字游戏制作软件

一款游戏的问世,需要经过策划、原画设计、UI 设计、场景设计、角色设计、动画设计、特效设计、程序开发之后才会展现在我们眼前。

游戏策划是游戏开发的核心,游戏策划师需要掌握 Office 系列软件、Mindmanager 等思维导图软件。

游戏原画设计需要良好的手绘、素描功底,最常用的软件就是 PS。

---

① 封测:指某网络游戏,最初向部分玩家开放体验游戏的测试并且找出游戏中的漏洞,最后进行游戏删档。
② 内测:由玩家测试并向游戏公司反馈使用情况和存在的问题,以促进游戏的进一步完善。
③ 压力测试:指对系统不断施加压力的测试,是通过确定一个系统的瓶颈或者不能接收的性能点,来获取系统能提供的最大服务级别的测试。
④ 乔轶男,常思奇.浅析动画与游戏制作的技术研究[J].电子制作,2014(22):61.

游戏 UI 设计需要 PS、AI、DW、FL、axureRP、HTML、CSS 等软件。

游戏场景设计需要 PS、Maya、3ds Max 等软件。

游戏角色场景设计需要 Maya、Bodypaint 等软件。

游戏动画设计需要 Character studio、Maya 等软件。

游戏特效设计需要 3ds Max、Illusion 等软件。

游戏程序开发需要 C++、WIN32、DirectX、Box2D、coco520、unity 等工具。①

(四)数字动画、游戏的应用

1. 数字动画的应用

近年来,随着科学技术的发展,数字动画的应用领域日益扩大,并由此带来一系列社会效益和经济效益。现阶段数字动画主要应用于以下几个领域。

(1)电影业。数字动画在电影业的应用,其一是动画影片的制作,如《海底总动员》《花木兰》等脍炙人口的二维和三维动画影片都是计算机创造出来的动画,其二是数字特效,即"电脑特效",比如《最终幻想》《终结者》等,很多都采取了大量的三维动画技术,让人叹为观止。随着中国电影业的不断发展,必将更多地采用数字动画技术。就目前而言,中国数字动画改编成电视剧的现状非常不理想,仍需大力发展。

(2)电视片头和电视广告。在当今时代,广告在我们生活中可谓是无孔不入。数字动画能制作出精美神奇的视觉效果,创作出精美绝伦的广告作品,当然最重要的是创意,只要人们的脑袋想得出来,数字动画就能制作出来。

(3)科学计算和工业设计。利用数字动画技术,可以将科学计算过程及计算结果转换为几何图形或图像信息在屏幕上显示出来,以便于观察分析和交互处理。在一些重大的科学研究和工程设计中,比如航空、航天、大型水利工程等,利用数学动画技术进行模拟分析,可减少重大损失,从而达到设计可靠的目的。

数字动画技术在工业设计方面也越来越受欢迎,为设计人员提供了一个崭新的电子虚拟环境,同时还可以利用光照渲染,从不同的视角观察表现,比如利用 3D 技术设计汽车模型。

(4)模拟、教育。利用数字动画可以模拟各种商品、仪器的运行状态,可使人仿佛身临其境;在教育方面,演示在实际教学中无法实现的事情,大到宇宙形成,小到基因结构,都可以应用数字动画淋漓尽致地表现出来。还可以利用数字三维或二维来实现实验仿真。

(5)虚拟现实和 3D Web。虚拟现实和利用数字动画技术模拟生产的一个三维空间的虚拟环境系统。借助系统提供的视觉、听觉甚至触觉的设备,"身临其境"地置身于虚拟环境中随身所欲地活动,就像在真实世界中一样。

---

① 汇众教育网.网络游戏制作用哪些软件?[EB/OL]. Http://www.gamfe.com/wenda/352.html.

2. 数字游戏的应用

（1）影视业。数字游戏与影视艺术部分互通，因此在跨媒体合作上是正确可行的。数字游戏和影视艺术跨媒体合作的意义，在于强大的媒介联盟力量可以强化游戏机制，使虚拟世界更加真实，从而促进数字游戏的内源性开发和影视艺术的多元化延展，实现游戏与影视跨媒介共赢[①]。如《生化危机》《终结者》，以及中国由游戏改编的影视剧现象级作品《仙剑奇侠传系列》《古剑奇谭》和《轩辕剑》等，这些都是数字游戏和影视艺术相结合的成果。

（2）国产动漫业。数字游戏，特别是手机游戏，不知不觉中成为国产动漫的新推动力。现如今，中国国产动漫的发展没能达到一个十分理想的状态，即使政府出台了各种政策扶持文化创意产业，各界也一直在不断地支持、推动和促进这项极具潜力的产业的发展。在部分风靡全球的经典游戏被改编为影视剧的背景下，人们不禁开始思考并深刻认识到国产动漫广阔的发展空间。[②]比如《勇者大冒险》原为腾讯游戏运营于2013年推出的闯关冒险类电脑游戏，后被改编成3D动画并在2015年3月首播，上线当日便获得网友的一致好评。

（3）构建互动的社会文化空间。当代社会的视觉文化是指依托各种视觉技术，以图像为基本表意符号，并通过大众媒介进行传播的一种通过直观感知并以消费为导向来生产快感和意义的视像文化形态。数字游戏作为一种集视觉效果、音乐音效、对话剧情和互动操作于一体的复合型艺术形式，往往以最新的数字技术为支撑，以视觉效果来吸引眼球。在数字游戏产品的消费中建立人与人之间的某种精神联系，或认同与共鸣，或拒斥与冲突，最后形成一定"文化空间"或"亚文化空间"。这一文化空间不是单向性的，而是一种互动式的双向性的文化空间。[③]

由于数字游戏覆盖面大、传播范围广，内容多样，甚至成为现代人不可或缺的生活内容，它在社会上引起的争议让我们无法回避与忽视数字游戏本身所拥有的文化特征与社会功能。

第四节　数字影视剪辑、特效

一、数字影视剪辑、特效概述

（一）数字影视剪辑、特效的概念

1. 数字影视剪辑的定义

数字影视剪辑是影视后期制作流程之一，是由剪辑师将前期拍摄的视觉

[①] 许洺洺.数字游戏设计影视艺术绪论[D].长春:吉林大学设计艺术学专业硕士论文,2013(5):11.
[②] 钱若云,王玉红.手机游戏将成为国产动漫的新推动力[J].包装世界,2013(01):91.
[③] 梁维科.试论数字游戏艺术在文化建设中的作用[J].大众文艺,2014(11):269.

素材与声音素材重新分解、组合、编辑并构成一部完整影视作品的过程总称。目前,国际上均采用影视剪辑的说法来表述影视后期制作过程。[①] 电影拍摄中,镜头与镜头之间的转换表达和时空效果是影视剪辑中要处理的最基本的问题。数字影视剪辑采用 AE、Combustion、DFsion、Shake、Premiert 等合成软件,以及 3DMAX、MAYA 和 Softimage 等三维软件对前期素材进行非线性编辑。剪辑结果可以马上回放,大大提高了效率。

成功的数字影视剪辑可以说是影视拍摄后的第二次创作,有利于增强影视作品中故事情节的表现力和感染力,提高影视作品的整体观赏效果,而失败的剪辑会降低甚至损害影视作品中故事情节的表现力和感染力,影响影视作品的观赏质量。

2. 数字影视特效的定义及特征

(1) 数字影视特效的定义

数字电影特技全称电子计算机数字控制技术,是一种以影像后期数字化处理为基础的成像技术。在这一理念下,许多实拍影像大都被视为影像构成的图像素材,而非银幕影像最终的成品。银幕最终影像应该是由不同的图像合成"虚拟"而成,并非一次拍摄而成。

数字特效是指利用计算机图形图像技术实现的特殊视觉效果,涉及范围包括平面、网络、摄影、电影、电视、视频、游戏等。数字影视特效是指影视特效中利用计算机图形图像技术实现的数字特殊效果,习惯上,我们所说的数字特效就是指数字影视特效。比如,2015 年被称为"业界良心"的电视剧《琅琊榜》,有非常多的画面就是借助特效处理得到的。例如赤焰军之战、琅琊阁内的情景、剧开始的江上情景、猎宫之战的场景等,都是电脑特效无缝对接的,制作之精细,堪称楷模。制作精致到几乎乱真的画面,既降低了影视剧的制作成本,又使得画面更容易贴近观众的想象,这是非常不容易的。

(2) 数字特效技术的主要特征

①集成性:数字特效技术不仅集成了多种媒体,而且集成了多种技术,包括计算机技术、通信技术、电视技术和其他音像处理技术。在同一个文件中把来自多个通道的信息统一获取、组织、存储和合成,使得文字、图像、声音等各种媒体信息能在播放时同步地作用于我们的听觉、视觉等感官,从而取得最佳的效果。

②交互性:这是数字特效技术的关键特征之一。在数字合成系统中,用户可以借助交互活动控制信息的传播,甚至参与信息的组织过程,对感兴趣的画面或内容进行记录或者专门研究。

③数字化:数字特效技术是建立在计算机基础上的,而计算机只能识别由

[①] 卢子丹.影视剪辑中的时间调度问题分析[J].科技传播,2014(03):31.

0、1组成的二进制数据。在多媒体系统中,所有的多媒体信息都用数字信号表示。

④实时性:随着数字特效技术的进步,数字合成系统已经具备对多媒体信息进行实时处理的能力。具体应用如可视电话、电视会议、远程医疗等,使得千里之外的人物与场景犹如近在咫尺。

⑤多维性:数字特效技术具有信息处理范围的空间扩展和放大能力,它能将输入的信息变换加工,增强输出信息的表现能力,丰富显示效果。这种信息空间的多维性使得信息的表达方式不再单一,有声有色,生动逼真。

⑥非线性:线性为传统传递信息的模式,其读写方式大都采用章节页的框架,学习知识循序渐进,多媒体的非线性特点表现在数字特效技术借助超文本链接,把内容以一种灵活多变的方式表达出来,使得用户可以按照自己的需要、兴趣、任务要求、偏爱和认知特点来使用信息,选取图、文、声等信息表达形式,这改变了人们传统的读写模式。[①]

案例 7-3　IMAX 系统

IMAX(即 Image Maximum 的缩写)是一种能够放映比传统胶片更大和更高解像度的电影放映系统,整套系统包括以 IMAX 规格摄制的影片拷贝、放映机、音响系统、银幕等。标准的 IMAX 银幕为 22 米宽、16 米高,但完全可以在更大的银幕播放,而且迄今为止不断有更大的 IMAX 银幕出现。IMAX 影院的特色包括以下几点。

1. 银幕巨大,一般的 IMAX 电影院的银幕达到五层楼高,截至 2010 年 4 月,全世界最大的 IMAX 电影院银幕有九层楼高(29.42 米)。

2. 观众可以更靠近银幕。

3. IMAX 电影院所有座位的范围分布在整个 IMAX 银幕的高度内。

4. IMAX 银幕几乎消除了小格式三维系统的不舒适感和边界轮廓,涂有高性能金属涂层的银幕有微小的弧度,略向观众倾斜,使观众仿佛身临其境。

5. 座位倾斜度比传统电影院大,球形幕的放映厅倾斜度达 23 度,让观众能够面向银幕中心。

6. 电影院内采用大坡度的座位设计,使每个观众的视野无阻碍。

7. 配备较好的音响系统,一般称为 IMAX 六声道超级音响系统,当中包含有超低音频道。

---

① 何天龙.数字特效在影视动漫制作中的应用研究[D].长沙:湖南师范大学设计艺术学专业硕士论文,2009(9):3－4.

8. 带有专门设计的声源均衡喇叭系统,让影院内每个地方的音量和音质尽量相同,观众无论坐在哪里都能享受同样质量的音响效果。

9. 采用特殊的 IMAX 放映机,放映机内特制的弧光光源耗电功率为 15 千瓦。

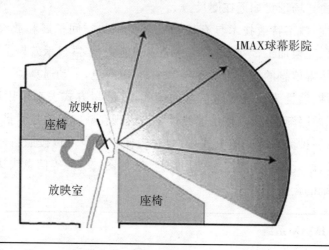

(二)数字影视剪辑、特效发展历程

1. 数字影视剪辑发展简史

影视剪辑作为一种不再年轻的、相对独立的艺术形态,有着自身独特的生长发展历程,可以分为以下几个时期:"原生态"时期、"蒙太奇语言"时期和"动作剪辑"时期,最后才进入"数字合成"时期,也就是数字影视剪辑时期。①

在"原生态"时期,不存在剪辑的电影,那时没有剪辑师,也没有切换,电影人只是拍下他们感兴趣或是好玩的东西,他们会一直拍摄,直到厌倦或者胶片跑完。比如,1895 年公映的电影《工厂大门》,实际上是由一个镜头构成的。

之后,影视剪辑进入"蒙太奇语言"时期,这个时期奠定了剪辑艺术的基础。1897 年,一次偶然的影片放映错误让人们无意中领略了剪辑所带来的意想不到的效果。1918 年,电影理论家库利肖夫的一项著名试验"库利肖夫实验",证明了剪接与蒙太奇可以赋予影像超越其本身的意义,并且激发强烈的情感效果。

20 世纪 60 年代初,好莱坞成为美国电影电视节目的主要生产基地。"动作形态"剪辑极为注重镜头间衔接组合的流畅性、连贯性。在镜头语汇构成上,"动作形态"剪辑非常强调对生活中人正常的、逻辑的注意力——心理趋向的顺应。

自从 20 世纪 70 年代数字技术进入电影制作以来,电影的媒介材料正由传统的化学胶片、磁带转向数字储存器中的电子信息。这种媒介材料的变化

---

① 姚争.影视剪辑教程[M].杭州:浙江大学出版社,2007:67.

已经引发了一系列电影制作技术与美学思维的变化,而在这些制作技术的变化中,剪辑技术的数字化的发展变化也非常显著。[①]

2. 数字影视特效发展简史

数字特效,又叫影视后期特效,是对现实生活中不可能完成、难以完成的或花费过量资金的拍摄用计算机或工作站对其进行数字化处理,从而达到预期的视觉效果。

20世纪50年代中期,计算机图形学知识首次被运用到科学模拟以及视觉艺术创作领域。20世纪80年代,随着个人计算机的普及、相关艺术专业软件的开发,专业艺术家与计算机专家之间联系逐步加强,以交互式为特点的动画艺术开始崭露头角,同时数字影视技术也引进中国影视制作中。到20世纪90年代中后期,大型电影厂、各省级电视台纷纷引进国外最新数字影视软硬件设备,电影制作公司也逐渐接触到数字影视特效合成技术。到了21世纪,三维动画在技术上已经基本进入成熟期。如今,动画师已经可以利用三维动画技术来进行数字绘画、数字建模、各种雕塑笔触模拟、照片及渲染等。传统的绘画、雕塑、摄影、摄像等视觉艺术创作已经可以被三维动画艺术家们在计算机上完成。三维动画技术已经势不可挡地迅速充斥影视、娱乐、游戏、军事、建筑等各个行业。[②]

随着《侏罗纪公园》《泰坦尼克》等好莱坞商业电影广泛应用数字特效并取得惊人效果的同时,数字特效技术在国内也开始受到国内影视制作行业的关注,国内从事影视数字后期特效制作的公司相继出现,但其业务范围多集中在广告制作领域,由于规模和技术限制,使得有能力从事电影特效制作的公司相当有限。到了2000年,上海电影制片厂和中影集团依托自身资源相继成立了电脑特效制作中心和华龙电影数字制作公司(现为中影数字制作基地后期特效部)。前者参与制作了中国第一部真正意义上使用数字特效制作的影片《紧急迫降》,此后,国内电影数字特效技术得到了进一步的发展,采用特效制作的电影比例逐年增长。

二、数字影视剪辑、特效处理

(一) 数字影视剪辑处理

1. 连续性剪辑

在剪辑中,专业的剪辑人员要考虑到剪辑组合后的连续性效果,连续性最

[①] 姚争.影视剪辑教程[M].杭州:浙江大学出版社,2007:69.
[②] 夏德崇.数字特效在纪录片创作中的应用研究[D].济南:山东师范大学广播电视艺术学专业硕士论文,2014(4):9—10.

主要的注意点是动作的连续性,只要动作剪辑能做好,其他的也就不在话下了。

(1)动作的连续性主要要点有3个。

①分解动作时。影视中常常看到演员表演得非常好,动作优美,表现流畅,其实,拍摄中大部分的情境和呈现在画面中的效果是不一样的,大批量的剪辑拼凑工作需要后期剪辑人员来完成。比如这里说到的演员动作,遇到非常难的动作时,常常是先拍下好几段不同时间的动作表现,然后在剪辑中选取表现比较好的一个时间点内的,再拼凑到其他表现点上。

这种动作的剪辑拼凑要非常注意剪辑点的选择,要选在动作变换的瞬间,上个镜头要有充足的停顿和完整动作呈现,下一个镜头的动作要干净利索,从第一帧就要准确地剪下,这样拼到一起才能够通顺流畅。

②视觉错觉法。这种方法是充分利用人生理上的视觉特性进行两组镜头之间的组合切换,因为人的视觉在一定时间里会有停留,比如眨眼,这个过程中观众的视觉里会有上个动作的残存,在这瞬间进行切换,能让观众觉得动作是连续的、贯通的。一般情况下,这种方式运用于动作比较大的场面,这样才能对细小处产生视觉错觉。

③尽量做到动接动、静接静。画面中同一主体或不同主体的动作有着整体连贯性,将两者接到一起就可以顺畅地表现出来,过渡简洁,专业上我们将其简称为"动接动"。不同画面中的主体运动上不连贯,中间有相应的停顿,这两个镜头要想组接在一起,就要在剪辑的时候注意将前一个动作的停留瞬间(落幅)完全剪辑下来,在下一个动作之前也要有相应的静止瞬间(起幅),时间间隔大约为一两秒钟,这样两个动作组合到一起就是"静接静"。运动镜头和固定镜头组接。同样需要遵循这个规律,这样才能避免给人造成视觉上的跳跃感。

(2)交叉剪辑。交叉剪辑是连续性剪辑的方法之一,这种剪辑通过对平行动作进行交互式剪辑提供给观众多种信息,如:因果由来、时空等。

2. 蒙太奇剪辑

蒙太奇这个词来源于法语,本身就有剪辑组合的意思。这种剪辑方式侧重于表现,它是通过镜头的内在联系来对镜头进行组合排列,从而表现自己想要表现的主题,比如,在美国的一个校园里,一个学生走着,然后坐在一个楼梯上学习,但我们如果真的跑到外国去拍一段,那么经费会浪费得太厉害,这时候就要用到蒙太奇剪辑了。这里要重点提及场面的转换和剪辑的节奏。

(1)场面的转换。场面的转换分为有技巧的转场和无技巧的转场,有技巧的转场如:叠化、定格、淡入、淡出、划像等,无技巧的转场如:切、逻辑性转场、相似性转场、过渡性转场等,在此以叠化和切为例。

①叠化。电视中常常能看到这样的画面：上个镜头完全消失之前，下个镜头的画面已逐渐显露，两个画面之间有几秒重叠的部分，这是叠化镜头，是一种技巧性的转场特技。叠化的形式可以是前一画面叠化后一画面，有时也会是主体画面内叠加另外的画面，最后结束在主体画面上。它可以表现明显的时空转换和时间过渡，也可以通过一组镜头的持续叠化，表现出丰富的视觉流动效应，有利于情绪的感染和氛围的营造。叠化时一个画面即将消失，而另一个画面已经出现，这使得镜头过渡变得平滑。延长的匹配叠化使得两个画面（或更多）在较长的时间内匹配，这加强了过渡的柔和感，制造了梦幻的感觉。在电影《泰坦尼克号》中，就用了叠化来表现老年的罗丝和年轻时的罗丝之间的切换转变，让我们在神奇的视觉效应中体会到罗丝的内心世界。

②切。利用相连接画面的内在关联来进行时空转换，连接场景，自然流畅地使镜头连接、段落过渡，没有多余的技巧痕迹和累赘。常见的直接切换转换场景的技巧有：利用相似性因素、承接因素、景物镜头（或称空镜）、遮挡元素（或称挡黑镜头）、运动镜头或动势、声音音乐、音响、解说词、对白等，和画面的配合实现转场，利用特写、主观镜头、反差因素。

（2）剪辑的节奏。节奏分为内在节奏和外在节奏，视频的内在节奏是由它的题材来决定的，外在节奏可以通过视、听感觉直接感受到，节奏主要通过镜头运动的变化、镜头的长度、画面之间组接的频率、声音的高低和速度来体现。感情的渲染可以通过节奏的调节来形成，没有剪辑的画面中体现的情感不一定是需要的，这就需要通过画面的构图、景别的选择与切换、亮度的变化、动静的变化等因素的节奏上的变化来体现。在剪辑节奏中，如果没有注意到相互间的匹配，就会给观众带来视觉上的疲劳，从而产生厌恶的情绪，影响整体质量，这就需要松紧结合，合理地搭配时间和空间，如，一个值得深思和体会的情节过去之后，要给人一定的时间进行思考，或者一段紧张的情绪过去后，相应给点时间放松，缓冲紧张感。

(二) 数字影视特效处理

1. 电影特效制作的流程

传统的电影特效制作流程分为前期、拍摄和后期制作三个阶段。前期制作指剧本策划，其分镜制作与实拍电影相同，但需确定画面需要实拍的部分、使用的特殊效果以及确定留在后期进行计算机加工的部分。制作阶段中使用摄影机实拍的部分与实拍电影流程一致，但需要控制拍摄方式，为后期制作留好空间。后期阶段是视觉效果制作的主要阶段，电影的整体合成在此阶段完成，同时剪辑、混音、调色等传统工艺也在此阶段完成。

2. 特效制作的分类

电影大片的制作涉及档期，通常需要将特效分包给多家公司制作，传统的分法是按工序分,2D和3D的工作分开,合成相对独立。如今的特效电影制作一般按镜头来分,即电影首先按场景分为几场,然后每一场中又要分几个镜头,通常电影中的特效会把一个影片中相似的几个镜头分给一个公司做,实力强的公司可以分包一个场景。特效的种类根据镜头的不同分为近镜头与远镜头,远镜头场面巨大、气势恢宏,需要软件公司具有群组开发的能力,近镜头要满足导演用细节讲故事的需求,通常比远镜头要求更高,计算量更大。

特效按照技术内容又可分为环境特效、FX物理特效和角色特效,其中,角色特效的要求最高,FX物理特效对技术要求较高,需要大量的运算,场景特效则更注重对细节和文化底蕴的把握。

3. 特效制作的分工

一部影片中负责特效管理的职务包括特效总监/特效指导和特效制片人。特效总监负责与导演的协调沟通,在电影前期中设计、拍摄影片的特效镜头,后期负责安排生产制作和项目进度及质量的监督工作。特效制片人需要非常熟悉整个电影特效生产流程及特效制作流程,负责统筹预算与项目控制。有的公司会设立特效设计部门,从电影的筹备阶段就进入项目,一直到项目结束,针对特效镜头与导演沟通拍摄制作方案,确保在后期制作中达到理想效果。

(三)数字影视剪辑、特效的应用

1. 常用的数字影视剪辑、特效软件

(1)常用的数字影视剪辑软件。

①ED。ED,即Edius,是日本canopus公司的优秀非线性编辑软件,专为广播和后期制作环境而设计,特别针对新闻记者、无带化视频制播和存储。Edius拥有完善的基于文件的工作流程,提供了实时、多轨道、多格式混编、合成、色键、字幕和时间线输出功能,且因其迅捷、易用和可靠的稳定性为广大专业制作者和电视人所广泛使用,是混合格式编辑的绝佳选择。

②Adobe Premiere。由Adobe公司推出,现在常用的有CS4、CS5、CS6、CC以及CC 2014版本。目前这款软件广泛应用于广告制作和电视节目制作中,可以提升创作能力和创作自由度,它是易学、高效、精确的视频剪辑软件。Premiere提供了采集、剪辑、调色、美化音频、字幕添加、输出、DVD刻录的一整套流程,并和其他Adobe软件高效集成,足以完成在编辑、制作、工作流上遇到的所有挑战。

③Real Media Editor。耳熟能详的Real Producer Plus中的Real媒体编辑器Real Media Editor,可用来合并、分割、提取片段,以及修改Real媒体信息,操作非常简单易用。它界面简单,容易上手,支持预览,由于分割合并后保存时不需要再对视频文件进行重新编码压缩,因此速度非常快,往往几十秒就

可保存一个几百兆大的新文件。其不足之处在于不支持文件拖放，没有"撤销操作"功能，无法合并码率不同的文件。

（2）常用的数字影视特效软件。

比较普及的特效软件如 Maya、Premiere、Af-terEffects、Cooledit、3D MAX，可以制作现实生活中依靠人力难以完成或成本昂贵的特殊视觉效果。

①3D MAX。3D Studio Max，常简称为 3ds Max 或 3D MAX，是基于 PC 系统的三维动画渲染和制作软件。开始运用在电脑游戏中的动画制作，后更进一步参与影视片的特效制作，例如《X 战警 II》《最后的武士》等。3D MAX 现广泛应用于广告、影视、工业设计、建筑设计、三维动画、多媒体制作、游戏、辅助教学以及工程可视化等领域，具有性价比高、上手容易、使用者便于交流等优势。

②Maya。Maya 是美国 Autodesk 公司出品的世界顶级的三维动画软件，应用对象是专业的影视广告、角色动画、电影特技等。Maya 功能完善，工作灵活，易学易用，制作效率极高，渲染真实感极强，是电影级别的高端制作软件。

Maya 是现在最为流行的顶级三维动画软件，国外绝大多数的视觉设计领域都在使用 Maya，在国内该软件也是越来越普及。由于 Maya 软件功能更为强大，体系更为完善，国内很多的三维动画制作人员都开始转向 Maya，而且很多公司也都开始利用 Maya 作为其主要的创作工具。

③After Effects。After Effects 即 Adobe After Effects，简称 AE，是 Adobe 公司推出的一款图形视频处理软件，适用于从事设计和视频特技的机构，包括电视台、动画制作公司、个人后期制作工作室以及多媒体工作室，属于层类型后期软件。也是现在为止使用最为广泛的后期合成软件，它可以和大多数的 3D 软件配合使用，这使对硬件性能要求并不高的 After Effect 成为使用最为广泛的合成软件。

2. 数字影视剪辑、特效的应用

（1）数字影视剪辑的应用。影视制作中的剪辑是一项创造性的工作，其关键在于活学活用，即便是平铺直叙式的剪辑也应发挥剪辑艺术的创造性。一般情况下，采用蒙太奇手法拍摄的影视作品戏剧效果较强，矛盾冲突较为激烈，因此对于蒙太奇方法创作的影视作品进行剪辑比一般叙事性场景难度要大，要求剪辑师充分发挥创造性和想象力，加强剪辑的戏剧效果，增强影视作品的表现力和感染力。

在电影艺术诞生之初，并没有剪辑的概念，卢米埃尔兄弟所拍摄的早期影片只是对生活中一些活动影像的记录，其内容多为对生活活动影像的忠实记录，在艺术手法的运用上也仅限于题材的选择、构图和照明。在格里菲斯的《一个国家的诞生》中首次引入了平行剪辑的概念，交替地表现两个或更多的注意中心。现代影视制作中所使用的视听语言实际上是对人的视听感知经验的模拟,剪辑所要完成的工作是要在影视作品中为受众呈现一种连贯的视觉和听觉感知经验,避免使受众看到镜头的跳动和切换。

自然、流畅的剪辑就是要使受众通过亲身感知与体验相信在荧幕或电视荧屏上出现的运动和动作,这一目标的达成需要讲究视听效应,使受众在欣赏影视作品的同时得到精神上的愉悦。如果将影视作品比喻成一个故事,导演或编导就是故事的创作者,剪辑则是故事的叙述者。剪辑师需要运用剪辑艺术的表现技巧将已经创作好的故事片段完整地呈现给受众,这其中需要剪辑师统一剪辑风格、协调剪辑节奏,运用创造性的剪辑技巧和理念完成影视作品的艺术表达。在满足受众欣赏习惯、视觉需求、感官刺激的基础上,要保持影视作品内容和结构的同步协调,同时准确把握作品的整体节奏,将镜头画面中各种艺术元素的运动形态有序组织,以实现影视作品制作预期的艺术效果。

(2)数字影视特效的应用。当前,影视媒体已经成为大众化、具影响力的媒体形式。从好莱坞大片所创造的幻想世界,到电视新闻所关注的现实生活,再到铺天盖地的电视广告,无一不深刻地影响着人们的生活。过去,影视节目制作是专业人员的工作,对大众来说似乎还笼罩着一层神秘的面纱,随着互联网和网络媒体的迅速发展,PC性能的显著提高,价格不断降低,影视制作从以前专业的硬件设备逐渐向PC平台转移,从专业影视制作扩大到电脑游戏、多媒体、网络、家庭娱乐等更为广阔的领域,原先地位极高的专业软件也逐步移植到平台上,价格也日益大众化。

本章小结

中国数字媒体技术起步较晚,但随着互联网的普及,它也越来越受关注,并有全面开花之势。数字文本、音频、图像和视频作为数字媒体,本身也是社交网络平台(微博、人人网等)、即时通信工具(微信、QQ等)、各类数据库(EI、知网等)等的组成基础,其中,数字文本、音频、图像更是基础中的基础,没有它们,数字媒体则无从谈起。本章主要对数字媒体技术的概念和内涵进行阐述,并将之与传统媒体进行简单比较,得出二者的异同。另外,本章还从信息类型的角度对数字媒体进行了分类,并对不同种类的数字媒体的发展历程和定义进行简要的阐述。在数字媒体的制作上,主要对数字文本、音频、视频、动画以及影视剪辑和特效等方面的知识框架进行了讲解。

思考与练习

1. 什么是新媒体技术?多媒体技术有哪些类型?
2. 什么是数字音频、数字图像、计算机图形与动画、数字影视剪辑和特效?

3. 数字音频、数字图像、计算机图形与动画、数字影视剪辑和特效的应用是什么?

4. 数字音频、数字图像、计算机图形与动画、数字影视剪辑的格式都有什么?

5. 数字音频技术有几种类型?

6. 数字图像处理的目的是什么?

7. 电影特效制作的工艺流程是什么呢?

参考文献

[1] 李彦.音频技术的回顾与展望——广播、电影、电影,二十世纪的产物[J].音频技术,2011(01):6-17.

[2] 王楠.探析数字媒体与动漫发展的关系[J].鸭绿江(下半月版),2014(04).

[3] 杜剑锋,时一晟.2013数字动漫艺术与文化传播国际论坛综述[J].中国电视:动画,2013(12).

[4] 王艳.论中国动漫出版升级转型策略[J].中国出版,2015(02):25-28.

[5] 李晓珊.影视动画在新媒体领域的延伸设计[J].包括工程,2013(12):34-37.

[6] 聂欣如.影视剪辑[M].上海:复旦大学出版社,2011(03):17.

[7] 蔡智超.动漫改编为移动平台游戏研究[D].杭州:中国美术学院设计艺术学专业硕士论文,2014(05):1-19.

[8] 杨玉洁,田霖."造梦机器"操作手册——电影数字特效制作的工业化流程[J].影视制作,2012(11):14-26.

[9] 赵淑文.数字影视后期编辑与特效合成制作研究[J].中国新通信,2015(08):106.

[10] 刘智勇.基于云计算的文本挖掘算法研究[D].成都:电子科技大学计算机软件与理论专业硕士论文,2011(05):5-11.

[11] 熊澄宇,刘晓燕.国际数字动漫产业现状、趋势及对中国的启示[J].东岳丛书,2014(01):41-48.

第八章 新媒体产业

学习目的

1. 了解新媒体产业的概念、特征及其发展历程。
2. 掌握新媒体的产业链的构成及其相关行业的产业链。
4. 了解国内外新媒体产业的政策。
5. 掌握新媒体的商业运作模式。

本章介绍新媒体产业的经济特征、发展历程和新媒体产业链的构成,及相关行业的产业链,阐述美国、日本、中国和欧洲国家的新媒体产业政策,并对新媒体产业的商业模式进行探讨。

第一节 新媒体的产业化

一、新媒体产业的概念

(一)新媒体产业的内涵

新媒体包含互联网、数字电视等多种新兴媒体,按照传播媒介的不同,可以划分为三种类型:一是基于互联网的电子杂志、电子书、网络视频、博客、播客、视客、群组、其他类型的网络社区等。二是基于数字广播网络的手机电视、数字电视、车载电视、公交电视等。三是基于跨网络的 IPTV 等。先进性、互动性和广泛性是新媒体产业的主要特点。先进性体现在技术进步方面,是产业产生和发展的主要推动力,互动性体现在信息由纯粹的服务方提供发展为用户可以参与,广泛性体现在新媒体的传播状态由一点对多点变为多点对多点。

> **知识卡片**
>
> 新媒体的概念。目前尚未统一。美国《连线》杂志认为"所有人对所有人的传播"就是新媒体。数字媒体艺术家、批评家曼诺维奇(Manovich)认为,新媒体将不再是一种具有特殊意义的媒体,而是一种与传统媒体形式

> 没有关联的数字信息,这些信息可以根据需要以相应的媒体形式展现出来。美国学者,"自媒体"概念鼻祖吉尔摩(Gillmor)认为,新媒体就是以网络为基础、以博客为趋势的自媒体或共用媒体。清华大学新闻传播研究中心主任熊澄宇认为,新媒体是一个相对的概念,也是一个宽泛的概念。它是一种利用数字技术、网络技术,通过互联网、宽带局域网、无线通信网、卫星等渠道和电脑、手机、数字电视等终端,向客户提供信息和娱乐服务的传播形式。

综合上述观点,笔者认为,新媒体产业是指以数字技术、计算机网络技术和移动通信技术等新兴技术为重要依托,以网络媒体、手机媒体、移动电视、楼宇电视等新型媒介为主要载体,按照工业化标准进行物质生产和再生产的产业类型,是文化创意产业的重要组成部分。

(二) 新媒体产业的构成

媒体有两大构成:渠道和内容。而新媒体作为一个产业,还应加上媒体运营的商业模式,没有商业模式,媒体是无法在市场经济中存活的,更谈不上产业发展了。对于媒体产业,渠道、内容和商业模式三者缺一不可,那么这三者关系又是怎样的呢?

传播渠道是由媒介技术支撑的。20世纪原创媒介理论家、思想家马歇尔·麦克卢汉认为,媒体可以指任何一种能延长人的能力的技术。这种技术决定论至今仍然让媒介技术的发明者们兴奋不已。比如说数字电视,如果只是视频图像清晰度的提高和传输节目套数的增加,那么它就是一种新的媒介技术而已。如果基于数字技术这一平台开发出互动电视、手机电视等,那就是不同于传统电视的一种新的媒介形态和传播载体了。只有构成媒体的基本要素有别于传统媒体,才能称得上是新媒体,否则最多也就是在原来的基础上变形或改进提高。[①] 就像目前推出的数字电视和数字广播还只是模拟广播电视的升级换代产品而已。

"分众传媒"开创了新的传播渠道——楼宇电视,一下子吸引了众多广告商的目光,似乎创造了一个新媒体的"分众神话",江南春也携此赴美国纳斯达克成功上市。但是,如果仅仅是强制占用注意力空缺时间强制性,那么它所提供的资讯将有可能沦为污染环境的"噪音",成为人们"躲不开"的媒体。[②] 在这个渠道相对过剩,内容相对稀缺的时代,没有内容的媒介仅仅是一个传播载

[①] 刘峻. 新媒体之我见[J]. 广告大观(媒介版),2006(05):26.
[②] 科技资讯网. 分众模仿秀:创意的盛宴还是概念泡沫[EB/OL]. [2006-11-03]. Http://www.cnetnews.com.cn/2006/1103/330458.shtml

体而已。因此,这种设置在商务楼宇、飞机列车、医院学校里、以液晶电视播放屏为主要形式的,缺乏内容的大小"分众"的发展必然会遭遇瓶颈。因此,内容是划分传播渠道与传播载体的重要标志。

新的媒介技术决定新的媒介形态,而新的媒介形态又决定新的传播内容。例如车载移动电视,它播出的节目乍一看与传统电视节目差不多,都是一种视听传播形式。其实不然,我们仔细分析一下,在公交汽车上嘈杂的环境里,谁又能听清楚电视荧屏里的声音呢?视听传播其实已变成了视觉传播,因此它的内容定制也有所改变,新的媒介形态必定对应新的受众群体、新的接收行为和新的媒介环境。

很多新媒体投资者和运营者往往忽略了这样一个问题——究竟什么样的媒介产品是市场所需要的呢?这要从媒体特性、传播方式、接收方式和盈利模式等方面来综合考察。

目前,许多传统媒体纷纷开设了自己的网站,进军新媒体领域。但是,这些新媒体网站大多是依托传统媒体的内容供应,看起来是节省了运营成本,但由于没有根据新媒体特性开发的内容产品,没有满足受众新的市场需求,增值空间也就十分有限。

二、新媒体产业的经济特征

新媒体是以数字技术为支持、相对于传统媒体而言的。总的来说,它是在信息产业、互联网产业、电信产业等新兴技术产业发展的基础上,结合内容产业、大众媒体产业等传统文化产业形成的一个综合的产业。在数字信息技术的推动下,数字内容通过更多的传输渠道,传播到广泛的数字信息终端产品中,使得更多的受众能够接收到数字内容。这些生产、销售、传播内容产品以及提供技术、网络和终端设备服务的企业汇集成一个独立的产业,即新媒体产业。因此,新媒体产业就不可避免地延续了相关产业的特点。新媒体产业又因其与大众广泛而密切的互动、与政府职能部门重要而紧密的关系,深受社会文化和政府决策的影响。基于以上各方面的因素,数字新媒体产业在其成长过程中逐渐形成了自己独立的经济特征。

(一)外部性经济特征

外部性是指经济主体(包括企业或个人)的经济活动对他人和社会造成的非市场化的影响。外部性经济又分为正外部性和负外部性。正外部性是指某个经济行为个体的活动使他人或社会受益,而受益者无须花费代价;负外部性是指某个经济行为个体的活动使他人或社会受损而造成负外部性的人却没有为此承担成本。

新媒体产业在几个层面上都反映出了强烈的外部性经济特征。一方面,新媒体产业是其他产业发展基础上形成的后续产业,因此,数字新媒体产业的发展严重依托于其他产业的发展状况。如,电信产业的网络架构范围严重制约了数字新媒体产业的渠道资源,信息产业的宽带技术、存储技术也在很大程度上左右着数字新媒体产业的发展速度等。另一方面,新媒体产业的发展也影响了其他产业和社会文化的方方面面。如一部电视剧或一部电影甚至是网民的博客,它们所宣扬的文化内涵和承载的道德伦理对社会舆论、社会文化的形成都会产生一定的作用。当新媒体产业中的某一种思想形成潮流后,会对整个民族尤其是青少年群体的价值观、人生观、世界观产生影响。

当新媒体产业的某个外部性经济特征日益显著之时,就会使新媒体产业出现企业合并或企业分离的经济现象。业界人士已经形成共识:渠道和内容已经成为新媒体产业的两条腿,缺了哪个方面,都会使该产业停滞不前。在这种情况下,渠道运营商联合内容提供商发展内容产业,内容提供商联合渠道运营商的案例层出不穷。如渠道运营商中国电信在21世纪初就看到了数字新媒体产业的外部性经济特征,先后联合内容提供商在全国各地区开展互联星空业务,充分利用中国电信的用户、网络、应用支撑平台、营销网络、客户服务和宣传渠道等资源,营造新媒体产业良性发展的生态环境,积极推动新媒体产业的可持续发展。作为中国最大的内容提供商,中国广电集团也积极兴建广电网,构建自己的渠道网络。新媒体产业的从业者以自己原有的核心业务为中心,不断联合新媒体产业的相关外部经济主体,拓展外部业务,使自己在新媒体产业上站稳脚跟。这些都是企业积极顺应新媒体产业正外部性经济特征而做出的经济行为。新媒体产业的负外部性经济特征在很大程度上可以说是体制问题带来的,这是由于很多处于媒体产业链上的经济主体都经历了由事业体制转化为企业体制的过程。由于新媒体产业中的内容提供商生产的内容有相当一部分属于公共领域,渠道运营商搭建的网络也有相当一部分原本用于公共事业,随着国家政策的转变,虽然很大一部分事业体制的机构被逐渐商业化、产业化,但这种转变还是不彻底的。两种体制的思想掺杂在一起就导致了一部分属于公共领域的内容被商业化运作,使得消费者的基本权益得不到保障。另一部分应该完全商业化的内容却没有得到有效的商业运营,致使企业经营不善,得不到应有的利润回报。这都是新媒体产业负外部性经济特征的表现。要从根本上解决这个问题,就要从体制上进行改革。

(二) **长尾经济特征**

长尾理论可以被简单地概括成为一句话:"我们的文化和经济重心正在加速转移,从需求曲线头部的少数大热门(主流产品和市场)转向需求曲线尾部的大量利基产品和市场。"(图8-1)

长尾理论认为,由于成本和效率的因素,商品生产成本急剧下降以至于个人都可以进行生产,并且商品的价格急剧降低以至于几乎任何以前看似需求极低的产品,只要进入市场,都会有人消费。这些需求和销量不高的产品所占据的共同市场份额可以和主流产品的市场份额比拼,甚至大于主流市场。因此,企业关注的不仅仅是那个代表畅销商品的头部,更是那条代表冷门商品经常被人遗弃的长尾。

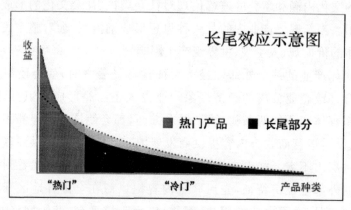

图 8-1　长尾效应示意图

新媒体产业在表现出长尾经济特征的同时还具备了实践长尾理论的现实基础。首先,新媒体产业具有一次性生产投入大、再次生产成本极低甚至可以忽略的特点。其次,新媒体产业利用无处不在的网络渠道可以把小众化人群集合在一起,使提供相应小众化产品的企业找到受众/客户并进行针对性营销。这就构成了长尾经济的现实基础。

例如,一个大型书店销售的书籍一般不会超过 10 万本,而这些书几乎都是按照畅销排名进入销售网络的。新媒体产业的长尾经济特征还表现在社会舆论的导向层面上。在传统媒体一统天下的时代,社会舆论反映的只能是精英群体的主流意见,而在新媒体崭露头角的年代,无数弱势群体的小众化、非主流民意也有了发声渠道(如博客、播客等),这解决了社会舆论片面化、一面倒的现象,使其向着多元化、民主化的方向发展。当然,这同时也存在着恶意炒作非主流舆论、混淆大众视听、左右公众价值判断的恶劣现象,这就要靠政府职能部门对各种民意进行调节,以保持社会舆论健康发展。

（三）规模经济特征

规模经济是指在一定的经济水平上,随着企业生产规模的扩大及产出增加,生产单位产品的平均成本逐步下降的经济现象。新媒体产业相对于传统媒体产业呈现出规模经济特征。首先,随着技术和社会文化的不断进步,不同的人群对新媒体产业的各种相关产品都产生了需求。这就奠定了新媒体产业规模经济的市场基础。其次,数字技术的发展和数字标准的制定,使得新媒体产业的产品源无论是在制作、传播还是播放过程中都是以"0""1"代码的形式存在的。形式的统一就为新媒体产业的规模经济特征创造了基础条件。最后,在需求不断扩大、技术标准统一的前提下,新媒体产业链上集聚了不同的企业群,使新媒体产业的分工不断细化、标准化,这就形成了新媒体产业规模经济特征的现实基础。新媒体产业的规模化生产加大了从事新媒体企业的组织化程度,提高了企业的运营效率,从而加速了新媒体的产业化进程。

(四) 范围经济特征

范围经济是指由产品生产的范围(即品种)而非规模(即数量)带来的经济。也就是说,当同时生产多种产品的费用低于分别生产每种产品时,存在的经济现象被称为范围经济。

如果把两种或更多品种的产品合并在一起生产比分开来生产的成本要低,或者说当一个企业生产多种产品的利润比只生产一种产品的多个企业的利润总和还要大时,我们就可以说该产业构成了范围经济现象。那么,当条件允许的情况下,该产业的从业者就应该选择多种产品进行生产,从而获得更大的投资回报。

新媒体产业就表现出了明显的范围经济特征。这是由新媒体产业的产业结构决定的。因为数字新媒体产业的产品源(如数字音乐、电视剧等)通过集成处理后,可以通过多种媒体渠道出现在不同的媒体平台上,在各种形式的终端设备进行播放,并且可以为形形色色的消费者提供个性化的服务。从业者为生产不同品种的产品付出的成本主要集中在内容集成这一个环节上,却能够从多种传播渠道上、不同的媒体平台上、形式各异的终端设备上、各种个性化的服务上获得丰厚的利润。例如,这两年大热的《爸爸去哪儿》,首先以综艺节目的形式出现在电视媒体中,由于受到了广泛关注,又接二连三地出现了《爸爸去哪儿1》《爸爸去哪儿2》的影院版,相关的DVD光盘、视频点播、游戏甚至是服装、文具、家居用品等衍生品也受到了广大消费者的喜爱。《爸爸去哪儿》的运营商对其中任何一种产品进行营销也都会提升该剧其他形式产品的价值。

可见,在范围经济的效应下,企业在产品研发、生产、营销方面的成本可以降到最低,不同产品之间还可能产生积极的影响,共同提升每种产品的价值。企业还可以在更大程度上利用企业内部市场的合理配置、整合资金和人力资源,以降低管理成本。企业在采取多元化生产的方式后就为企业构建了多条食物链,不仅减少了企业的经营风险,也扩大了企业的发展空间,对企业的长远发展十分有利。

因此,在条件成熟的情况下,处在新媒体产业链上的各种角色都会主动利用范围经济效应,以达到降低成本、扩大收入的目的。但是,企业在追求利润最大化的同时,往往会过度地扩大经营范围,不断进军新的产品领域,形成庞大的集团企业。此时,国家就必须出台相应的政策或者用经济手段进行调节干预,以保护自由竞争、防止垄断、维护产业平衡和可持续发展。

三、新媒体产业的发展历程

传统的四大媒体分别为电视、广播、报纸和网站,此外,还有户外媒体,如路牌灯箱的广告位等。随着科技的发展逐渐延伸出新的媒体,如电子杂志等,它们既在传统媒体的基础上发展起来,但又与传统媒体有着本质的区别。从产生的先后顺序来划分:报纸刊物为第一媒体,广播为第二媒体,电视为第三媒体,互联网媒体为第四媒体,移动媒体为第五媒体。其中第四媒体和第五媒体属于新媒体的范畴。

(一)网络媒体产业的发展

网络媒体依托新技术的进步已经形成了几种比较稳定的发展类型。依据对新媒体利用程度的不同,这里将网络媒体分为三类。

1. 传统型

传统型的互联网媒体主要是指将传统媒体通过互联网技术直接全部照搬到互联网,也就是传统媒体的在线化。这种类型的互联网媒体主要包括广播和电视等传统媒体,它们对互联网的利用主要是将本来在广播和电视上进行的节目依原样照搬到网络上来,节目的预告、花絮的制作等都是把普通文字版变成网络文字版,把电视节目变成网络视频,只是简单地将传统媒体照搬到互联网,进行网络化处理。依靠互联网的参与互动优势,依靠受众的事前与事后反馈增强对节目的控制,传统型互联网媒体不断改善节目质量。逐渐发展起来的媒介融合的趋势正在改变广播电视单一的媒介形式,利用移动电视、手机电视等延伸传统媒体的产业价值链。

2. 增强型

增强型互联网媒体是指传统媒体把部分业务转移到互联网,利用互联网的传播特点对传统的业务进行补充和增强。在线的内容已经不再是对传统线下内容的模仿和照搬,而是开始利用互联网的传播优势和特点制作相应的内容,增强媒体的传播效果,以更多的形式创造价值,增强影响力。目前报纸属于这种类型,报纸的在线内容与线下报纸本身的内容开始采取不同的采写方法和编辑手段,内容也不尽相同。传统媒体的在线媒体多数是作为传统业务的辅助,由于互联网已经成为不可缺失的市场,在新兴市场上谁也不想错过未来可能盈利的机会。但是由于互联网产业发展的不确定性,完全抛开传统市场也是不可能的。

3. 网络型

网络型的互联网媒体是指完全依靠互联网技术的发展而崛起的各种媒体。Web 1.0 和 Web 2.0 的许多应用网站都包括在内,它们完全以互联网的虚拟数字空间为活动平台,充分利用互联网的传播技术,提供完全数字化的服务。网络型的互联网媒体常常能够通过新兴技术和合理的商业运作在短期内迅速蹿红,吸引到大量用户。许多此类媒体在拥有了雄厚的受众群基础后,发掘出了自己的商业模式,实现了互联网时代真正的"富国强兵"。

案例 8-1　网络媒体的商业模式类型

对于商业模式的讨论,现在多以新浪、网易、搜狐为代表的门户网站财务指标和网站内容进行分类考察,从而总结出不同的盈利模式。从单一性依靠网络广告到多渠道的盈利选择,互联网媒体进行不断地尝试和探索。以现阶段做得比较好的网站为基础总结了以下几种盈利模式,即网络广告、内容收费、服务功能收费、搜索竞价、手机短信、电子商务、网络游戏、多种经营、宽带服务。

网络广告是互联网媒体首要考虑的盈利模式。网络应用的普及使许多企业更加倾向于在网络上制作和发布广告,为许多媒体提供了广阔的市场空间。如门户网站通过销售文字链接、广告位等盈利,百度等搜索引擎靠竞价排名、在线招聘服务依靠分类广告盈利,YouTube、土豆、优酷等视频网站以及谷歌的 Adsense 广告联盟和 Adwords 关键词广告等,都是通过各种形式对网络广告的巨大市场进行挖掘。

电子商务也是一种非常普遍同时也非常重要的盈利方式。电子商务主要包括 B2B、B2C、C2C 三种主要模式。阿里巴巴是典型的 B2B 电子商务平台,各类企业可以通过阿里巴巴进行企业间的电子商务,通过网络发布和查询供求信息,与客户或者供应商进行在线交流和商务洽谈。以卓越网、当当网和鲜花网为代表的 B2C 电子商务利用网络进行在线零售业务,直接向消费者销售自己的产品。淘宝、易趣等 C2C 电子商务是网络服务商在网络上为消费者提供电子商务平台和交易程序,使消费者进行在线议价竞拍,从成功交易中抽取一部分佣金。

网络游戏的开发和挖掘源于盛大的崛起,如今的网络游戏方兴未艾,已经成为红极一时的盈利模式和网络经济新的增长点。从对国外游戏公司的代理一步步走向自主研发的道路,中国网络游戏产业的运营在不断创新中稳步前进,形成规模化的产业。各种游戏道具以及周边产品扩展到多个方面,使游戏产业的营销渠道不断扩展。网易自主研发的"梦幻西游""大话西游"系列和代理游戏,成为门户网站中网络游戏市场的翘楚。

> 无线增值业务随着移动通信业务的发展而迅速成长为网络盈利点。网站作为内容供应商和服务供应商通过与移动通信运营商合作,由网站提供各种各样的内容信息,移动运营商提供技术和平台支持,用户付费下载或订阅新闻、短信、彩信、铃声等,运营商与网站按照一定的比例进行利润分成。
>
> 网络技术的应用也使各种在线综合和专业化服务发展起来。网络服务所包括的范围很广,主要有网络金融、网络招聘、网络旅游和在线预订等业务。前程无忧、携程网、硅谷动力、天极网、3721等多个领域的不同网站都获得了不错的发展,实现了盈利。
>
> 不同的媒体根据自身的资源优势以及市场定位对盈利模式的选择各有专攻。如今已经实现全面盈利的互联网媒体在今天看来已经是互联网行业的"传统媒体"了,它们依靠拥有的信息、网游、通信、无线增值、电子商务等内容和技术优势,积聚了大量的人气,在达到一定规模之后通过多元化的内容和渠道来拓展业务链条,实现媒体商业性的增长和盈利,这也是符合网络经济特点的。

(二)移动媒体产业的发展

移动媒体出现以前,移动通信业务一直是随着技术的出现而产生的。似乎会有"看不见的手"将现有的所有产品与服务打破,重新聚合,从而形成更多的新形态,或者让一些产品与服务在维持原有形态的基础上变得更加丰富多样,更容易让用户接受。

1. 媒体内容的进入

这只"看不见的手"促成了第五媒体产品和服务形态的两方面转变,一方面现有所有移动增值业务都是第五媒体的载体,不论是短信、彩信、IVR还是流媒体,或者是移动博客、手机游戏等,这些产品与服务都是在维持原有形态的基础上,拥有了更多媒体的内容。在此以拥有广泛用户基础和影响力的WAP、MMS以及客户端软件业务为例,探讨第五媒体理念下原有的产品与服务的突破和转变。

(1) WAP媒体。WAP是目前主流的手机上网信息媒介,也是未来第五媒体的主要表现形式之一。基于WAP的新闻信息传播主要包括三大类。一是以移动运营商为主导的新闻信息服务,如移动梦网的新闻频道等。二是现有的互联网门户网站在WAP上的延伸信息服务。三是以免费为主的第三方独立WAP网站提供的资讯信息服务,如3G门户、WAP天下等第三方独立站点,都已经取得了一定的影响力。

> **知识卡片**
>
> WAP（无线通信协议）是在数字移动电话、因特网或其他个人数字助理机（PDA）、计算机应用之间进行通信的开放全球标准。这一标准的诞生是 WAP 论坛成员努力的结果。WAP 论坛是在 1997 年 6 月由诺基亚、爱立信、摩托罗拉和无线星球（Unwired Planet）共同组成的，它的目标就是通过 WAP 技术将 Internet 中大量的信息及各种各样的业务引入移动电话、PALM 等无线终端之中。无论人们在何时、何地，只要需要信息打开 WAP 手机，就可以享受无穷无尽的网上信息和资源。如：综合新闻、天气预报、股市动态、商业报道、当前汇率等，电子商务、网上银行等功能也将逐步实现。从用户的角度出发，结合 WAP 网关在业务中承担的任务来看，WAP 业务可分为浏览业务、推送业务、下载业务和传输业务。

（2）彩信媒体。彩信（MMS）业务相比于短信（SMS）业务拥有更全面的多媒体功能，因而正逐渐成为第五媒体时代的主要业务形式。彩信目前承载的媒体内容包括移动运营商自主提供的彩信手机报业务及移动运营商通过整合传统媒体资源打造的彩信手机报业务。

（3）客户端信息媒体。基于流媒体播放软件的新闻信息服务：由部分独立 WAP 网站开发的手机流媒体播放软件，安装到手机后可以访问音频、视频内容，并实现在线播放。目前主要包括 3G 门户开发的"GGTV"、腾讯开发的"QQ 世纪风影院"等。

2. 业务界限打破

"手机可以作为媒体传播信息"的理念，扩大移动产业链参与方的视野，不论是移动运营商还是内容集成商都开始尝试将更多的媒体内容加载到手机这个平台上，这些新的媒体内容催生了新的业务形态和盈利模式。主导市场的运营商尝试抓住这一机遇，比如中国移动收购凤凰卫视的股份，构建广告营销平台等，它们试着忽略现有技术之间的壁垒，以内容和表现形式为出发点构建业务，用更完善的业务平台和计费平台创造更丰富的媒体内容。新的融合的平台支撑了大量新的综合（融合）的业务出现，它们从内容上更加贴近用户，如手机报、手机电视、手机音乐、手机广告等。

3. 第五媒体的业务范围

不论是业务的技术界限打破还是媒体内容的进入，都体现出一个趋势，那就是在融合的技术平台上，媒体业务以用户感知出发，以内容细分、专业化的方式，提供专业的移动增值业务。

在这个大融合的背景下，手机这一媒体给传统电信运营商带来了业务转型的挑战，以内容细分的方式将业务类型分为以下三种。

（1）信息内容服务。信息产业范畴的定制信息服务、信息搜索服务、无线互联服务、LBS定位服务、无线IM服务、无线邮件服务等。

（2）传播媒介服务。原传媒产业范畴的手机电视、手机视频点播、手机报纸/杂志、手机小说、手机广告服务等。

（3）无线娱乐服务。原娱乐产业的手机游戏、手机音乐、炫铃/彩铃、手机社区、微博、手机电影等。

知识卡片

在这些基于融合业务平台、具有媒体特点的业务中，手机报、手机电视、手机广告等几种第五媒体新业务拥有最好的市场效应和代表性。

1. 手机报业务

手机报就是将纸媒体的新闻内容通过无线技术平台发送到用户的彩信手机上，使用户在每天的第一时间通过手机阅读到当天报纸的全部内容。

手机报纸业务是跨多个技术平台（WAP、彩信、短信、IVR）的业务，在计费模式和业务设计上实现了多项创新。报纸媒体通过移动公司提供的通道和平台进行内容和服务的延伸，在新传播媒体中加强其原有传播主体的影响力，并拓展新的客户和服务。

2. 手机电视业务

手机电视是利用具有操作系统和视频功能的智能手机接收数字广播电视信号观看电视的一项移动增值业务。其内容形式主要分为移动电视剧、实况电视节目、电影、视频点播以及互动等。在多媒体内容形态的发展中，手机电视将是第五媒体业务市场中的一个关键点。

3. 手机广告业务

手机广告是指通过移动通信网络，广告运营商向用户主动发送或用户主动获取关于某类产品或服务的信息。广告是否作为业务来看待，目前还没有一个定论，但是基于手机的媒体特性以及广告可能带来可观收入的能力，本书将手机广告作为第五媒体的一种重要业务进行探讨。

以上业务都是立足第五媒体本身而发展起来的增值业务，不论是技术程度较低的文字短信，还是技术更先进的多媒体传输与播放，第一次站在一个平台上，通过内容的优劣来吸引用户。第五媒体带来的不仅仅是"媒体——广告收入"这样一个盈利点，更多是带来整个业务思路的转变，也就是基于内容和用户感知的业务构建。

第二节　新媒体产业链、价值链

产业链的形成是一个从需求到技术、以生产和价值导向为基础的企业合理空间布局的复杂过程。产业内外部主要因素发生变化必然导致产业链发生演化。数字媒体产业作为一个融合的产业，其产业链从传媒产业这个角度来看，是传统媒体产业链的拓展，从电信产业的角度来看，是传统电信产业的拓展，从新媒体产业链成员角度来看，是通信产业和传媒产业融合的产物。

在市场经济中，一个媒体就是一个企业，传媒业就是一个产业。按照美国著名战略管理学家迈克·波特的理论，产业由相关的产业集群组成，而这些产业集群形成一个链式结构，我们把它叫作产业链，因此，产业链就是价值链。新媒体能否形成产业，关键看它的产业价值链有没有形成。

一、产业链的构成

中国新媒体产业链的主要环节包括内容提供商与应用服务商、设备供应商、系统集成商、网络运营商、终端厂商、最终用户等环节，具体如下：

（一）内容提供商与应用服务商

内容提供商是一些拥有丰富专业的基础信息者，在数字媒体产业链中的根本作用是开发和提供内容，并将其提供给服务提供商。服务提供商在产业链中的根本作用是开发和提供应用服务。通常，应用服务商具有电信运营商接入通道，为用户提供服务，内容提供商为应用服务提供商提供内容。应用服务提供商的主要职责是利用自己的网络接入平台对内容提供商所提供的内容进行整理，并提供给电信运营商。内容提供商与应用服务提供商起初是作为一个整体参与到产业链中的，但随着专业分工的日益细化，逐渐分裂成两个环节。这样一来，内容提供商可以更加专注于内容的创作、整理，而应用服务提供商作为产业链中离用户最近的环节，在整个产业链中负责数字媒体产品的策划与运营，具体包括市场调查、数字媒体产品的市场定位、市场细分，数字媒体产品品牌策划及产品组合，数字媒体产品内容组织制作、产品推广方案的制订执行等。

3G 产业链的到来使得内容提供商与应用服务提供商变更为新产业链中的关键要素。内容提供商与应用服务提供商逐渐形成了竞合关系。所谓竞合关系，即竞争而合作，靠合作来竞争。内容提供商与应用服务提供商的合作关系主要体现在，他们是产业链中的上下游之间两个相互关联的主体，他们的相关性越强，产业链的紧密程度也越强，资源配置效率也越高。竞争关系主要体现在,3G时代,内容提供商和应用服务提供商不满足于发展现状,出现业务侵占、角色取代等现象,内容提供商与应用服务提供商处于合作与竞争并存的关系下。

(二) 设备供应商

设备提供商主要提供数字媒体产品生产过程所需的"硬件"。设备提供商在数字媒体产业链中主要分为两类,一类主要提供数字媒体产品制作、加工所需要的硬件设备,一类负责传输数字媒体产品所需要的网络设备。

(三) 系统集成商

系统集成,指一个组织机构内的设备、信息的集成,并通过完整的系统来实现对应用的支持,包括设备系统集成和应用系统集成。其中,设备系统集成商又称硬件系统集成商,应用系统集成商也即常说的行业信息化方案解决商。设备系统集成商进一步细分为智能建筑系统集成商、计算机网络系统集成商、安防系统集成商(安防工程商)。

(四) 网络运营商

网络运营商包括互联网网络运营商、电信运营商、有线电视网络运营商,为数字媒体产品的发布搭建专门的业务平台,提供相应的网络服务,设计各种增值服务产品,通过互联网、通信网络将数字媒体产品提供给用户。

(五) 终端厂商

终端厂商生产电子阅读器、智能手机、电脑等多媒体智能终端设备供用户接收和使用数字媒体产品。终端设备需要满足以下三方面的要求:第一,硬件方面,要求其处理能力强大、有足够的储存空间、屏幕大、待机时间长。第二,操作系统,要求它基于网络标准的统一开放的软件运行环境,兼容不同的操作系统平台的软件平台,具有良好的用户体验。第三,应用软件,应该针对数字内容产品特点开发专门应用软件,同一终端访问结构,充分发挥网络功能。

(六) 最终用户

新媒体网络的交互性特点使消费者既是信息的接受者又是内容的提供者。一方面,随着数字技术、网络技术和移动通信技术的发展,用户的需求越来越趋于多样化,他们越来越希望突破时空的限制,随时随地接触媒体,因此如何满足用户需求,为他们提供满意的服务与产品成为数字媒体产业链的终极目标。一方面,在交互技术、搜索技术等基础上得以实现的数字媒体,也对受众的技术使用、掌握以及文化素质水平提出了要求。最终用户是最终利润来源,如何吸引更多的用户并逐渐提升用户体验,是产业链各个环节都必须考虑的问题。

（七）数字版权管理提供商

数字版权管理提供商通过使用数字版权管理技术提供视频内容加密服务。以 IPTV 为例，用户在接受节目后，不能直接解码收看，必须由数字版权管理系统进行授权后，才能进行解密和解码，这样有利于保证内容在通过 IPTV 平台进行发布时不会遭到内容盗版和业务盗用。

二、新媒体相关行业的产业链

美国哈佛商学院迈克尔·波特教授在《竞争优势》一书中指出："每一个企业都是用来进行设计、生产、营销、交货等过程及对产品起辅助作用的各种相互分离的活动的集合。"对新媒体产业的整体认识要从对产业链特征的把握着手。在当前社会条件下，新媒体产业主要涉及数字影音、数字出版、数字动漫、数字游戏以及数字体验这五个大方向。

（一）数字影音

数字影音产业包括的内容极为广泛，包括数字电影、数字音乐、数字电视、数字广播、IPTV 和移动增值服务六个子产业。数字影音的产业链由原创内容、内容制作、交易、传输与发行、播出环节组成。

（二）数字出版

数字出版是以互联网为流通渠道，以数字内容为流通介质，以网上支付为主要交易手段的出版和发行方式，主要包括电子出版和互联网出版。数字出版是一个朝阳产业，全球年均复合增长率为 33.8%。

数字出版产业以内容（即著作权人、内容提供商）为源头，以数字图书馆、网上电子书店为渠道，通过电脑、手机、PDA、专用电子阅读器等阅读设备，为受众提供服务。

在整个的产业链环节中，技术提供商贯穿数字图书的出版、发行、阅读全过程。因此，著作权人、内容提供商、技术提供商、网络传播者及受众构成了数字出版产业链的主体。

（三）数字动漫

数字动漫产业是以动画、漫画为表现形式，以内容创意为核心，包括动漫图书、报刊、电影、电视、音像制品、舞台剧和基于现代信息传播技术手段的动漫新品种等动漫直接产品的创作、开发、生产、出版、传播和销售。除此之外，还涉及与动漫形象有关的服装、玩具、电子游戏、主题公园等衍生品的生产和经营。

动漫产业是文化创意产业中最具发展潜力的产业之一，因为其价值链条最长，与其他产业关联度高，辐射带动效应强。（动漫产业链见图 8-2）

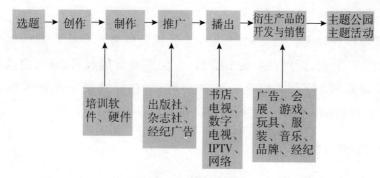

图 8-2 动漫产业链

（四）数字游戏

游戏产业主要指游戏的开发、出版、分销、零售等，相关游戏包括网络游戏、PC游戏、手机游戏、游戏机游戏等。现在发展最快的是网络游戏和手机游戏。（数字游戏产业链见图 8-3）

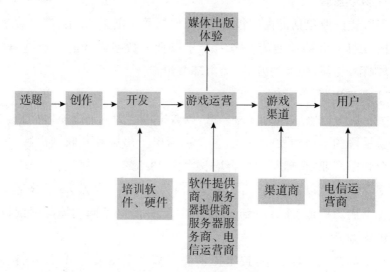

图 8-3 数字游戏产业链

（五）数字体验

数字体验的核心是虚拟现实。虚拟现实技术，简称 VR，是近年发展起来的高级计算机技术，是建立在计算机图形学、仿真学、并行技术、人工智能、多媒体技术及高性能计算机系统等技术基础之上的。数字体验有三大特点：浸沉感、交互性和构想性。目前，国内数字体验产业的发展已经从起步阶段开始迈向了发展阶段，出现了一批具有自主研发能力的龙头企业和行业客户。

三、对当前新媒体产业链的思考

随着产业内部分工不断向纵深发展，价值创造活动通常由多个企业协同完成。用产业链的学说来观察新媒体产业的发展,可以看出新媒体产业链的环节相对传统产业的环节更为繁多,且产业链中,上下游链条的依附关系更为紧密。总体来说,现阶段的新媒体产业链分为四个关键环节,即内容创意—内容制作—生产复制—交易传播。产业内部的分工与合作不但大大提高工作效率,还扩大了价值增值流量。四者紧密联系,为新媒体产业循环发展提供了良好的环境。根据国际文化创意产业发展经验来看,各环节对新媒体产业价值贡献呈现出明显的哑铃型分布特征。内容创意环节和交易传播环节各占产业链价值的 45% 和 40%,也就是说这两个环节对新媒体产业价值链的贡献率达到 85% 的比重,两者成为新媒体产业发展和聚集的关键环节。现今内容为王的趋势将更加明显,内容创意上的收入将达到整个产业链产值的将近 1/2。

目前,国内新媒体产业尚未成熟,形成稳定且成型的市场消费需求还需要一定的时间。同时,新媒体产业所生产的许多产品从内容、形态、消费方式等对于广大受众来讲都是全新的体验,受众对于新媒体这些产品从了解概念、接受、产生兴趣到产生偏好和购买使用并形成使用习惯需要一个过程。

综合各方面看,中国的新媒体产业发展面临的问题还不少,主要集中于以下几个方面。

(一) 文化创意产业的内容不足,原创水平低

当前中国新媒体产业发展相对落后,整个行业原创能力弱,作品内容少,质量不高。以动漫产业为例,由于市场和现行体制等问题,存在内容提供商在与网络服务商的博弈中因为与运营商之间存在真空关系而处于劣势,所以造成内容提供商利润收入低下,动漫产品销售价格低廉,制作公司因此陷入"卖得多,赔得多"的困境,不得不压缩成本以减少亏损,从而造成动漫产品质量下降,内容不足。

(二) 销售渠道不畅,导致产业链不闭合,造成新媒体产业恶性循环

新媒体产业链中,渠道是关键。只有销售播出渠道畅通,内容创意和产品制作才可能有雄厚的市场与需求基础。现阶段,由于市场销售渠道还存在多方面问题,因此,许多制作公司虽然有优秀的产品,但因市场价格不合理,无法盈利,导致影响力和知名度得不到提升,最终形成恶性循环。

(三) 产业基础设施不完备

良好的基础设施是新媒体产业链健康运行的重要保障。新媒体产业的发展依赖网络通信、公共技术服务平台等产业基础设施的完善。而国内的产业基础设施相对而言还十分落后。解决这些问题,必须做到以下几点。

第一,加大资金投入,丰富融资形式。资金是新媒体产业发展的要素,也是目前发展的瓶颈。一方面需要政府加大公共财政方面的投入,另一方面,也需要广泛吸收一些社会资本,形成新的投资主体。企业本身也要利用各种方

式增强融资能力。

第二,加强对原创内容和渠道的培育与建设。在新媒体产业发展过程中,对于原创内容和市场渠道、传播平台的培育至关重要。只有内容丰富了,产业才有源源不断的源头活水,只有拥有明确而稳定的市场的需求和畅通的国际国内市场渠道,新媒体的内容才有可能实现自身价值。对原创内容的培育方面,要注重人才的培养和良好的社会和文化环境的营造。在渠道建设中,一是要与传统媒体相结合,构建良好的渠道,二是要开拓新渠道,充分发挥新媒体数字化、信息化的特点,构筑完整的产业链条。

第三,加大对产业基础设施的扶持力度。新媒体产业对基础设施需求不同,差异化、多样化的需求使得产业基础设施建设具有较高的技术门槛和经营风险,民间难以独立完成。因此,更需要政府承担建设责任,为新媒体产业链平稳转动提供良好的技术平台。

第四,创新新媒体产业的集群模式。新媒体产业的出现和发展必然会引起管理的变革。企业集聚模式可以分两步实施。在第一阶段,针对新媒体对网络的依赖性,着力建设包括便捷的网络通信设施和强大的公共服务平台为核心的产业基础设施,为全市甚至全国的新媒体企业服务,实现企业业务在公共服务平台上的"虚拟聚集"。第二阶段,从建筑形态到公共基础设施,全方位打造符合新媒体特色的国际化产业集聚区,吸引企业入驻,实现"物理聚集",从整体上提高产业链动效应。

第五,科学制定新媒体产业政策。针对目前出现的新媒体产业政策滞后性和差别性等问题,可以成立相关研究机构,以探索新媒体产业管理方式,有效兼顾新媒体产业公共服务性与商业性的平衡发展,为产业链的发展提供政策保障。

第三节 新媒体产业政策

一、美国的新媒体政策

(一)策略性促进新媒体产业的发展

重点促进新媒体视频产业发展,尤其是该领域里的中小型企业,它们是新媒体技术和市场的重要增值区域。不过,政府行为的重心应放在提供统一、持久的行业标准(比如三网合一的技术标准)、提供方便的资本市场准入条件(比如引入更灵活、多元的风险投资),以及提供跨产业、跨区域的多方战略合作(比如技术开发商和内容提供商共同开发手机视频传播平台)上,同时有意识地减少直接干预。

将手机作为战略性的新媒体产业扶持对象,以高校作为聚集多方力量的基地,借鉴哥伦比亚大学多方合作的"哥伦比亚新闻学院学生活动中心"项目经验,充分利用政府、企业、高校的优势资源,重点解决手机视频用户的行为和消费偏好研究,并在研究过程中将成果直接嵌入技术研发的终端产品或内容产品的创新之中。该项目由哥伦比亚大学提出申请,由政府立项,动员相关企业出资并参与,由哥伦比亚大学建筑系、材料系、计算机系等多个院系的学生和教师前后耗费两年多时间完成。

将网络视频内容的搜索引擎技术作为战略性的新媒体产业扶持对象,由政府动员相关企业联合立项,依然可以利用高校作为研究和实践基地,研究成果可作为新一代手机电视的核心知识产权。

(二) 前瞻性地利用新媒体升级政府治理模式

美国有计划地将政府的某些特定职责通过新媒体释放到相关的网络社区,把一些高品质的网络社区纳入听政议政的常规范畴,定位在为社区媒体创造和提供更好的生存与发展空间上,有效倾听并采纳社区媒体的民意。

充分开发政府资源,建立由政府主导的多元化公益社区媒体,免费、高效地提供公共信息服务,并借此持续完善政府思维模式和行为模式。比如利用政府平台建立"二手物品的捐赠社区",将仍然可以利用的旧家具、旧家电、旧书等各类物品定期或不定期通过以网络为主的既定渠道,免费送给或低价卖给那些有需要的人,以传播和实践"绿色环保"的理念。在纽约,就有许多个人和非营利机构利用各类社区媒体在做类似的事情。

鼓励和支持有影响力的民间社区媒体,吸引并欢迎它们关注政府行为,有效地将各类政府信息管道接入其中,实现无缝传播,借此形成与众多民间社区深入对话与沟通的能力。

二、欧洲的新媒体产业政策

欧洲在新媒体产业的发展中十分注重政府规制和市场机制相互配合,不断改变、调整与规范对传媒业的管理模式和政策法规。可见,实现传媒产业的结构变迁与加快新媒体的产业化进程,完全依靠市场机制并不现实,还需要对新媒体进行规制。

美国的视听新媒体已经自动纳入其健全的危机传播管理体系,作为国家紧急广播系统的一个重要组成部分,而且发挥越来越大的作用。面对美国新媒体产业和媒介资本的竞争,欧盟为促进新媒体产业发展,也制定了一系列法律和法规,对电影和视听业加强控制和指导。例如,"欧洲电影遗产""网络电影宪章""电视无国界指令""视听媒体服务指令"等。1997年,欧洲委员会公布《通信、媒介与信息技术融合以及规制执行绿皮书》,2005年6月,为适应数字技术融合环境下信息传播的"政策融合",欧洲启动"i2010战略计划"(The i2010 Strategy)，面对新媒体产业的规制和欧盟新媒体的"数字鸿沟"（Digital Divide），研究者们担忧"欧盟的新政策势必带来国家间的不平等，商业利益的垄断和公共服务的丧失"。

总体来看，欧洲新媒体规制的特征为：

1. 政策主导

从"政策融合"到"技术融合"及"三网融合"。西方国家常常保持传统视听媒体法律规制的延续性，在此前提下将视听新媒体纳入既有规制范畴，从而实现以"政策融合"方式来推动媒介"技术融合"，并最终推进"三网融合"。因此，欧洲新媒体的服务或内容生产与传统广播电视服务或内容生产相得益彰。

2. 产业规制

政治经济学与公共利益的双重模式。在"三网融合"中，电信业与传媒业历来受到政府的高度规制，在规制的思维方式上存在着两种既对立又统一的模式：一是政治经济学模式，强调规制对利益集团的影响，二是公共利益模式，重视失败导致的政府干预。

3. 利益考量

文化、政治与信息传播安全。全球化浪潮带来了新媒体传播无疆界、多元文化保护等问题，为传承民族文化、维护信息安全和传播秩序，以及保持适度竞争，欧洲各国政府和媒体部门都在一定程度上对新媒体进行规制，制定媒介市场的制度壁垒，消除媒介产业发展的负面影响。

三、日本的新媒体产业政策

（一）政府的积极推动与倾力支持

日本政府早在20世纪90年代就提出了"建设高度信息化社会"的国家战略，并很快演变成日本的"工厂立国"战略。

在日本政府发布的"IT新改革"战略中明确提出：将促进传媒业和通信业结合、建设网络社会的目标作为日本国家的信息化产业政策之一，这为日本信息通信业跨行业合作和产业链构建提供了充足的政策保障。日本移动运营商NTT DoCoMo和KDDI的手机电视业务始于2003年，在新媒体的冲击下，日本主流的媒体如NHK等相继开设了手机电视频道，通过本土研发的支持"oneSeg"功能的移动电话向用户提供手机电视服务。与此同时，日本各大媒体以内容提供商的身份，积极地与通信运营商展开合作，共同推广手机电视业务。由于日本采取的是全国统一制式、统一资源分配、统一开播，手机电视在短时期内得到了迅速发展，到2007年3月用户已经突破700万人，2008年3月用户数达到2700万人，占日本手机用户总数的四分之一左右。目前，日本国内有实力的企业已经具备了同时提供互联网、移动、固话以及视频服务的能力。NTT DoCoMo、KDDI、NHK、TBS电视台及朝日电视台等企业之间不断加强合作,于2008年组建了民间组织"日本 IPTV 论坛",该组织统一了日本 IPTV 业务标准,并承诺用户不需要购置专用终端就可自愿接受 IPTV 服务,还可以根据自己的意愿更换提供服务的公司,以此来促进 IPTV 的普及。

(二) 打破分界而治的产业现状,促进三网融合

2008年,日本政府讨论制定融合法,试图统一《广播法、电气通信事业》等相关现行法律,打破分界而治的产业现状。

日本的《灾害对策基本法》《气象业务法》和《放送法》规定:日本媒体既是可独立采访灾害情况的新闻报道机构,同时也是"灾难应急行政一体化"的防灾机构。以日本影响力最大的公共传媒 NHK 为例,NHK 始终保持着"我的方式传播"的媒体第一价值,在多渠道传播中保持了独立性和公信力,即便在大灾难来临时也不曾改变,能够准确、迅速地播放灾害警报、避难指示、灾害时的劝告等,表现出一流媒体的社会担当和新闻专业主义精神。

日本政府还通过增加公共投资、制定税制优惠、规则改革等政策措施推动新媒体产业的发展。以税制政府优惠为例,为了从相关方面支持企业的 IT 投资,日本政府1999年实施了"制定情报通信设备即时折扣制度",2000年又大大缩短了法定折旧年限,据估计每年减税效果达到了500亿日元左右。

四、中国的新媒体政策

根据《中国文化产业发展蓝皮书》中的数据,中国文化产业占国内生产总值的比重偏低,远低于西方发达国家10%以上的发展水平。文化创意产业是战略性新兴产业,而新媒体产业又是文化创意产业的支柱产业,因此,要采取政策措施大力扶持新媒体产业发展。为此,中国已相继出台了一系列政策措施来推进新媒体发展和加速新媒体的产业化进程。

(一) 文化法律制定与修改为文化产业奠定了法律基础

文化法律的制定与文化法规的集中修改,为推动文化产业成为国民经济支柱性产业奠定了坚定的法律基础。

2016年11月,全国人大常委会第二十四次会议表决通过《中华人民共和国电影产业促进法》,这是中国文化产业领域第一部专门法,它的实施开启了电影产业的法治化监管。同年12月25日,全国人大常委会第二十五次会议表决通过《中华人民共和国公共文化服务保障法》,鼓励和支持社会力量参与公共文化服务,对培养未来的文化生产者和消费者,有极为重要的作用。

(二) 数字创意产业进入战略性新兴产业

2016年12月19日,国务院引印发的《"十三五"国家战略性新兴产业发展规划》提出了数字创意产业的发展目标:到2010年,形成文化引领、技术先进、

链条完整的数字创意产业发展格局,相关产业产值规模达到 8 万亿元。数字创意产业进入"十三五"国家战略性新兴产业发展规划,标志着文化产业在国民经济中战略地位的确立。

(三) 融合型文化产业政策密集出台

文化产业影响力系数大,对其他产业渗透性强的特点,决定了文化产业可以增加其他产业的文化内涵,提高其文化附加值,促进其他产业转型升级。2016 年 2 月 26 日,国务院《关于印发中医药发展战略规划纲要(2016—2030)的通知》,提出发展中医药文化产业。同年 5 月 16 日,国务院转发文化部等部门《关于推动文化文物单位文化创意产品开发若干意见的通知》,提出促进文化创意产品开发的跨界融合。

融合型文化产业政策的出台,拉开了文化产业全面步入经济发展主战场的序幕,文化产业有望成为经济发展新常态下经济转型升级的新动力。

总而言之,不断出台的文化产业政策措施为中国新媒体产业发展提供了有力的政策保障,正促使中国新媒体产业加快适应市场变化和时代发展的需求。

第四节 新媒体商业运作模式

新媒体具有互动性、原创性、分众性特点,但传播模式先进并不代表盈利模式先进,若缺少盈利模式的支撑,传播模式也将难以为继。传统媒体和新媒体的商业模式存在着根本性的区别,随着新媒体的快速崛起,其商业模式也发生着巨变。可以说,如果没有商业模式的创新,那么新媒体无疑从一开始就孕育了失败的基因。新媒体究竟如何盈利呢?

一、新媒体的商业模式

新媒体发展的一个基本命题是,新的技术必然催生新的媒体。互联网始于 20 世纪 90 年代,发展至今,经历了"技术工具—媒介—媒体化"的演进过程。有学者以技术逻辑为路线,研究互联网作为一种技术兴起到成熟媒体形成的内在演进过程,也有学者以互联网发展为历史线索,描述中国网络媒体从无到有、从边缘到主流的发展脉络。在这些研究成果的基础上,我们可以将目前中国新媒体商业模式发展归纳为 Web 1.0 时代商业模式、Web 2.0 时代商业模式和 Web 3.0 时代商业模式。

(一) Web 1.0 时代商业模式的构建

1994 年,互联网技术在中国出现,伴随着网络的便捷、快速和覆盖广泛的影响力,传统媒体相继借助网络进行内容的延伸和拓展,但是由于处于互联网技术不发达的情况下,早期的媒介融合更多的是以文字信息和搜索导览为主。

例如，中央电视台央视网从 1994 年以来承担的任务更多是提供电视播过的节目文字稿上网和收视指南（节目预告），为网友们提供简单的查询和搜索服务。在早期，传统媒体作为最强大的媒体牢牢地掌握着社会的话语权和舆论监督权，电视和报刊等的影响力还颇为强大，在你播我听的时代里，观众和受众很难有渠道去发表自己对社会新闻和节目的观点和看法等，在媒介融合的"1.0"时代里，互联网提供的检索、查询和互动（留言板、论坛等）功能为媒体和受众之间架起了一座沟通的桥梁，是具有相当的社会推动力的。在 20 世纪 90 年代初期，英国广播公司、纽约时报等传媒先行者也开始尝试传统媒体向互联网媒体的过渡和转移，进行媒介融合的尝试与探索。

Web 1.0 这个阶段出现的媒介融合模式主要是一种新旧媒体间的相互试探合作，并没有太多地注重双方能够产生的商业模式，互联网媒体正处在"1.0"的集约化时代，跟传统媒体之间的合作主要是依靠内容引进、约稿和开设专栏等，传统媒体只是当作多了一项内容输出平台，其根本的注意力还是放在内容平台的打造和深化上，两者的商业模式基本来自各自内容平台的广告价值，这个时期的广告也基本上是硬性的产品广告和品牌广告等，商家的广告投放在这个阶段还是倾向于强势的传统媒体，把网络广告作为一种延伸和补充，占据着很小的分量。

（二）Web 2.0 时代商业模式的构建

这个时期随着互联网技术不断的发展和强大，出现了许多如 RSS 技术、博客技术、SNS 社交网络系统、在线视频等崭新的快捷应用，传统媒体也开始看到日益强大的互联网的影响力，互联网平台可以给用户提供更加丰富的体验，而且能使传统媒体聚集新的资源，产生新的内容，扩大节目的影响力。

Web 2.0 时代的核心是用户贡献内容和创造价值，互联网崭新的技术使得信息的融合变得越来越容易，互联网媒体也开始在这个时期着力打造自己的原创内容和品牌节目，在平等互补的前提下，台与网平等的两个主体之间在"台网互动"上有了无限创新的可能。以央视网为例，2008 年北京奥运会，通过视频版权售卖、视频转播、广告代理、内容定制、赛事冠名、专题制作、线下活动、原创节目制作等多种形式，赚来超过 2 亿元的收入，使这个之前以图文为主、暮气沉沉的传统电视台的网站开始焕发出自身的生命力与持续的生长价值。

Web 2.0 时代主要的特征是更加充分地发挥以用户为核心的理念，为用户提供增值服务，除了 1.0 时代能够实现的模式外，其商业模式主要包括：①广告收入，如搜索广告、分类广告、植入式行销。②增值业务，包括短信、彩铃、彩信付费下载等。③虚拟货币，在许多的社区形成的个性设置、付费道具、虚拟服务等。④LBS 精准广告等。

Web 2.0 的商业模式是牢牢围绕着用户的"黏着力"而展开的，当用户数量突破一定规模后将会滚雪球式地自然膨胀,网站提供个性化的用户体验,拓展用户的人际交往面,甚至帮助用户实现一些商业目的,这些价值能很容易地转化为"潜在的商业价值"。

(三) Web 3.0 时代商业模式的构建

1. Web 3.0 的定义

Web 3.0 目前还没有一个绝对的定义,它跟我们所熟悉的 Web 1.0 和 2.0 有什么本质上的不同? 它能给受众的生活和企业的营销带来怎样的变革? 如果说用户体验是 Web 2.0 特点,那么人性化服务的理念则是 Web 3.0 的概述。谷歌 CEO Eric 认为"Web 2.0 主要基于 AJAX 构建,而 Web 3.0 则是各种技术应用的组合,其主要特征有软件小巧、数据庞大、终端广泛(电脑、手机等)、速度快、人性化,应用领域宽广。"

从技术等微观层面去理解,它是 Web 技术从 1.0 到 2.0 到 3.0 的升级, Web 3.0 技术能够实现更加"智能化的人与人和人与机器的交流"功能的互联网模式,从这个角度上讲,它有别于通常意义上的互联网研究。

从宏观层面去理解,Web 3.0 是一个全新的网络时代,它弱化了互联网行业的边缘,利用强大的、无处不在的网络将各种传统的行业纳入其中而焕发出新的生机与活力,"人们可以通过因特网轻松实现自己的社会分工,这是新一波的全球化,正在抹平一切疆界,让整个世界变平了,从小缩成了微小。"①

2. Web 3.0 的特征

(1) 信息的自由整合与有效聚集。Web 3.0 时代利用新的互联网新技术将用户的信息进行整合,提取内容信息的特征,使信息检索更加方便快捷,用户对于大数据的处理和应用将会更加依赖。

(2) 信息内容的多屏互动。Web 3.0 时代将打破互联网模式的限制,更方便和快捷地打通各种屏幕进行不同终端的兼容,可以实现计算机、电视、手机、平板电脑、机顶盒以及其他各种专用终端的互联互通。

(3) 贴近用户的人性化体验。Web 3.0 时代的人性化体验将进一步把用户的偏好作为设计产品和商业模式的主要考虑因素,将会有更加成熟的技术应用来对用户的特征行为进行整理、挖掘和分析,帮助互联网用户快速、准确地搜索到感兴趣的信息,避免了大量信息带来的信息过载和搜索疲劳。

3. Web 3.0 时代的商业模式

Web 3.0 是以用户的需求和个性化为导向,将互联网各种海量的信息以某种组合方式结合起来,根据用户的兴趣、爱好、需求构建的信息平台,再反过来吸引客户贡献回报。如果用营销的概念来理解,Web 3.0 就是一个精准营销的时代,以微内容的自由整合与信息聚合技术推进发展,根据用户在网络空

---

① 托马斯·弗里德曼.世界是平的:一部二十一世纪简史[M].长沙:湖南科技出版社,2006:5—6.

间留下的痕迹、数据和符号来准确掌握受众的兴趣、爱好、习惯等特征,以期达到精准营销的目的。

Web 3.0 时代,受众参与网络平台内容的贡献不再是免费创造,而是形成一种互动的沟通,可以让自己的贡献得到价值的回馈。并且随着互联网"大数据"技术的不断成熟和发展,商业应用也越来越普及,让受众不再淹没在数据和信息的海洋里,能更加精准快捷地得到自己需要的信息。"大数据"技术的发展也使各种商业应用服务不再局限在一个单维的角度上,对于信息的捕捉、分析和归纳有了更加准确和广泛的信息流,信息交叉验证也为网络信息的可靠性增加了确定性。同时,Web 3.0 实现了网络与智能终端的连接和并用,伴随着移动互联网的便捷和迅猛发展,用户可以通过各种移动终端享受网上的应用和服务。Web 3.0 时代商业模式特征主要表现在:

(1) 整合营销。指将互联网上的搜索营销、SNS社交营销、博客营销、事件营销和口碑营销等结合在一起的一整套打包营销模式,达到集成传播的效应和效果的最大化。

(2) "威客"营销。它的理念是将企业或者个人的工作任务在互联网上进行发布和传播,通过网络的庞大传播效应,征集志愿者来给出解决方案,由企业或者个人根据任务完成的情况给予酬劳和奖励,是一种让用户提供服务并给予有偿价值的回报。

(3) 大数据营销。商业企业通过收集大量受众的数据再经过科学运算和分析处理,来预测受众的购买倾向,根据客户的需求来定制产品、计划、流程,是有针对性的营销手段,"大数据"时代的精准营销是 Web 3.0 的典型模式,这种营销模式可以帮助商业企业更好地找到目标客户、降低整体的营销成本、提高产品服务、分析客户需求,从而大大增加受众对平台的黏着性和依赖度。

案例 8-2　国外台网融合的发展现状

一、CNN(美国有线电视运营商):传统电视媒介探索新媒体融合之道

CNN 网站作为传媒的代表,从很早就开始了媒介融合的探索之路,将 CNN 传统媒体上丰富多彩的视频内容、音频内容等搬到网上,不断丰富多媒体的形式和形态,同时,还可以构建新闻浏览、播客上载、新闻评论互动等丰富多彩的形式,目前 CNN 的延伸服务甚至还包括了旅行资讯定制、Twitter 以及其他丰富多彩的手机互动服务功能等。

除此之外,一方面,包括有线电视运营商、卫星电视运营商、电信 IPTV 运营商等已经全部开始整体布局 OTT 业务。另一方面,这些运营商也在实施 TVE 战略,TVE 战略成立的基石是有线网络商和电视台的利益的相对一致性,其目标是将订户圈定在需要付费的"有围墙的花园"(Walled Garden)内,将宽带、电话、电视等业务进行捆绑销售。

二、Hulu、Netflix 和 YouTube：网络视频网站引领台网融合新模式

Hulu、Netflix 和 YouTube 分别是免费正版视频、收费正版视频、UGC 这三种网络视频模式的鼻祖，也是国内各大视频网站普遍模仿的 Hulu＋Netflix＋YouTube 混合模式。

Hulu 是传统广播媒体主动向新媒体进军的代表，Hulu 模式就是视频网站和传统媒体进行充分合作，在网络上对用户播出免费正版的电视节目，主要是以广告作为传播模式的收入来源。

Netflix 是从一个线下的 DVD 租赁商发展成为在线视频服务商的领军者。其独创的制作模式，是通过积累的大量用户数据有针对性地对观众喜好进行预判，并吸纳进剧本环节提高节目成功率，其次，用大数据系统有针对性地向用户宣传新剧，吸引试用用户转向付费订阅用户。

Netflix 在 2012 年花费 1 亿美元巨资买下《纸牌屋》版权通过海量的用户数据积累和分析，利用反向传播模式影响美剧制作流程，迎合和改变用户的收视习惯，从而取得了巨大的成功。

YouTube 是 UGC 视频分享网站的翘楚，近年来也越来越多地为电视公司制作节目。如系列动画《烦人的橘子》进入了美国卡通频道，意味着 YouTube 开始在台网融合的领域里探索新的业务模式。同时，YouTube 网站还尝试与谷歌合作推出一系列衍生服务。YouTube 网站提出了"随时、随便什么屏幕上的 YouTube"的服务理念和口号，目前已同电视机厂家、机顶盒厂商等建立了紧密的伙伴关系，誓要将 YouTube 的视频全方位带入用户的客厅之中。

三、HBBTV：广播、宽带和电视的关联模式创新

HBBTV（Hybrid Broadcast/Broadband TV）是一种混合广播技术，是一种与 DVB 兼容的内容发布平台，除了拥有最基本的 DVB-T 广播电视服务外，还可以提供诸如 VOD、Catch-Up TV、互动广告、在线购物等联网服务的增值服务。

四、谷歌、苹果、微软、亚马逊等：硬件设备提供商 OTT 战略

一直专注于智能手机领域的苹果也早在 2009 年开始推出 TV 机顶盒业务，目前已经占领美国 1/3 的份额，苹果在移动手机端对高端用户的覆盖和占领，让苹果 TV 的发展也备受瞩目。与此同时，谷歌与 YouTube 也展开了紧密合作，包括购买、制作视频内容，引进社交网络谷歌＋等，谷歌对视频业务领域的觊觎让任何竞争对手都不敢小视。

亚马逊也在不断地升级和延伸 Kindle 业务，目前已在一些地区开展了 KindleFIRE 预装 OTT 业务廉价销售，抢占视频终端用户市场。

此外，微软的 XBOX360、索尼的 PS3 以及蓝光播放器等都开始涉足 OTT 业务。

二、中国新媒体未来商业模式的构建

(一) 市场与商业模式

随着传统媒体衰落和新媒体崛起,广告主将更多资源放在新媒体领域,客户对新媒体的多样化需求,引导将更多资金流投入其中,最具代表性的苹果、谷歌等都相继开放自身平台,吸引更多第三方开发者,在基础平台壮大的同时也给客户带来更多样的应用程序。

(二) 技术与商业模式

技术革新对商业模式演变有着巨大作用,在新媒体领域也不例外。以宇丰科技为例,作为银行业和通信运营商营业网点营销传播系统一站式解决方案服务商,该企业根据客户要求采用定制化商业模式,如在保证信息管理安全上采用客户自定义安全通信协议和MD5加密算法进行文件传输和校验。对播放内容,做到逐级交换审核,对终端,系统采用开放式协议,可实现跨平台多类型终端支持。对网络,系统支持各种网络架构的信息发布,如:LAN、WIFI、3G、ADSL等。

(三) 竞争与商业模式

一方面,分众的高复制性吸引了众多传媒公司纷纷进入户外数字媒体领域,分众传媒通过激烈竞争成为垄断者。激烈竞争使分众不断完善服务,通过分析客户人群特点、广告印象率、收视偏好等要素,做出合理的广告监测和评估,为广告主的决策提供依据。另一方面,内容弊端使分众模式增值较困难,再加上具有国家支持的广电企业联盟模式崛起,使得分众模式发展受阻,新的商业模式也将在新一轮竞争中诞生。

三、新媒体商业模式的发展趋势

(一) 实现信息流、资金流、物流的聚合

新媒体发展趋势是实现信息流、资金流、物流"三流合一",其将凭借信息使用零成本的优势,不断将用户消费行为聚合,最终将用户相关活动加入平台。通过该平台,筛选出高商业价值的客户,从而为其提供特定服务。最终,数字新媒体通过该平台也将转变为新的垄断者。

(二) 新媒体商业模式新方向

目前,中国数字新媒体的发展还处于初级阶段,但随着技术发展,广告的泛形态化将改变广告营销传播模式。基于网络交互式平台,广告将呈现"信息即广告,广告即信息"的发展趋势。这使得广告信息的处理(简单来说就是对广告信息资源的运用)成为新媒体广告商业模式的重点。广告信息资源主要包括本身就包含广告的信息和目标客户的信息资源,以及由"信息、客户、关系"组成的网络广告信息资源。

(三) 以客户需求为导向

随着新的传播技术和媒介的涌现,读者的阅读习惯和趋势发生了质变。

根据 CNNIC 发布的第 35 次《中国互联网络发展状况统计报告》显示,截至 2014 年 12 月,中国手机网民规模达 5.57 亿人,较 2013 年底增加 5672 万人。网民中使用手机上网的人群占比由 2013 年的 81.0% 提升至 85.8%。手机端即时通信使用者保持稳步增长趋势,使用率为 91.2%。手机网络游戏从爆发式增长变为稳步增长。手机网购、手机支付、手机银行等手机商务应用用户年增长,高于其他手机应用增长幅度。在移动互联网的推动下,个人互联网应用呈上升态势。即时通信作为第一大应用,使用率达到 90.6%。平板电脑凭借娱乐性和便捷性的特点成为网民的重要娱乐设备,2014 年年底使用率达到 34.8%。

新媒体"自利"是建立在"他利"基础上的。对受众而言,产品内容必须持续创新,而目前数字新媒体内容创新较弱。根据相关调研,手机电视运营商大多只是将电视电影相关内容搬到手机上,且时长超过了受众所能接受的时限 20 分钟。因此,未来数字新媒体需在产品内容上创新,未来数字新媒体商业模式将更注重客户注意力价值。

(四)新旧媒体不断融合为新的产业链

数字新媒体解决商业模式问题,传统媒体解决内容供给问题,商业模式和内容供给决定了整个产业格局,因此传统媒体与数字新媒体有必要融合。这主要体现在:其一,面对数字新媒体挑战,传统媒体开始转型。目前软件开发商、终端设备商和渠道运营商等都极力推进行业整合。如南京日报推出的"云报纸"融合了多媒体、互动性、应用性等功能,在降低成本的同时提供多样化增值服务。其二,在 4G 时代数字新媒体应用更加广泛,但可复制性高也导致应用的高淘汰率,因此,探索出有效商业模式就成为一种必需,而其中最重要的是实现"碎片化"内容与"碎片化"客户的对接。"碎片化"客户对媒介内容的需求是多样化的,因此需完善所提供的内容,同时也应借鉴传统商业模式的优势,在渠道上开发出迎合传统媒体的模式。

知识卡片

新旧媒体商业模式和盈利模式的比较

一、商业模式的比较

(一)传统媒体"两次售卖"的商业模式

"两次售卖"模式,即当传媒产品通过采编人员的采写和编辑后,经过两次售卖才能形成自己的价值和创造新的价值。传媒商品第一次售卖给客户受众,第二次售卖是把传媒企业所具备的传播功能售卖给广告主,广告主看重的是传媒企业的高质量受众和传媒企业所具备的公信力和影响力,也就是传媒企业所具有的传播功能的大小。

传统媒体借以获得传播功能的第一次售卖——发行所需成本巨大：由于报纸多是"倒挂发行"，即发行是亏损的。这就导致传统媒体只能采取分众式模式，即在用户选择上重点选择某些经济发达的地区和收入较高的商业人士。

在传统媒体的商业模式下，媒体和读者之间以及广告主和读者之间都是相对割裂的，媒体很难精确地掌握读者的特征和偏好，广告主就更不能清晰地了解媒体的读者要求。

（二）新媒体"免费＋收费"的商业模式

科学技术的进步，在网络技术产品的效能大幅度提高的同时，其成本却在快速下降。在这种情况下，网络经济就有其鲜明特点：先期成本相对较低、逐步趋向于零。网络媒体采取的"免费＋收费"模式，即交叉补贴的模式，也就是说付费的给不付费的提供补贴，一方面，同质化的信息变得免费，而客户定制信息则变得昂贵，另一方面，第三方给获得免费信息和服务的用户付费。

二、盈利模式比较

传统媒体的盈利模式主要有如下几种：一是发行收入，由于情况不同，各国以及不同类型的媒体发行收入占总收入的比例悬殊，例如，日本报纸的发行收入占总收入的50%左右，美国的占20%～30%，而中国都市类报纸一般不超过10%，当然党报尤其是中央级党报发行收入占比例较高。二是广告收入，这部分收入是市场化报纸的主要收入源，一般占60%以上，又比较多地依赖房地产、汽车等少数行业。三是增值服务收入，如举办的大型论坛、活动以及发行公司的物流配送收入。四是版权输出收入，这一块目前收入较少，占比例低。

新媒体的盈利模式主要有以下几种：一是广告收入。二是互联网增值业务收入，如贩售道具、游戏币等，腾讯和网游网站在这部分占比收入很高，网易达到90%。三是移动增值业务，如手机音乐下载等。四是流量分成，随着三网融合速度的加快，移动互联网将高速发展，新媒体的这部分收入将高速成长。五是分层信息服务收入，即针对商业价值较高或者有着特定需求的用户提供个性化、定制化的信息服务，未来这部分市场空间前景广阔。

总而言之，基于以上对新媒体商业模式的分析，笔者对未来中国新媒体商业模式构建提出这样观点：第一，新媒体将建立起信息流、资金流、物流"三流合一"的网络交互式平台商业模式，以获得持续发展。第二，在技术推动和产业融合下，传统媒体和新媒体将更多地参与到商业模式创新中，并将促使媒体形态更多元化。第三，以消费者为核心，把消费者需求作为新媒体发展的新思路，设置广泛多样的接触点，吸引目标消费和持续关注。第四，处于"碎片化"的市场环境，可以通过"做平台"来整合市场，通过特许授权方式让第三方为其开发高利润周边产品,从而引导消费。

本章小结

新媒体是以数字技术为支持、相对于传统媒体而言的新型媒体,而新媒体产业则是包括了渠道、内容和商业模式在内的系统性问题,它是文化创意产业的重要组成部分。新媒体产业的经济特征包括外部性经济特征、长尾经济特征、规模经济特征、范围经济特征。对新媒体产业发展历程本章则从网络媒体产业和移动媒体产业两大类进行了详细梳理。

从全球视野和国家发展战略高度来看,如何发展好新媒体产业是当前和未来文化传媒领域的重大问题之一。本章阐述了美国、欧洲、日本等发达国家的典型性新媒体产业政策,并在此基础上对中国的新媒体产业政策进行批判性地思考。

本章在对新媒体产业的商业模式的相关问题进行探讨时,首先将中国新媒体不同阶段,即 web 1.0 时代、web 2.0 时代和 web 3.0 时代的商业模式及特点进行了归纳,并在充分认识市场、竞争和技术的基础上,从"三流合一"、广告信息资源、用户需求、新旧媒体融合四个方面提出中国新媒体未来商业模式的发展趋势。

思考与练习

1. 简述新媒体产业的内涵与经济特征。
2. 简述新媒体相关行业的产业链与价值链。
3. 新媒体产业的发展现状与发展趋势。
4. 结合欧洲的新媒体产业政策,谈谈欧洲新媒体规制的特征。
5. 各国的新媒体产业的发展政策。
6. 对比新旧媒体的商业模式与盈利模式。

参考文献

[1] 罗珉.商业模式的理论框架述评[J].当代经济管理,2009(11):1-8.
[2] 郭全中.网络媒体商业模式探析[J].中国记者,2010(02):86-87.
[3] 曾庆文.略论中国数字新媒体商业模式的创新[J].商业经济研究,2015(08):63-64.
[4] 张金海,林翔.网络媒体商业模式的构建[J].现代传播,2012(08):92-96.
[5] 周笑.美国新媒体产业最新发展趋势研究[J].电视研究,2011(06):75-78.
[6] 肖赞军.西方传媒业的融合、竞争及规制[M].北京:中国书籍出版社,2011.
[7] 宫承波,翁立伟.中国新媒体产业模式创新思路探析[J].当代传播,2012(03):69-72.
[8] 喻国明,张小争.传媒竞争力——产业价值链案例与模式[M].北京:华夏出版社,2005.
[9] 徐沁.媒体融合论[M].北京:中国传媒大学出版社,2009.
[10] 莫智勇.新媒体传播形态及产业化传媒重构[J].深圳大学学报(人文社会科学版),2012(05):152-156.

第九章　新媒体版权

> **学习目的**
> 1. 了解国内新媒体版权保护的发展阶段及现状。
> 2. 掌握避风港原则和红旗原则。
> 3. 思考国内新媒体版权保护的发展前景。

随着人类文明的不断进步和科学技术的飞速发展,尊重保护知识产权已经成为全世界普遍遵守的价值准则,人们通过立法或行政手段对知识产权进行保护逐渐成为世界范围内的普遍做法,其必要性和重要性也得到了普遍的认可。然而,信息技术的飞速发展却使传统的知识产权保护面临新的严峻挑战。一方面,计算机技术、通信技术等推动了新媒体产业的迅速扩大,新媒体内容日渐丰富;另一方面,网络技术也使新媒体内容的非法交换、复制变得非常简单,新媒体版权问题也日渐突显。

新媒体内容的侵权与盗版严重危及版权所有者的利益,而过度的版权保护也严重损害了广大用户的利益,阻碍了新媒体产业的扩大和发展。因此从不同方面对新媒体版权进行保护和管理将对新媒体产业健康、有序发展产生积极影响。

第一节　新媒体版权的发展现状

近年来,随着网络化、数字化等信息技术的飞速发展,以互联网视听服务、IPTV、互联网电视为代表的视听新媒体迅速崛起。截至2016年9月,工信部统计显示,中国固定互联网宽带接入用户总数达2.92亿户,移动互联网用户总数达到13.16亿户。新媒体正在潜移默化地影响着人们,并逐步成为大众获取知识资讯、休闲娱乐的重要渠道。但与此同时,新媒体侵权盗版现象日益严重并呈现出新的特点。

一、中国新媒体版权保护发展

2004年11月,中国第一家专业视频网站——乐视网成立,拉开新媒体发展的序幕。受国外视频分享网站的影响,国内类似网站数量猛增,视听节目的提供方式以"网友上传"为主。然而网友个人在享受方便快捷、丰富内容的同时,往往忽略音视频著作权问题。许多网站也因追求经济利益,市场竞争处于无序状态,导致侵权盗版现象泛滥。

2007年,中国新媒体发展进入成长阶段。2010年全年网络视频市场规模达31.4亿元。这一阶段,前期过快发展引发的版权问题逐渐凸显出来,视频网站之间因侵权引发的纠纷和口水战不断涌现。据国内主要视听网站所在地的法院——北京市海淀区人民法院统计,2007—2011年10月,该法院共审理涉及视听网站著作权纠纷达2264件,其中,视听网站做被告的1419件,做原告的275件,另有570件原被告都是视听网站。

2011年以来,随着行业格局的成熟和市场经营的规范,中国新媒体发展逐渐达到成熟阶段。各网站的内容不论是数量还是质量都有了很大的提高,网络原创自制和网络独播权成为各大网站的优势和法宝。视频网站成为内容生产制作机构后,更加注重打击侵权盗版和版权保护。

2013年11月13日,优酷土豆集团、美国电影协会、万达影业等10家机构联合发布《中国网络视频反盗版联合行动宣言》,表示联合对抗日益严重的网络视频盗版和盗链行为,并向法院起诉百度、快播,这成为中国网络视频行业有史以来涉及企业最广、索赔金额最高的一次反盗版行为。

2013年11月29日,北京市海淀区人民法院就优酷土豆集团诉百度盗版案件做出一审判决。百度侵权事实成立,法院要求其立即停止侵权行为,承担部分诉讼费用,并予以弥补损失。这标志着法院对此类商业模式的直接否定,对视频反盗版联合行动的积极肯定,推动了中国网络版权保护进程的发展。

二、新媒体侵权盗版的特点

第一,侵权盗版趋于隐蔽。由于新媒体的无形特点,视听节目作品即使被侵权人擅自使用,也不会影响制作人的正常使用。而且新媒体传播速度快、范围广、易删除,没有时间和地域的限制,使网络侵权行为很难被发现、认定和取证。

第二,侵权盗版涉及面广。随着移动互联网视听服务、IPTV、互联网电视的爆炸式发展,侵权行为不仅涉及PC网页,还全面涵盖了PC客户端、移动客户端、电视盒子等诸多领域。而且侵权客体也从单纯的热播影视剧扩大到综艺类节目、网络自制剧、体育赛事等方方面面。有关权利主体、侵权行为主体、侵权方式的定性等内容成为新的课题。

第三,侵权盗版形式多样化。随着P2P、云存储等新技术的应用,侵权的形式和盗版的技术也不断更新,主要有:一是盗链,服务提供商本身不提供服务内容,而是通过技术手段绕过其他有利益的最终用户界面,直接在自己的网站上向最终用户提供其他服务提供商的服务内容,骗取最终用户的浏览和点击率,大量无偿使用他人的版权资源,盗用他人的存储和带宽资源。二是客户端式盗版,将视频以聚合和嵌套的形式放在客户端播放器上,使用户下载包含侵权影视作品的客户端。三是P2P盗版,2014年1月,北京市海淀区人民法院对视频网站"2345rb.com"和"星际s电影"利用P2P技术,通过播放器盗版网络视频一案进行宣判,法院认定上述两个网站的负责人张某侵犯著作权罪,判处有期徒刑6个月,罚金2万元,这是国内首例个人利用P2P技术侵犯知识产权获刑责的案件。

三、新媒体版权面临的困境

中国在新媒体版权保护历程中,已经初步形成了比较完善的权利保护体系。除了《著作权法》第九条第十二项明确了信息网络传播权这项专有权利,还采用行政法规的方式对其加以保护,也尽力使国内的立法框架与国际接轨,特别是与《版权条约》和《表演和录音制品条约》接轨。同时通过法律规范版权行政部门的执法依据,将执法行为法定化。另外,技术保护措施也是新媒体版权保护的有效措施之一。尽管如此,中国新媒体版权保护仍显不足。

(一) 法律对版权保护权力的使用边界界定不统一

为了避免版权行政管理部门的权力不作为或乱作为,法律对其权力使用的边界进行了规定。《著作权法》第48条规定如下。

有下列侵权行为的,应当根据情况,承担停止侵害、消除影响、赔礼道歉、赔偿损失等民事责任;同时损害公共利益的,可以由著作权行政管理部门责令停止侵权行为,没收违法所得,没收、销毁侵权复制品,并可处以罚款;情节严重的,著作权行政管理部门还可以没收主要用于制作侵权复制品的材料、工具、设备等;构成犯罪的,依法追究刑事责任。即如有该条列举的侵权行为,同时损害公共利益的,版权行政管理部门才有权对其依法行政。

《信息网络传播权保护条例》第18条规定,违反本条例规定,有下列侵权行为之一的,根据情况承担停止侵害、消除影响、赔礼道歉、赔偿损失等民事责任;同时损害公共利益的,可以由著作权行政管理部门责令停止侵权行为,没收违法所得,非法经营额5万元以上的,可处非法经营额1倍以上5倍以下的罚款;没有非法经营额或者非法经营额5万元以下的,根据情节轻重,可处25万元以下的罚款;情节严重的,著作权行政管理部门可以没收主要用于提供网络服务的计算机等设备;构成犯罪的,依法追究刑事责任。即如有该条列举的侵权行为损害公共利益的,版权行政管理部门就可以对其行政处罚。以上规定与《互联网著作权行政保护办法》中对网络服务商的侵权规定保持一致,即网络服务提供者必须是在明知或者被通知后仍然实施侵权行为,同时损害公共利益的,版权行政管理部门才可以对其进行行政处罚。

因此,《著作权法》第48条、《信息网络传播权保护条例》第18条和《互联网著作权行政保护办法》的一致性在于,都规定了版权行政管理的对象不仅是侵权行为,而且还要损害公共利益。但是,《信息网络传播权保护条例》第19条"违反本条例规定,有下列行为之一的,由著作权行政管理部门予以警告,没收违法所得,没收主要用于避开、破坏技术措施的装置或者部件;情节严重的,可以没收主要用于提供网络服务的计算机等设备;非法经营额5万元以上的,可处非法经营额1倍以上5倍以下的罚款;没有非法经营额或者非法经营额5万元以下的,根据情节轻重,可处25万元以下的罚款;构成犯罪的,依法追究刑事责任"中规定的3种侵权行为,并没有规定是否涉及公共利益,版权行政管理部门也可以对其进行行政处罚,这与上述几条相矛盾,也会影响版权行政管理部门依法行政的问题。

(二) 媒体自律问题

2005年1月,由80余家互联网企业组成的互联网协会网络版权联盟签订了《互联网网络版权自律公约》,2010年1月,由新华网等101家网站组成的互联网版权工作委员会签订了《互联网行业版权自律宣言》,2013年2月,由搜狐、腾讯等24家媒体组成的网络版权维权联盟签订了《网络版权维权联盟自律公约》,2014年2月,由人民网、新华网、央视网、移动、联通、电信组成的手机移动互联产业联盟签订了《手机媒体移动互联网信息安全和版权自律行业公约》,2014年4月,由氧气听书、浙江电子音像出版社等单位联合全国听书作品版权各方权利人以及广大听书作品作者和播音者,发起建立国内首个"中国听书作品反盗版联盟",向音频盗版侵权行为宣战,推进听书行业的正版化进程,2014年8月,9家中央级媒体组成了新媒体版权联盟。

由此可见,新媒体版权保护问题已经逐渐成为各媒体重视的问题之一,然而,这些自律公约从内容上看,只是口号式的倡议,并无实质性的约束力,自然很难提升媒体的版权意识。自律公约难以产生影响的原因在于,中国新媒体法律的制定几乎不是由媒体企业自身推动的,而是由政府主导的,反观发达国家,一些版权法主要是由版权人自己推动的。

案例9-1　央视网起诉土豆网盗播《舌尖上的中国》

《舌尖上的中国》是中央电视台花费巨大人力、物力和财力摄制的大型美食类纪录片,其在介绍美食的同时,巧妙融入各地特色文化和礼仪,表现了中华美食文化的博大精深和源远流长,引发观众对各地文化传统和人生价值的思考，有较高的艺术价值，并享有较高知名度。中央电视台对其享有著作权，并将该节目的信息网络传播权授予原告央视国际网络有限公司（以下简称央视国际）。

2012年5月，央视国际将土豆网告上法庭，控诉土豆网侵权请求判令被告赔偿经济损失以及为调查取证所支付的合理费用。依据2012年5月23日制作的公证书，央视国际认为，土豆网未经许可，在涉案节目热播期内提供在线点播服务，严重侵犯其合法权益，给原告造成了重大经济损失，索赔85万元。

拥有土豆视频网的上海全土豆公司（后称全土豆公司）辩称其只提供存储空间服务，涉案作品系网友上传，但法院认为就它的主张未提供证据证明，且有关实际上传者的信息属于其自行掌控和管理范围之内，理应由其举证，其自行删除原始数据导致该节事实无法查明，应对此承担不利后果。判决全土豆公司赔偿央视网络公司经济损失24万元，合理费用8000元。

最高法院认为这是个典型的互联网中侵犯作品信息网络传播权纠纷的案例。涉案作品体现了较高程度的独创性，享有较高的社会知名度，作为专业视频分享网站的土豆网是影响力较大的专业网络服务提供者，其在涉案作品热播期就擅自传播涉案作品，且侵权行为持续的时间较长，给权利人造成了较大的经济损失。

在确定法定赔偿金额的时候，法院充分考虑了涉案作品的类型、社会知名度、侵权行为的性质以及侵权网站的经营规模、经营模式、影响力等因素，判决赔偿金额共计248000元，不仅有利于弥补权利人的经济损失，还能促使各互联网视频提供者的自律和行业管理，也顺应了依法加强互联网知识产权保护的趋势，对日益多发的互联网视频侵权案件有警示作用。

第二节 避风港原则与红旗原则

由于中国对知识产权的保护起步较晚，版权保护意识较低，在2006年《信息网络传播权保护条例》出台之前，只有2001年经修改的《著作权法》和最高人民法院的相关司法解释对制作权人的权利进行保护，并且规定，对于信息网络传播权的具体表现形式和保护方式由国务院另行规定。此外，个别网络服务提供者在利益的驱使下忽视了对版权人利益的保护，使网络扩大了侵权人对权利人的侵害。因此，避风港原则和红旗原则对中国立法、数字版权保护产生了深远影响。

一、避风港原则

"避风港"原则是指在发生著作权侵权案件时,在ISP(网络服务提供商)只提供空间服务,并不制作网页内容的情况下,如果ISP被告知侵权,则有删除的义务,否则就被视为侵权。如果侵权内容既不在ISP的服务器上存储,又没有被告知哪些内容应该删除,则ISP不承担侵权责任。后来避风港原则也被应用在搜索引擎、网络存储、在线图书馆等方面。避风港原则包括两部分,"通知+移除"(notice-take down procedure)。

避风港原则最早来自美国1998年的《数字千年版权法案》(有的译为《千禧年数字版权法》,即DMCA法案)。美国当时规定避风港原则主要是为了互联网行业的发展,考虑到有些类型的网络服务提供者没有能力事先对他人上传的作品进行审查,而且事前也不知道并且不应该知道侵权事实的存在,避风港原则的使用减少了网络空间提供型、搜索链接型等类型互联网企业的经营成本,从而刺激了这些互联网企业的发展壮大。

中国的互联网企业在20世纪末同样处于发展壮大的关键时期,新浪、百度、搜狐等网站均创建、成长于这个时期。当时中国的著作权法也面临着大修。2001年中国著作权法进行了修订,在修订过程中,网络著作权以及网络侵权的问题已经开始大量出现,如何平衡著作权人与网络服务企业之间的利益成为立法者需要考虑的问题,中国也是在这个时候引入了避风港原则。

中国对于"避风港原则"的借鉴,主要体现在《信息网络传播权保护条例》(以下简称条例)的相关条款中。《条例》分别针对网络服务提供商能够享受的避风港待遇及免责条件做出了规定。这些网络服务提供商包括网络自动接入或传输服务提供者、提供网络自动存储服务提供者、信息存储空间出租服务提供者、搜索引擎服务提供者等。

自避风港原则确定之日起,针对该原则的争议一直没有停止过。最大的争议莫过于如何协调避风港原则与著作权人权益保护之间的关系。比如:通知需要达到什么程度,删除需要多长时间,如何使这些法律规定更具有操作性,适用避风港原则的标准能否更加明确等。如何对新技术进行归类也是其中的问题。近年来发生的百度文库案件等系列案件引起了人们对于避风港原则的重新思索,社会上呼吁修改避风港原则的声音越来越高,避风港原则已经到了需要修改的时候,而如何保护著作权人的利益应是修改的重点考虑因素。

二、红旗原则

避风港原则的出现是由于技术的发展,也是因为社会的进步。互联网企业出现之后,此类企业如果要发展,如何处理可能存在的作品著作权侵权是最大的问题。应该说避风港原则的法律规定对互联网企业的迅速崛起起了非常大的作用,但是在这个发展过程中又有着新的挑战:如何防止避风港原则的过度使用给著作权人带来的损失。作为避风港原则的例外,红旗原则主要侧重于保护著作权人的利益。

红旗原则即如果侵犯著作权(主要是信息网络传播权)的事实是显而易见的,就像是红旗一样飘扬,网络服务提供者就不能装作看不见,或以不知道侵权的理由来推脱责任,在这样的情况下,如果网络服务提供者不移除侵权信息,就算著作权人没有发出过通知,也应该认定网络服务提供者知道第三方是侵权的,应该承担相应的法律责任。

中国对红旗原则也有相应规定:

2000年公布的《最高人民法院关于审理计算机网络著作权案件适用法律若干问题的解释》第五条规定:提供内容服务的网络服务提供者,明知网络用户通过网络实施侵犯他人著作权的行为,则要承担共同侵权责任。2004年和2006年修改的《最高人民法院关于审理计算机网络著作权案件适用法律若干问题的解释》没有变更这个规定。

2006年公布的《信息网络传播权保护条例》第二十三条规定:明知或应知所链接的作品、表演、录音录像制品侵权的,应当承担共同侵权责任。

从目前的规定来看,红旗原则的规定仍过于空洞,主要内容是对网络服务提供者主观要件(明知或应知)的规定,缺乏对行为人行为的规定,在具体的司法实践中容易发生争议,不利于统一标准,不利于使用,也不利于对著作权人权利的保护。这也是为什么很多情况下著作权人认为应该适用红旗原则,而法院或者行政机关认为不应适用红旗原则而应适用避风港原则。对红旗原则的规定进行细化,使其更具有操作性,应该是保护著作权人权利的需要。

三、避风港原则与红旗原则的争议与平衡

目前,中国网络产业的发展不断壮大,新技术不断发展,由此带来的新问题也层出不穷,为了更好地保护网络著作权人的权益,中国法律制度需要不断完善。2006年7月1日实行的《信息网络传播权保护条例》针对著作权规定了"避风港"原则,但还是无法适应新技术的发展,甚至被称之为网络运营商的"尚方宝剑"。

2005年7月,百代、华纳、环球等七大国际唱片公司提出诉讼,理由是百度在搜索页面上提供了部分未授权的MP3下载链接。百度公司称,责任应当在于提供盗版音乐的网站,而非提供搜索和链接的公司,之后百度一审和二审均获得胜诉,其主张的即为避风港原则。

2011年爆发的"百度文库"事件将此争议推向高潮。百度公司认为百度

文库建立的法律依据即为避风港原则。更多的人提出了对避风港原则的质疑：避风港原则是否过于保护网络服务提供者的利益。按照中国现行法律的规定，如果百度没有对文库里的内容进行选择、编排和推荐等活动，一般是不承担责任的。但是如果存在这些行为，或者文库存在畅销或著名的小说，百度说自己不知情或者不应该知情则是不符合实际的，这就涉及了红旗原则。作为避风港原则的例外，红旗原则主要侧重于保护著作权人的利益。

表面上看，作为免责条款的避风港原则和红旗原则保护了网络服务提供商和著作权人的合法权利，实质上体现了背后三方利益主体，即网络服务提供商、著作权人以及接受中介服务的用户之间的利益平衡。第一，对于网络服务提供商来说，避风港原则免除了其对海量信息的审查义务，将网络服务提供商从准司法机构角色中解脱出来，使其将更多的精力放在网络技术的改进上，以便为社会公众提供更好的服务，促进文化科学艺术的传播和科学技术的进步。第二，保护著作权人的权利，以达到激励其进行文学、艺术和科学技术创作的目的，使人类普遍享有更高层次的精神财富。第三，以上二者科学配合，让更大范围的公众能够更便利地对创作成果进行学习和鉴赏，整体促进文化的繁荣和社会的发展进步，这其实也就是避风港原则和红旗原则的本质所在。

案例 9-2　百度和快播网络视频盗版侵权案

2013 年 11 月 13 日，中国网络视频反盗版联合行动在京启动，优酷土豆集团、搜狐视频、腾讯视频、乐视网、中国电影著作权协会、美国电影协会（MPAA）、日本内容产品流通海外促进机构（CODA）、万达影业、光线传媒、乐视影业联合发布"中国网络视频反盗版联合行动宣言"，表示将联合对抗百度、快播等网站日益严重的网络视频盗版和盗链行为。联合行动发起方同时宣布，已向法院起诉百度、快播的盗版侵权案件共立案百余起，涉及百度盗链、盗播移动视频版权的影视作品逾万部，向百度索赔由此带来的损失 3 亿元。同时，将联合对视频盗版、盗链采取技术反制，全面禁止百度视频爬虫访问。

无论是在 PC 网页端、客户端、移动 App 端，百度都已远远超过正常搜索引擎的边界，属于盗链侵权行为。通过盗链，百度视频得以大量无偿地使用他人的版权资源，盗用他人的存储和带宽资源。正规的搜索行为应该根据用户搜索给出链接，然后跳转到第三方网站，但百度视频是在自己的搜索页面中直接嵌套播放视频网站内容，严重侵犯了视频网站应有的权利。百度通过盗链的方式，擅自在线向公众提供他人视频作品的行为，涉嫌直接侵犯他人的信息网络传播权。百度即使没有将其他网站的作品复制到自己的服务器上，但通过盗链实现了直接向公众提供他人作品的目的，这和通过复制方式传播他人作品并没有本质上的区别。这种行为，既不是著作权法律、法规规定的"合理使用"，也不是"法定使用"，无论按照"服务器标准"还是"用户感知标准"，都涉嫌直接侵权行为。

关于盗版问题，反盗版行动方还指出，百度使用"光线CMS系统"建站的盗版视频网站群，提供了流量和收入等方面的系统支持，而用户通过百度视频搜索、百度影音、百度视频App和百度影棒搜索影视内容时就会被定向链接至这些盗版网站。

2013年下半年，海淀警方根据举报，查封了十几个盗版视频网站。案件调查证据显示，这些网站大多是未经网络视听许可的非法经营网站，它们从百度视频获得流量分配，通过百度广告联盟获得广告分成。

浙江天册律师事务所陈先锋律师表示，百度的行为属于明显的共同侵权行为，百度与这些网站之间有着明确合作关系，因此，不能以"避风港原则"来躲避侵权责任。而且百度视频在宣传、推广中聚合优酷、土豆等视频网站内容，并列出众多这些网站拥有独家版权的影视剧名称，更是证明了百度视频的故意侵权。

行业分析人士指出，近年来，百度不断利用搜索引擎身份和"避风港原则"规避责任，但同时又忙着打造自己的内容供应体系，在从ISP（网络技术服务提供者）到ICP（网络内容服务提供者）的转型过程中，百度不断有意无意地越界，没能很好地把握两者之间的法律关系和界限，因此饱受诟病。

由此可见，各大主流媒体对于网络版权的维权意识逐渐变强，此次事件也将有利于新媒体版权保护的环境建设。

第三节 数字版权保护的应用

新媒体版权不仅仅靠法律保护，更需要版权人、网络服务提供商等相关利益者利用技术手段来保护。随着新媒体产业的发展，数字版权管理技术得到了广泛应用，新技术、新产品、新服务层出不穷。数字版权技术主要应用在音乐、电子书、数字电视等领域。

一、音乐的数字版权保护

音乐领域是数字媒体产业中版权保护技术应用开展较早，也是相对比较成功的领域。其中,比较典型的是应用专有的加密封装技术实现网上付费音乐下载的苹果公司的 iTunes。

  苹果公司于 2003 年 4 月 28 日开通的 iTunes 是最为典型的网上付费音乐下载项目,是著名的 DRM(Digiral Rights Management)音乐保护案例。iTunes 的服务器端是在线上的。用户需下载并安装客户端软件 iTunes,通过 iTunes 可以在在线商店搜索曲目并进行视听,也可以通过该软件将歌曲传输到 iPod 中。

  苹果曲目采取 MPEG-AAC 格式,曲目被苹果专有的 DRM 系统 Fairplay 加密封装后由用户下载。该系统采用了一种封闭式系统,禁止其他内容提供者和用户随意使用。Fairplay 对曲目的使用权限和范围进行限制,仅允许在五台不同电脑的 iTunes 客户端上播放,且仅允许在 iPod 上播放,但对 iPod 没有限制。第三方的 MP3 播放器不能播放从 iTunes 上购买的曲目。2005 年,iTunes 的 DRM 系统已支持视频数字内容,其运作方式与音乐相同。

  2009 年 1 月 6 日,苹果公司宣布转换商店目录中 80%的音乐到无版权保护状态,4 月达到 100%,音质提升到了 256Kbps,这意味着今后用户付费下载得到的音乐文件没有任何拷贝移动的限制,可以随意传输到任何媒体播放器上播放。[①]

  由此可见,苹果公司利用其自身技术保护手段占领市场的方式仍然是成功的,这一点我们从它如今受欢迎程度便可见一斑。

二、数字视频的版权保护

  新媒体版权问题不仅是简单的所有权问题,在一个充满各种复杂关系的网络环境里,对不同内容进行不同程度的版权保护是媒体版权保护的关键。YouTube 在这一方面就非常有经验。

  每当视频拥有者将视频上传到 YouTube 时,YouTube 除了会将该视频存入数据库之外,还要随之上传一份"使用协定"。该协定明确规定当有该视频的复制版本被发现时,应当采取哪些惩罚措施,该惩罚措施由视频所有者自行规定,可以对不同非法情况区别对待。

  同时,每当有视频上传到 YouTube,YouTube 内容识别系统便会自动将其与数据库的内容进行比对,即便是非法复制版本使用了原文件的一部分也可以被检测出来。由此可见,YouTube 对系统的要求是非常高的。

---

  ① 张文俊,倪受春等.数字新媒体版权管理[M].上海:复旦大学出版社,2014:185.

三、电子书的版权保护

电子书是书籍作品的数字化表现形式,它以电子版的方式在互联网上出版、发行,读者通过个人电脑、PDA、便携式终端等离线或在线阅读。电子书的版权保护涉及作者、出版商、发行机构、图书馆、书店以及读者等多个层面。

(一) 谷歌电子书销售平台

2009年10月,谷歌宣布2010年第二季度将推出电子书销售平台,它将通过两种途径(图书馆计划和合作伙伴计划)向消费者提供电子书籍。图书馆计划是与大学图书馆和公共图书馆合作,将图书馆中的馆藏书目编目到谷歌的电子书销售平台上,消费者可以通过这个平台看到每本图书的部分信息,对于那些过了版权保护期的内容可以全部呈现处理。合作伙伴计划是与出版社合作,出版社授权谷歌将自己销售的图书的部分内容呈现在谷歌的电子销售平台上。

通过这种方式,无论是图书馆、出版商和作者,还是谷歌公司,甚至是消费者利益都得到了保证和扩大。

但是由于谷歌公司的电子书销售平台在 DRM 环节上还存在多方面的欠缺,在国内外也出现了一些反对的声音。2009年11月11日,全球最大的出版商掌门人默多克说,正考虑把自己新闻集团旗下的报纸内容从谷歌公司搜索引擎中屏蔽,以示鼓励付费在线阅读的做法。中国作协2009年11月18日在其官网向谷歌公司发出的维权通告称:谷歌公司需在一个月之内向中国作家协会提供已扫描收录使用的中国作家作品清单,未经合法授权不得再以任何形式扫描收录中国作家作品,对此前未经授权扫描收录使用的中国作家作品,谷歌公司须在2009年12月31日前向中国作家协会提交处理方案并尽快办理赔偿事宜。[①]

(二) 盛大文学全版权模式

盛大文学以及旗下网络原创文学网站是一种全新的数字出版模式,被西方媒体称为"数字阅读的三种主流模式之一"。其操作流程是:作者将作品提供给网站,网站经过审核后发布,读者免费阅读部分内容,其他内容或更新章节则需要支付每千字两到三分钱的费用,所得收入由网站与作者共同分成,比例由5:5到3:7不等,网站作为数字内容运营商,拥有定价权。

"全版权"模式是指一个产品的所有版权,包括网上的电子版权,线下的出版权,手机上的电子版权,影视和游戏改编权,以及一系列衍生产品的版权等。盛大文学全版权运营包含两个部分:版权的生产和分销。版权的生产在盛大

---

① 张文俊,倪受春等.数字新媒体版权管理[M].上海:复旦大学出版社,2014:237.

文学的七大原创文学网站上完成,版权的分销则是与其他内容生产商协作完成。

2004年11月,盛大文学凭借资金优势和渠道优势,收购了起点中文网。起点网是盛大文学经营网络文学的起点,也是版权生产的起点。盛大文学从经营起点网开始,从2004年到2010年,先后收购了七家网络文学原创网站,使其占有市场份额超过80%。在经营过程中,盛大文学逐渐完善了以"微付费"为特征的VIP网络阅读收费模式。

所谓微付费(micro-payment),也叫小额支付,是针对用户为零散内容而支付的一种模式。一般金额非常小,但是用户范围非常大。盛大在运营网络游戏的过程中,早已铺设了能达到全国近70%二级城市的销售推广渠道。利用这些销售渠道,盛大文学完善了起点网设计的微付费系统。这个微付费系统的独特性在于:一是对网上优秀作品进行签约,前半部供读者免费试阅,后半部需付费阅读。二是以章节为单位,按每千字2分钱的价格进行销售,如仅选择部分感兴趣章节,费用更低。三是作者可获得用户付费额的50%~70%作为基本报酬,且按月结算。四是作品创作、发布、销售、反馈以分钟为间隔,作者与读者实时互动。五是尊重版权、严格准入,每个作者必须提供真实身份,对新上传作品必须声明版权所有权。

版权的生产主要由盛大文学旗下原创文学网站完成,版权的分销指在不同渠道将版权销售出去。盛大文学是集团影视、游戏乃至音乐的版权来源。盛大投入8000万元搭建推广版权衍生品的立体营销平台,邀请作家经纪人对盛大文学的签约作家进行包装和运营,探索将小说的电子版权、无线发布权、纸质版权及动漫影视改编权等统一包装、运营,打造一个以文学为核心,整合影视、版权、无线等多方资源的产业链,充分挖掘中国原创文学的文化创意产能。

随着盛大文学受众群的扩大和稳定,同时受到欧美电子阅读器如亚马逊kindle的影响,盛大文学开始从在线付费阅读向移动阅读发展,同时推出"锦书计划",开发自己的移动终端——Bambook,盛大Bambook内容接入了全球领先的中文正版数字书城——云中书城,其内容囊括盛大文学旗下起点中文网、红袖添香、小说阅读网、榕树下、潇湘书院、天方听书网、悦读网等网站内容及众多全国知名出版社、图书公司电子书,为消费者提供包括数字图书、网络文学、数字报刊等数字商品。除了有网络原创小说外,还有大量经典原著和人文社科著作,这表明了盛大文学不但要继续经营网络原创文学,而且还将向主流化方向发展。

第四节 信息网络传播权与版权保护

2011年,作家六六曾状告《读者》未经许可引用其微博言论,为广大网友上了一堂"微博也有版权"的普及课。

近年来,新媒体领域的知识产权问题一直纷争不断,而《微信公众平台服务协议》中的一则条款最近又成了众矢之的:"腾讯在本服务中提供的内容(包括但不限于网页、文字、图片、音频、视频、图表等)的知识产权均归腾讯所有,但腾讯用户在使用本服务前对自己发布的内容已合法取得知识产权的除外。"微信公众号"道哥的黑板报"就此发文质问:"我们辛苦码的字,最后版权都变成腾讯的了?"

新媒体平台制定霸王条款其实并不罕见。尽管新浪微博承认用户享有对其原创微博内容的版权,但在《新浪微博服务使用协议》中竟霸道地规定:"对于用户通过微博服务公开发布的任何内容,用户同意新浪公司在全世界范围内具有免费的、永久性的、不可撤销的、非独家的和完全再许可的权利和许可,以使用、复制、修改、改编、出版、翻译、据以创作衍生作品、传播、表演和展示此等内容(整体或部分),和/或将此等内容编入当前已知的或以后开发的其他任何形式的作品、媒体或技术中。"许多微博在未经作者许可的情况下被新浪官方平台引用、转载,但用户由于在注册时"被同意"了相关条款,也很难通过法律为自己的作品维权。

新媒体带来了传播及介质的革命,但也给版权保护带来了新的问题。版权法面临着如何适应新媒体,更好地保护版权的问题,前提是,必须承认并保护版权,否则将失去一切原创的动力。我们该如何平衡新媒体传播权与版权保护问题上呢?

一、新媒体时代下版权保护的新形势

版权法保护一切创造性作品,甚至专利作品也受版权法保护。因此,版权法保护的版权作品,特指人们一切创造性的表达,口头作品甚至标题作品,只要有起码的创造性,也受版权法保护。

在新媒体环境下,版权法却遭遇了意外的困境,甚至面临生存还是死亡的挣扎。一方面,新媒体信息技术和网络技术使传播成本接近零,获取的便利使收费成为争议性问题。另一方面,新媒体需要运作大量的作品和思想信息,版权的财产权保护期限也为经营者获取经营信息制造了巨大的障碍。因为版权的财产权保护期最少为作者终生加死后50年,这个保护期限对任何作品都有同样的保护标准,因此,向作者购买许可并经许可付费才能使用作品的版权,也为获取作品增加了谈判成本。复杂的版权关系制约了出版,正常获取版权许可的途径很艰难。新媒体时代版权侵权行为的盛行直接侵害了作者的合法权益,导致大量的作者不再投入长期的辛苦劳动,转而创作"快餐"短期作品。而版权保护相关法律在新媒体环境下的不完善也导致新媒体时代作家维权艰难。

新媒体时代下的新媒体版权问题已成为各国面临一个重大难题,其涉及范围之广、解决之难令各国政府和版权界头疼不已,在全球没有达成新版权框架协议的前提下,各个国家也不断尝试提出改革方案。

法国提出"三振出局"法案。该法案要求,若非法下载用户收到三次警告通知后依然我行我素,互联网提供商将切断用户的网络连接。该法案被法国宪法委员会裁定为违宪,不予通过。法国宪法委员会称,随着网络的发展,网络媒介已经对民主和自由表达起到了重要作用,政府制裁非法下载的网民,侵犯了民众享用网络信息服务的自由。

美国斯坦福大学法学院莱斯格教授在2001年成立了一个公益性版权组织CC(Creative Commons),这个组织倡导在保护版权的前提下,对知识创造的成果进行合法的分享与演绎,在传统的权利保留模式以外提出了一些权利保留的灵活的著作权模式,官方的译名就叫知识共享。

中国对版权也提出了一些"自有许可自助协议"的管理方式,这些方式,都是试图通过版权法的框架达成对新媒体版权的保护。新媒体催生了版权保护的新模式,无论传统版权法还是现代版权法,保护版权都应促进人类共同智慧的增长,而不仅仅是保护作者对作品的控制和限制。

二、合理使用与侵权

在知识产权的领域,版权人的利益与大众利益之间总是存在着紧张的关系,一方面,大众需要接触到创造性的成果,另一方面,版权人需要获得创作的动力。这种紧张的关系几乎存在于所有国家的版权制度之中,为了协调这种相互冲突的利益关系,传统版权法采取了一种合理使用以及首次销售的原则,使大众能够在接触版权作品的同时为版权人提供有限度的保护。

合理使用是指在不会有损于作品拥有者的经济利益的条件下,促进大众对作品的使用,维护大众利益而允许用户以任何形式对作品的部分内容进行摘录、复制或备份,包括用于研究、个人学习、媒体报道、评论和教学等。合理使用原则在版权人的利益和大众利益之间找到了平衡点,在兼顾版权人利益的同时又鼓励了创新。

然而,合理使用所涉及的大众利益与版权人的利益在新媒体时代演变成为一种强烈的利益冲突。互联网上越来越多的信息中夹杂着大量受到著作权法保护的作品,便捷的数字化形态使得侵权的范围和强度前所未有地增强,盗版和非法使用严重影响到作者和著作权人的利益。合理使用原则富有弹性的标准此刻备受责难。合理使用原则俨然成为大众利益和版权人利益冲突激化的原因。

2005年12月,胡戈以电影《无极》为素材,独立制作完成视频短片《一个"馒头"引发的血案》。短片中,胡戈对《无极》部分画面进行了重新剪辑和配音,将《无极》的故事演绎成电视台主持人向观众讲述2005年某月在某市发生的《一个"馒头"引发的血案》的侦破过程。该片片尾有载明电影画面、导演、演员、制片人、摄影师等相关内容的所有原始出处。《无极》的制片方认为胡戈的行为侵犯了《无极》制作权人的保护作品完整权和署名权,而胡戈则不承认侵权。该案争议的焦点就是合理使用和侵权的区分。在新媒体环境下,个人使用行为的范围难以判断,实践中产生的争议和分歧也很多,因此对于合理使用既定规则的重新认识才是解决合理使用与侵权之间平衡的关键。

三、国外对于合理使用与侵权的处理方式

传统环境下的著作权法虽然不能完全适应新媒体时代的需求,但是如加以改进,使之适应数字环境的变化,则能够很好地协调大众利益与版权人利益之间的平衡,从而促进人类社会的进步和发展。

(一) 著作权国际公约的"三步检验法"

合理使用制度的"三步检验法"是著作权国际公约规定的判断某一著作权使用行为是否构成合理使用的一般原则。该检验法规定了合理使用标准的内涵,并由此推出合理使用范围的要素:第一,合理使用是对特定情形而言的,第二,合理使用不得与作品的正常使用相冲突,第三,合理使用不得不合理地损害著作权人的合法利益。这三个要素互为核心,要综合考虑,缺一不可。

但是,"三步检验法"对于通过网络传播作品著作权人的权利限制标准等问题规定得并不明确,由于它规定的是传统环境下合理使用的情形,新媒体的出现使之不能适应新情况,但是"三步检验法"仍有值得借鉴的地方。

(二)《世界知识产权组织著作权条约》和《世界知识产权组织表演和录音制品条约》

为适应新媒体带来的冲击,1999年12月世界知识产权组织通过了《世界知识产权组织著作权条约》和《世界知识产权组织表演和录音制品条约》,这两个条约重复了"三步检验法"原则,并且针对信息网络传播著作权限制做出了明确规定,即成员国可以将有关的限制和例外运用到数字化和网络环境中,这一规定明确了各国国内立法中保留合理使用的可能性。此外,《世界知识产权组织著作权条约》针对互联网的传播特性,创造性地提出了"信息网络传播权"

这一概念。

对于新媒体作品版权合理使用的问题,世界知识产权组织发挥了积极的作用。但是,由于"三步检验法"的思想性、原则性太强,而各国的国情不同,因此在使用"三步检验法"上需要根据国情调整相关的内容。

(三) 美国的做法

美国《著作权法》规定:法院在判断对作品的一项使用行为是否合理使用时,应当考虑以下四个要素:①使用的目的和性质,即是营利性还是非营利性,一般非营利性构成合理使用的可能性大。②享有著作权作品的性质,即该作品已经出版还是没有出版、是事实性的记述还是创造性的描述,一般对已经出版的事实性记述作品的利用构成合理使用的可能性大。③同整个著作权作品相比所使用部分的数量和内容的实质性。④使用对著作权作品潜在市场或价值的影响。

美国根据数字技术的发展,于1998年颁布了《千禧年数字著作权法》。该法案主要用于调整应用信息技术和网络技术的情况下著作权人与社会公众的权利。由于该法案被认为对待技术措施的立场过分倾向于著作权人,忽视了公众利益,因此美国公众纷纷呼吁修改该法案。

随后,美国于2003年先后提出了《数字媒体消费者权利法》《平衡法》和《数字消费者知情法》三个法律议案,三个法案扩大了消费者对数字作品的合理使用和个人使用的范围,将合理使用的方式从传统的复制、录制等方式扩大到数字传输等方式,增加了允许使用数字作品的规定。

四、中国对合理使用规定的完善

中国自1991年正式颁布《著作权法》以来,随着现代科技的应用,《著作权法》也一直处于不断修订和调整之中。2001年修订过后的《著作权法》在第22条规定了12种合理使用的情形。此后《信息网络传播权保护条例》针对2001年《著作权法》合理使用规定的不足又进行了及时的补充。

(一)《著作权法》

中国《著作权法》第22条规定,在下列情况下使用作品,可以不经著作权人许可,不向其支付报酬,但应当指明作者姓名、作品名称,并且不得侵犯著作权人依照本法享有的其他权利:(一)为个人学习、研究或者欣赏,使用他人已经发表的作品;(二)为介绍、评论某一作品或者说明某一问题,在作品中适当引用他人已经发表的作品;(三)为报道时事新闻,在报纸、期刊、广播电台、电视台等媒体中不可避免地再现或者引用已经发表的作品;(四)报纸、期刊、广播电台、电视台等媒体刊登或者播放其他报纸、期刊、广播电台、电视台等媒体已经发表的关于政治、经济、宗教问题的时事性文章,但作者声明不许刊登、播放的除外;(五)报纸、期刊、广播电台、电视台等媒体刊登或者播放在公众集会上发表的讲话,但作者声明不许刊登、播放的除外;(六)为学校课堂教学或者科学研究,翻译或者少量复制已经发表的作品,供教学或者科研人员使用,但不得出版发行;(七)国家机关为执行公务在合理范围内使用已经发表的作品;(八)图书馆、档案馆、纪念馆、博物馆、美术馆等为陈列或者保存版本的需要,复制本馆收藏的作品;(九)免费表演已经发表的作品,该表演未向公众收取费用,也未向表演者支付报酬;(十)对设置或者陈列在室外公共场所的艺术作品进行临摹、绘画、摄影、录像;(十一)将中国公民、法人或者其他组织已经发表的以汉语言文字创作的作品翻译成少数民族语言文字作品在国内出版发行;(十二)将已经发表的作品改成盲文出版。前款规定适用于对出版者、表演者、录音录像制作者、广播电台、电视台的权利的限制。

中国现行的《著作权法》对"合理使用"采用的是封闭式的立法模式,这种模式过于僵硬,缺乏适当的前瞻性。同时,它关于合理使用制度的规定并不能满足当前数字环境下著作权保护与限制的实际需要。

(二)《信息网络传播权保护条例》

中国的《信息网络传播权保护条例》在第6条中对网络环境下著作权作品的合理使用进行了相应的规定。第6条规定:通过信息网络提供他人作品,属于下列情形的,可以不经著作权人许可,不向其支付报酬:(一)为介绍、评论某一作品或者说明某一问题,在向公众提供的作品中适当引用已经发表的作品;(二)为报道时事新闻,在向公众提供的作品中不可避免地再现或者引用已经发表的作品;(三)为学校课堂教学或者科学研究,向少数教学、科研人员提供少量已经发表的作品;(四)国家机关为执行公务,在合理范围内向公众提供已经发表的作品;(五)将中国公民、法人或者其他组织已经发表的、以汉语言文字创作的作品翻译成的少数民族语言文字作品,向中国境内少数民族提供;(六)不以营利为目的,以盲人能够感知的独特方式向盲人提供已经发表的文字作品;(七)向公众提供在信息网络上已经发表的关于政治、经济问题的时事性文章;(八)向公众提供在公众集会上发表的讲话。《信息网络传播权保护条例》有关合理使用的规定是在新媒体环境下对作品使用的限制性规定,是对《著作权法》的补充。

案例9-3 微博著作权侵权案

2013年6月,华盖公司向法院起诉称,被告新浪自2013年1月在其新浪官方微博中采用了华盖公司享有著作财产权的10张摄影作品。被告在没有得到原告授权的情况下,就基于商业目的擅自使用上述摄影作品,已经侵犯了原告享有的著作财产权。原告曾多次与被告联系,要求其承担赔偿责任,但均遭被告拒绝。为此,华盖公司请求法院判令被告支付赔偿金5万元及相关维权费用,同时删除并停止使用侵权作品。据悉,此前华盖公司已在北京、广东、湖北等多地开展批量维权诉讼,且多以胜诉告终。

法院审理查明,华盖公司系美国GettyImages Inc.公司在中国境内的授权代表。庭审中,华盖公司出示了经公证机关保全的相关证据。被告涉嫌侵权的10张摄影作品,其左上角均有华盖公司的英文标识"gettyimages"的水印,图片下标有图片信息和版权申明。

法院审理认为,涉案图片上均有"gettyimages"水印,即GettyImages Inc公司的署名,且标注了图片信息和版权声明。根据著作权法的规定,著作权属于作者,在没有相反证据的情况下,在作品上署名的公民、法人或者其他组织为作者,即作品的著作权人。原告华盖公司作为GettyImages Inc.公司在中国内地地区的授权代表,有权在中国内地地区展示、销售和许可他人使用涉案图片,并有权以自己的名义就侵犯涉案图片著作权的行为提起诉讼。本案中,被告未经许可,在公司的新浪微博中使用了涉案摄影作品进行商业宣传,将涉案摄影作品置于公开的信息网络中,系作品提供行为,侵害了原告享有的作品复制权和信息网络传播权,应承担停止侵权的法律责任。

关于赔偿数额,由于原告华盖公司未能举证证明其因侵权所受损失或被告所获利益,经综合考虑涉案摄影作品的独创性高低、被告侵权行为的性质、具体情节、图片使用方式以及涉案微博粉丝量、转发量、相关的受众范围等因素,法庭对赔偿数额予以酌情确定。

最终,法院判决被告停止侵害原告摄影作品著作权的行为,并立即删除涉案微博中的上述摄影作品,同时赔偿经济损失及为制止侵权支出的合理费用共计15000元。

参与此案判决的法官认为,随着中国微博用户的激增,越来越多的人使用并参与到微博互动中,由此,涉及微博用户的著作权保护已成为司法实践中不容回避的问题。

那么,是否所有的微博信息均受法律保护呢?该法官表示,对于微博使用者创作的图片类微博,绝大多数是受著作权法保护的摄影作品或美术作品,这点争议不大。争议较大的是文字类微博,确定微博文字是否受法律保护,主要的判断依据是该微博是否具有独创性。

转发微博是否构成侵权?如果严格按照著作权法的规定,每一次微博的转发,即是将作品复制的行为,在未经作者同意的情况下,就会构成侵权。然而,如果转发每条微博均需事先征求著作权人同意,无疑会严重阻碍信息的广泛传播和使用,使微博失去存在的意义,这就要在微博等新兴媒体发展与著作权保护之间寻求平衡点。

作为一种即时交互平台,微博的每一次转发,都是一种复制行为,"直接引用"行为以及原创微博的转发行为都存在著作权法律隐患。微博著作权侵权案的出现表明,微博的版权问题已成为法律界和大众所关注的重要问题。

微博是否享有著作权,答案不是简单的是与否,而应当看具体内容。一般微博信息的转发和分享符合微博世界的游戏规则和分享精神,而原创微博和原创图片等可体现独创性的作品,凝聚了作者的精妙构思和智慧,受著作权保护。严格按照著作权法的规定,在微博上直接引用他人作品,如引用部分为他人作品的全部,如微型文学作品,或他人作品的实质部分,则涉嫌侵犯著作权。郑渊洁、李开复等人就曾在微博上抱怨,其创作的微博内容被剽窃,侵犯了他们的版权,有人概括说:"微博虽小,确有版权"。

微博著作权侵权行为的界定是个专业、复杂的过程,侵权形式也多种多样。目前,相关版权保护规定比较清晰,但具体到"微版权"的保护实施,却存在着相当的困难,一方面,对其"独创性"的判断存在一定的困难。另一方面,即使已明确判定存在侵权行为,权利补偿的实现也存在困难。有法律专业人士表示,如果未经原作者的同意,出于商业目的随意转发或者使用他人的微博作品,在理论上存在侵权的可能。但反过来说,如果每次转发微博都要事先征求著作权人的意见,微博就会失去存在的意义,因此,如何在微博的传播与著作权的保护之间寻求平衡,值得认真研究。一些公众虽然已注意到微博版权的侵权行为,但却很难采取维权措施,因为"连告谁都不知道",只能是呼吁自律。由于目前网络著作权立法滞后于实际操作,微博的版权界定还处于空白状态。针对微博等新兴传播手段所引发的著作权纠纷和争议,需从立法层面对所涉及的问题作出更合理、更具操作性的规范,使公众在使用微博等工具进行交流互动时能对自身行为是否符合法律有合理的预期。

五、新媒体产业的版权保护

新媒体产业结构是一个商业化的结构,相关企业一般包括控制企业、创作企业、生产企业、销售企业等,以及经济、技术、信息等支持性企业。其中,内容原创公司、媒体资产生产与管理公司、销售公司等都是围绕着数字新媒体内容产品和服务的创作、开发、分发、销售的企业,最终形成了新媒体产业。

在庞大的新媒体产业体系中,要使得数字新媒体产业长久健康发展下去,就需要建立一种稳定合理机制作为基础。构建一个合理的利益分配机制,是推动技术和商业运作模式不断创新的保证。如果一个公司或个人的创新得到了利益回馈,那么就会鼓励他及其他人继续发挥创新能力,形成良好循环。如果一个公司或个人的创新成果遭到了不公平的对待,那么创新就会失去驱动力,腐蚀整个产业激励机制。

美国维亚康姆公司是一家实力雄厚的内容发行商,旗下拥有 comedy central、MTV networks 和其他多种数字内容资产。其数字内容库丰富。而点击率居于全球视频点播网站首位的 YouTube 公司为维亚康姆的广告点击率提供了良好的平台。这个原本可以使内容发行商和服务提供商双赢的合作机制,却总在实际运营中败下阵来。两家公司几次寻求合作,却始终没有结果,其问题症结在于双方之间缺乏信任机制,公正的利益分配得不到保障,使得双方宁愿放弃近在眼前的利润前景,也不进行这种缺乏信任的合作。维亚康姆公司的发言人说:"我们无法得知到底有多少广告客户点击了我们的广告内容,只能根据谷歌公司的统计数据,等待利润分配。但是谷歌却从来没有拿出过有价值的报告来支持其统计数据的科学性。"

日益成熟的数字版权管理系统可以解决上述矛盾。数字版权管理系统可以把用户观看广告后的有效反应信息反馈到服务器中,服务器汇总的数据可以确保利益分配的公正性。在经过长达四个月的艰难谈判后,维亚康姆公司和谷歌公司最终于 2007 年 7 月 15 日达成协议:维亚康姆公司旗下的 MTV 频道将通过 YouTube 网站销售音乐曲目,YouTube 网站也将为维亚康姆公司提供销售电视剧的平台。[1]

从这个案例可以看出,数字版权管理就是这个稳定合理机制中的核心模式。但是,这一案例并没有达到被广泛推广的程度,就目前的状况而言,由于在服务提供商那里还未找到合理的商业运作模式,数字版权管理成为消费者与内容发行商之间的屏障。在新媒体产业链上,每个角色都是利益共同体,损害任何一方利益,都不能使新媒体产业长久健康地发展下去,那么处于这条产业链上的其他角色也就无法获利。因此,必须建立一个稳定合理的机制来协调各方利益。

新媒体的存在是网络信息技术发展的必然之路,但是它也同样存在缺点,比如信息的泛滥、网络公信力弱等,同时互联网还会伴随着病毒、侵犯个人隐私问题等,新媒体版权问题正得到越来越多的关注。而与传统媒体相比较,新媒体版权的最大问题在于版权的保护和侵权的认定上,而这两点就需要中国立法保护、行业自律以及技术支持。

---

[1] 张文俊,倪受春等.数字新媒体版权管理[M].上海:复旦大学出版社,2014:212.

(一) 完善法律保护

毫无疑问,完善法律保护是新媒体版权保护的首要措施。中国近年来越来越重视版权保护问题,先后通过修订国家基本法、颁布新的司法解释等,形成一整套法制体系。2004年颁布《关于办理侵犯知识产权刑事案件具体应用法律若干问题的解释》,将"在线盗版"明确定性为新型犯罪。2005年颁布《互联网著作权行政保护办法》。2006年颁布《信息网络传播权保护条例》,并于2013年1月修订,定义了信息网络传播权、技术措施、权利管理电子信息等内容。2009年颁布《著作权行政处罚实施办法》。2010年颁布《著作权法》,并分别于2010年2月、2013年1月修订,对信息网络传播权做了界定,解决了网络版权保护的初步问题。2012年颁布《最高人民法院关于审理侵害信息网络传播权民事纠纷案件适用法律若干问题的规定》,明确了"网络用户、网络服务提供者未经权利人许可,通过信息网络提供权利人享有信息网络传播权的作品、表演、录音录像制品,除法律、行政法规另有规定外,将构成侵害信息网络传播权行为"等。

然而,新媒体发展迅猛,新业态、新问题层出不穷,上述法律法规大部分是几年前制定的,修改更新速度相对缓慢,很多原则和规定参照了国际条约和国外做法,有的在具体实践运用中缺乏针对性,有的需要进行统一和完善。

随着科学技术不断向前发展,版权保护和盗版技术也在不断发展,新媒体侵权事件屡见不鲜,其关键原因在于法律制度不够完善。新媒体版权相关的法律制度的完善,除了可以平复新媒体版权混乱管理的现状,切实降低新媒体侵权案件的追查难度,有效监督新媒体版权管理之外,更能为中国版权法的完善与实施作出巨大的贡献。

中国目前现有的新媒体版权相关法律确实为新媒体版权保护提供了很大的帮助,然而仍然存在较多的不足。中国版权法规定的内容比较宽泛,对于模棱两可的问题没有相应的解决或者救济办法出台,这便导致了维权人的维权难度大,侵权人也有了更大的漏洞可钻。中国对数字媒体版权的相关立法实践是个崭新的课题,值得中国立法、执法部门深入思考与研究,使数字媒体版权的保护更加法制化、规范化,促进中国数字媒体产业的快速发展。

(二) 建立行业自律

加强行业自律,建立内部版权保护机制,通过专业方式和机构进行反盗版行为也是新媒体进行版权保护的重要措施之一。本章第一节记载了各大媒体纷纷建立联盟、协会来主动进行反盗版活动,也指出了他们的缺点就在于多为口号式的倡议。

值得一提的是,2008年北京奥运会,包括人民网、新华网等在内的100余家行业单位通过签署《奥运新媒体版权保护北京宣言》向社会承诺:以新媒体转播本届奥运赛事需提前以合法途径获得相关授权和许可;自觉抵制侵权盗版行为;贯彻落实《奥运知识产权保护条例》和《互联网视听节目服务管理规定》;高度尊重奥运会权利人以及持权转播商机构的权益;共同把奥运版权保护作为奥运会传播业务的重要组成部分;自觉接受政府主管部门和社会各界监督。央视网更是与上海文广、搜狐、新浪、腾讯等9家互联网企业结成了联盟,联合组建了"奥运新媒体版权保护行动小组"。该行动小组在奥运会期间建立24小时全网监控平台,设立24小时举报热线,在各自网站上开辟"曝光台",每天向公众公布盗版网站名单以及处罚结果。根据小组成员单位签署的《奥运新媒体版权保护联盟反盗版行动计划(执行方案)》,奥运期间,各单位采取了切实有效的技术手段,彻底清除视频盗链行为,不以视频连接、嵌套页面、嵌套播放器等任何技术手段为其他非授权网站提供奥运授权内容,并在商业开发方面杜绝一切隐性营销行为;各单位都把搜索引擎链接全部指向了拥有奥运赛事正版内容的网站。而这一系列行为也证明了它的成功,北京奥运会实现了"零盗版"。

通过这一事件我们可以看出,与其组成多个联盟打击盗版,不如建立一个强大的集团联盟进行作战。新媒体环境下,海量的信息与海量的盗版相伴,再知名、再有实力的新媒体企业在海量盗版信息面前都显得势单力薄。而通过结盟的形式,通过各企业各司其职利用技术层面来共同抵制侵权,才是新媒体企业保护版权的有效手段。

近年来,越来越多的媒体人将关注的目光都投向新媒体版权保护,也不断有多家媒体合作形成各种联盟来维护自身利益。然而由于他们各自分散,并没有形成一个完整统一的团体,同时由于他们多为号召和倡议,并没有过多的具体措施,导致这些联盟并没有真正取得实质性的效果。

在媒体自律方面,多家媒体共同成立一个数量较多、范围较广、影响力较大的联盟是关键,但同时要制定具体措施提高自律公约的执行力。例如,可以在执行机构的协调下,让媒体企业在合作的同时,也互相监督。另外,媒体企业在执行机构的协调下,要加强合作,尤其是要参与到版权维权行动中去,一方面,媒体企业自身的版权意识能得到提升,另一方面,通过这种维权行动,也可以推进国家在版权立法领域的进步。

(三)强化技术措施

目前,中国新媒体版权保护方面的技术措施主要是对访问用户采取限制措施、信息加密等，此外还有数字水印技术、数字版权保护技术（DRM）、影视基因技术、SDMI 等，许多著作权人开始在影视作品和网络上采取各种技术手段保护自己的权利。技术措施本来是存在于法律之外的私力救济手段，它有效地防止了作品被非法复制、传播和利用。但是技术是不断向前发展的，再先进的技术措施总会被更先进的技术规避措施所突破。而且一些技术手段也有其局限性，比如数字水印技术只能在发现盗版后用于取证或追踪，并不能在事前防止盗版。由于购买和使用成本较高，实际效果却不甚明显，版权技术还需不断创新并得到应用。

尽管中国新媒体版权保护在技术措施方面仍有许多不足，但是通过北京奥运会成功利用技术措施保护奥运新媒体版权这一事实，说明新媒体版权保护并非难不可控，它有的时候甚至比传统媒体的版权保护更加容易控制。新媒体环境下，所有信息都是数字代码，只要对正版信息的数字代码进行处理，就能很快对侵权信息进行定位。

此外，相比较从国外引进防盗版技术而言，国内相关企业自主研发技术会更加适合中国国情，也更加经济实惠。同时也需要注意新媒体版权保护的技术措施，保护版权人的利益固然重要，可是保持版权人和公众利益之间的利益平衡同样重要。

案例 9-4　《今日头条》侵权事件

2014 年 6 月，享有《广州日报》网络传播权的广州市交互式信息网络有限公司因著作侵权向拥有著名客户端《今日头条》的北京字节跳动科技有限公司提起诉讼，北京市海淀区人民法院就本案进行了一审公开开庭审理。

广州交互式信息网络有限公司是《广州日报》报业集团下属单位，经广州日报报业集团授权，享有《广州日报》自有版权作品的信息网络传播权。《今日头条》被告未经授权，擅自在其所经营的移动客户端《今日头条·专业版》发布原告享有信息网络传播权的作品，经广东省广州市公证处公证，《今日头条》转载广州日报的稿件数量特别巨大，严重侵犯了原告的知识产权。其中包括《广州日报》上刊登的有很大影响力的原创作品《广州暂停"弃婴岛"的启示与省思》等。

广州市交互式信息网络有限公司认为，被告《今日头条》应当对其侵权行为承担赔偿责任，请求法院判令被告立即在其所经营的移动客户端删除涉案文章，并在其经营的移动客户端 App 的首页刊登一个月的道歉声明，同时也请求法院判令被告支付经济赔偿金及原告为维权支出的合理费用等。

2012年8月,《今日头条》上线,标榜"不做内容生产者,只做内容分发者""不做新闻生产者,只做新闻搬运工"。以"推荐引擎""大数据算法"为标签的今日头条,上线后人气激增,其官方数字显示,目前下载激活用户1.2亿户,日活跃用户超过1300万户。

对版权问题,《今日头条》并非没有意识到这方面的纷争与抗议。据创始人张一鸣介绍,《今日头条》上面所有的内容都是经过合作伙伴授权的。

但事实上,《今日头条》上有多少内容来自合作伙伴的授权?多家媒体集中批评炮轰其"版权"违规问题,要向其收取巨额版权费,凸显出《今日头条》使用内容版权上的尴尬现状。

上海市协力律师事务所律师傅钢接受《21世纪经济报道》记者采访时表示,《今日头条》的行为明显是侵权行为。"现在网络上有很多评论,将这个事件归结于网络新媒体对传统媒体的冲击,这不是一个法律上的专业说法。"

"今日头条并不是生产内容的一方,而只是一个传播者,传统媒体才是内容生产商。"傅钢对《21世纪经济报道》记者说,双方的矛盾属于版权人和传播者之间的矛盾。从互联网知识产权角度来讲,《今日头条》主要侵犯了信息网络传播权。

由此次事件可以看出,新媒体要想发展,必须与传统媒体进行合作,形成生态产业链,从而促进新媒体的良性发展。

本章小结

本章概括介绍了国内新媒体版权的发展阶段、现状。通过学习和借鉴对国外对新媒体版权保护的各种措施,可以窥探国内新媒体版权保护的发展方向。由于新媒体技术的不断向前发展和广泛运用,人们获取信息的方式也随之发生巨大变化,这对新媒体版权保护工作提出了更高、更迫切的要求。我们除了需要继续完善相关法律法规之外,还需要以新媒体产业为单位,切实建立健全完善的新媒体版权保护体系,从而促进新媒体产业的繁荣发展。

思考与练习

1. 谈一谈避风港原则对于现阶段的新媒体版权保护的利与弊。
2. 转发微博究竟算不算侵权?
3. 你认为保护新媒体版权我们还能做些什么?

参考文献

[1] 张文俊,倪受春等.数字新媒体版权管理[M].上海:复旦出版社,2014:21—237.

[2] 朱鸿军,钟沈军等.零盗版——北京奥运新媒体版权保护成功的原因和启示[C].北京:第六届亚太地区媒体与科技和社会发展研讨会论文集,2008:210-215.

[3] 彭桂兵.新媒体版权保护体系的整体构建[J].编辑学刊,2015(2):29-32.

[4] 王艺.版权利益的多方博弈:新媒体面临的尴尬命题[J].中国商界,2009(10):316-317.

[5] 徐彦冰,周玉等.新媒体版权相关法律问题初探[J].福建论坛(人文社会科学版),2010(8):55-59.

[6] 彭桂兵.试析新媒体版权体系存在问题与完善路径[J].中国出版,2015(5):39-42.

[7] 吴伟光.版权制度与新媒体技术之间的裂痕与弥补[J].现代法学,2011(3):56-72.

[8] 徐瑄.新媒体时代的版权问题[J].新闻战线,2012(10):72-74.

[9] 华蕾.免费文化还能免费多久?——从数字音乐收费看数字音乐版权问题[J].品牌,2014(1):21-22.

[10] 左祥宾.云存储环境下版权侵权法律问题研究[D].广州:华南理工大学,2014.

[11] 刘丹.中国网络出版版权保护问题探析[J].现代交际,2015(4):73-74.

[12] 周秦红.从百度文库侵权事件看网络版权冲突[J].今传媒,2014(10):38-40.

[13] 王岚.中国数字出版侵权问题研究[D].保定:河北大学,2012.

[14] 聂静.数字技术推动工具书的版权保护[J].企业技术开发,2015(2):14-35.

[15] 史建农.书往何处去——电子书对传统出版业的冲击[J].科技与出版,2012(6):93-96.

[16] 张洪波.传统媒体拥抱数字媒体版权是关键[J].中国传媒科技,2014(5):32-34.

[17] 何怀文.百代诉MP3tunes案:"云音乐"的避风港——兼评中国《信息网络传播权保护条例》[J].中国版权,2012(3):32-60.

北京大学出版社
教育出版中心 精品图书

21世纪特殊教育创新教材·理论与基础系列

特殊教育的哲学基础	方俊明
特殊教育的医学基础	张婷
融合教育导论（第二版）	雷江华
特殊教育学（第二版）	雷江华 方俊明
特殊儿童心理学（第二版）	方俊明 雷江华
特殊教育史	朱宗顺
特殊教育研究方法（第二版）	杜晓新 宋永宁等
特殊教育发展模式	任颂羔

21世纪特殊教育创新教材·康复与训练系列

特殊儿童应用行为分析（第二版）	李芳 李丹
特殊儿童的游戏治疗	周念丽
特殊儿童的美术治疗	孙霞
特殊儿童的音乐治疗	胡世红
特殊儿童的心理治疗（第二版）	杨广学
特殊教育的辅具与康复	蒋建荣
特殊儿童的感觉统合训练（第二版）	王和平
孤独症儿童课程与教学设计	王梅

21世纪特殊教育创新教材·融合教育系列

融合教育理论反思与本土化探索	邓猛
融合教育实践指南	邓猛
融合教育理论指南	邓猛
融合教育导论（第二版）	雷江华

21世纪特殊教育创新教材（第二辑）

特殊儿童心理与教育	杨广学 张巧明 王芳
教育康复学导论	杜晓新 黄昭明
特殊儿童病理学	王和平 杨长江
特殊学校教师教育技能	昝飞 马红英

自闭谱系障碍儿童早期干预丛书

如何发展自闭谱系障碍儿童的沟通能力	朱晓晨 苏雪云
如何理解自闭谱系障碍和早期干预	苏雪云
如何发展自闭谱系障碍儿童的社会交往能力	吕梦 杨广学
如何发展自闭谱系障碍儿童的自我照料能力	倪萍萍 周波
如何在游戏中干预自闭谱系障碍儿童	朱瑞 周念丽
如何发展自闭谱系障碍儿童的感知和运动能力	韩文娟 徐芳 王和平
如何发展自闭谱系障碍儿童的认知能力	潘前前 杨福义
自闭症谱系障碍儿童的发展与教育	周念丽
如何通过音乐干预自闭谱系障碍儿童	张正琴
如何通过画画干预自闭谱系障碍儿童	张正琴
如何运用ACC促进自闭谱系障碍儿童的发展	苏雪云
孤独症儿童的关键性技能训练法	李丹
自闭症儿童家长辅导手册	雷江华
孤独症儿童课程与教学设计	王梅
融合教育理论反思与本土化探索	邓猛
自闭症谱系障碍儿童家庭支持系统	孙玉梅
自闭症谱系障碍儿童团体社交游戏干预	李芳
孤独症儿童的教育与发展	王梅 梁松梅

特殊学校教育·康复·职业训练丛书（黄建行 雷江华 主编）

信息技术在特殊教育中的应用	
智障学生职业教育模式	
特殊教育学校学生康复与训练	
特殊教育学校校本课程开发	
特殊教育学校特奥运动项目建设	

21世纪学前教育规划教材

学前教育概论	李生兰
学前教育管理学	王雯
幼儿园歌曲钢琴伴奏教程	果旭伟
幼儿园舞蹈教学活动设计与指导	董丽
实用乐理与视唱	代苗
学前儿童美术教育	冯婉贞
学前儿童科学教育	洪秀敏
学前儿童游戏	范明丽
学前教育研究方法	郑福明
外国学前教育史	郭法奇
学前教育政策与法规	魏真
学前心理学	涂艳国 蔡艳

学前教育理论与实践教程
　　　　　　　　　　　王　维　王维娅　孙　岩

学前儿童数学教育　　　　　　　　　　赵振国

大学之道丛书精装版
美国高等教育通史　　　　　　[美]亚瑟·科恩
知识社会中的大学　　　　　[英]杰勒德·德兰迪
大学之用（第五版）　　　　　[美]克拉克·克尔
营利性大学的崛起　　　　　　[美]理查德·鲁克
学术部落与学术领地：知识探索与学科文化
　　　　　　　　[英]托尼·比彻，保罗·特罗勒尔
美国现代大学的崛起　　　　[美]劳伦斯·维赛
教育的终结——大学何以放弃了对人生意义的追求
　　　　　　　　　　　　　[美]安东尼·T.克龙曼
世界一流大学的管理之道——大学管理研究导论
　　　　　　　　　　　　　　　　　　程　星
后现代大学来临？
　　　　　[英]安东尼·史密斯　弗兰克·韦伯斯特

大学之道丛书
市场化的底限　　　　　　　　　[美]大卫·科伯
大学的理念　　　　　　　　　　[英]亨利·纽曼
哈佛：谁说了算　　　　　　[美]理查德·布瑞德利
麻省理工学院如何追求卓越　　[美]查尔斯·维斯特
大学与市场的悖论　　　　　　[美]罗杰·盖格
高等教育公司：营利性大学的崛起
　　　　　　　　　　　　　　[美]理查德·鲁克
公司文化中的大学：大学如何应对市场化压力
　　　　　　　　　　　　　[美]埃里克·古尔德 40元
美国高等教育质量认证与评估
　　　　　　　　　　　[美]美国中部州高等教育委员会
现代大学及其图新　　　[美]谢尔顿·罗斯布莱特
美国文理学院的兴衰——凯尼恩学院纪实
　　　　　　　　　　　　　　[美]P.F.克鲁格
教育的终结：大学何以放弃了对人生意义的追求
　　　　　　　　　　　　　[美]安东尼·T.克龙曼
大学的逻辑（第三版）　　　　　　　　张维迎
我的科大十年（续集）　　　　　　　　孔宪铎
高等教育理念　　　　　　　[英]罗纳德·巴尼特
美国现代大学的崛起　　　　　[美]劳伦斯·维赛
美国大学时代的学术自由　　　[美]沃特·梅兹格
美国高等教育通史　　　　　　[美]亚瑟·科恩
美国高等教育史　　　　　　　[美]约翰·塞林
哈佛通识教育红皮书　　　　　　　　哈佛委员会

高等教育何以为"高"——牛津导师制教学反思
　　　　　　　　　　　　　　[英]大卫·帕尔菲曼
印度理工学院的精英们　　　[印度]桑迪潘·德布
知识社会中的大学　　　　　[英]杰勒德·德兰迪
高等教育的未来：浮言、现实与市场风险
　　　　　　　　　　　　　[美]弗兰克·纽曼等
后现代大学来临？　　　　　[美]安东尼·史密斯等
美国大学之魂　　　　　　　[美]乔治·M.马斯登
大学理念重审：与纽曼对话
　　　　　　　　　　[美]雅罗斯拉夫·帕利坎
学术部落及其领地——当代学术界生态揭秘（第二
版）　　　　　[英]托尼·比彻 保罗·特罗勒尔
德国古典大学观及其对中国大学的影响（第二版）
　　　　　　　　　　　　　　　　　　陈洪捷
转变中的大学：传统、议题与前景　　郭为藩
学术资本主义：政治、政策和创业型大学
　　　　　　　　　　[美]希拉·斯劳特　拉里·莱斯利
21世纪的大学　　　　　　　[美]詹姆斯·杜德斯达
美国公立大学的未来
　　　　　　　[美]詹姆斯·杜德斯达 弗瑞斯·沃马克
东西象牙塔　　　　　　　　　　　　　孔宪铎
理性捍卫大学　　　　　　　　　　　　眭依凡

学术规范与研究方法系列
社会科学研究方法100问　　　　[美]萨尔金德
如何利用互联网做研究　　　　[爱尔兰]杜恰泰
如何撰写与发表社会科学论文：国际刊物指南
　　　　　　　　　　　　　　　　　　蔡今忠
如何查找文献（第二版）　　　[英]萨莉·拉姆齐
给研究生的学术建议　　　　　[英]戈登·鲁格 等
社会科学研究的基本规则（第四版）
　　　　　　　　　　　　　　[英]朱迪斯·贝尔
做好社会研究的10个关键
　　　　　　　　　　　　　　[英]马丁·丹斯考姆
如何写好科研项目申请书
　　　　　　　　　　[美]安德鲁·弗里德兰德 等
教育研究方法（第六版）
　　　　　　　　　　　　[美]梅瑞迪斯·高尔 等
高等教育研究：进展与方法
　　　　　　　　　　　　　[英]马尔科姆·泰特
如何成为学术论文写作高手　　　　[美]华乐丝
参加国际学术会议必须要做的那些事
　　　　　　　　　　　　　　　　　[美]华乐丝
如何成为优秀的研究生　　　　　　[美]布卢姆

结构方程模型及其应用	易丹辉 李静萍

21世纪高校职业发展读本

如何成为卓越的大学教师	[美]肯·贝恩
给大学新教员的建议	[美]罗伯特·博伊斯
如何提高学生学习质量	[英]迈克尔·普洛瑟 等
学术界的生存智慧	[美]约翰·达利 等
给研究生导师的建议（第2版）	[英]萨拉·德拉蒙特 等

21世纪教师教育系列教材·物理教育系列

中学物理微格教学教程（第二版）	张军朋 詹伟琴 王 恬
中学物理科学探究学习评价与案例	张军朋 许桂清
物理教学论	邢红军
中学物理教学法	邢红军
中学物理教学评价与案例分析	王建中 孟红娟

21世纪教育科学系列教材·学科学习心理学系列

数学学习心理学（第二版）	孔凡哲
语文学习心理学	董蓓菲

21世纪教师教育系列教材

教育心理学（第二版）	李晓东
教育学基础	庞守兴
教育学	余文森 王 晞
教育研究方法	刘淑杰
教育心理学	王晓明
心理学导论	杨凤云
教育心理学概论	连 榕 罗丽芳
课程与教学论	李 允
教师专业发展导论	于胜刚
学校教育概论	李清雁
现代教育评价教程（第二版）	吴 钢
教师礼仪实务	刘 霄
家庭教育新论	闫旭蕾 杨 萍
中学班级管理	张宝书
教育职业道德	刘亭亭
教师心理健康	张怀春
现代教育技术	冯玲玉
青少年发展与教育心理学	张 清
课程与教学论	李 允

课堂与教学艺术（第二版）	孙菊如 陈春荣

21世纪教师教育系列教材·初等教育系列

小学教育学	田友谊
小学教育学基础	张永明 曾 碧
小学班级管理	张永明 宋彩琴
初等教育课程与教学论	罗祖兵
小学教育研究方法	王红艳
新理念小学数学教学论	刘京莉
新理念小学音乐教学法	吴跃跃

教师资格认定及师范类毕业生上岗考试辅导教材

教育学	余文森 王 晞
教育心理学概论	连 榕 罗丽芳

21世纪教师教育系列教材·学科教育心理学系列

语文教育心理学	董蓓菲
生物教育心理学	胡继飞

21世纪教师教育系列教材·学科教学论系列

新理念化学教学论（第二版）	王后雄
新理念科学教学论（第二版）	崔 鸿 张海珠
新理念生物教学论（第二版）	崔 鸿 郑晓慧
新理念地理教学论（第二版）	李家清
新理念历史教学论（第二版）	杜 芳
新理念思想政治（品德）教学论（第二版）	胡田庚
新理念信息技术教学论（第二版）	吴军其
新理念数学教学论	冯 虹

21世纪教师教育系列教材·语文课程与教学论系列

语文文本解读实用教程	荣维东
语文课程教师专业技能训练	张学凯 刘丽丽
语文课程与教学发展简史	武玉鹏 王从华 黄修志
语文课程学与教的心理学基础	韩雪屏 王朝霞
语文课程名师名课案例分析	武玉鹏 郭治锋
语用性质的语文课程与教学论	王元华

21世纪教师教育系列教材·学科教学技能训练系列

新理念生物教学技能训练（第二版）	崔 鸿
新理念思想政治（品德）教学技能训练（第二版）	胡田庚 赵海山
新理念地理教学技能训练	李家清
新理念化学教学技能训练（第二版）	王后雄
新理念数学教学技能训练	王光明

新理念小学音乐教学法	吴跃跃

新媒体概论　　　　　　　　　　　　　尹章池
新媒体视听节目制作（第二版）　　　　周建青

王后雄教师教育系列教材

教育考试的理论与方法	王后雄
化学教育测量与评价	王后雄
中学化学实验教学研究	王后雄
新理念化学教学诊断学	王后雄

融合新闻学导论　　　　　　　　　　　石长顺
新媒体网页设计与制作　　　　　　　　惠悲荷
网络新媒体实务　　　　　　　　　　　张合斌
突发新闻教程　　　　　　　　　　　　李　军
视听新媒体节目制作　　　　　　　　　邓秀军
视听评论　　　　　　　　　　　　　　何志武
出镜记者案例分析　　　　　　　刘　静　邓秀军
视听新媒体导论　　　　　　　　　　　郭小平
网络与新媒体广告　　　　　　　尚恒志　张合斌
网络与新媒体文学　　　　　　　唐东堰　雷　奕

西方心理学名著译丛

儿童的人格形成及其培养	[奥地利]阿德勒
活出生命的意义	[奥地利]阿德勒
生活的科学	[奥地利]阿德勒
理解人生	[奥地利]阿德勒
荣格心理学七讲	[美]卡尔文·霍尔
系统心理学：绪论	[美]爱德华·铁钦纳
社会心理学导论	[美]威廉·麦独孤
思维与语言	[俄]列夫·维果茨基
人类的学习	[美]爱德华·桑代克
基础与应用心理学	[德]雨果·闵斯特伯格
记忆	[德]赫尔曼·艾宾浩斯
实验心理学（上下册）	[美]伍德沃斯 施洛斯贝格
格式塔心理学原理	[美]库尔特·考夫卡

全国高校广播电视专业规划教材

电视节目策划教程　　　　　　　　　　项仲平
电视导播教程　　　　　　　　　　　　程　晋
电视文艺创作教程　　　　　　　　　　王建辉
广播剧创作教程　　　　　　　　　　　王国臣

21世纪教育技术学精品教材（张景中　主编）

教育技术学导论（第二版）　　　　李　芒　金　林
远程教育原理与技术　　　　　　　王继新　张　屹
教学系统设计理论与实践　　　　　杨九民　梁林梅
信息技术教学论　　　　　　　　　雷体南　叶良明
网络教育资源设计与开发　　　　　　　　刘清堂
学与教的理论与方式　　　　　　　　　　刘雍潜
信息技术与课程整合（第二版）
　　　　　　　　　　赵呈领　杨　琳　刘清堂
教育技术研究方法　　　　　　　　张　屹　黄　磊
教育技术项目实践　　　　　　　　　　　潘克明

21世纪教学活动设计案例精选丛书（禹明　主编）

初中语文教学活动设计案例精选
初中数学教学活动设计案例精选
初中科学教学活动设计案例精选
初中历史与社会教学活动设计案例精选
初中英语教学活动设计案例精选
初中思想品德教学活动设计案例精选
中小学音乐教学活动设计案例精选
中小学体育（体育与健康）教学活动设计案例精选
中小学美术教学活动设计案例精选
中小学综合实践活动教学活动设计案例精选
小学语文教学活动设计案例精选
小学数学教学活动设计案例精选
小学科学教学活动设计案例精选
小学英语教学活动设计案例精选
小学品德与生活（社会）教学活动设计案例精选
幼儿教育教学活动设计案例精选

21世纪信息传播实验系列教材（徐福荫　黄慕雄　主编）

多媒体软件设计与开发
电视照明·电视音乐音响
播音与主持艺术（第二版）
广告策划与创意
摄影基础（第二版）

21世纪教师教育系列教材·专业养成系列（赵国栋　主编）

微课与慕课设计初级教程
微课与慕课设计高级教程
微课、翻转课堂和慕课设计实操教程
网络调查研究方法概论（第二版）
PPT云课堂教学法

全国高校网络与新媒体专业规划教材

文化产业概论	尹章池
网络文化教程	李文明
网络与新媒体评论	杨　娟